如歌岁月

——山东大学哲学系77级毕业四十周年纪念

本书编辑组　编

山东大学出版社
SHANDONG UNIVERSITY PRESS
·济南·

图书在版编目(CIP)数据

如歌岁月:山东大学哲学系77级毕业四十周年纪念 / 本书编辑组编. — 济南 : 山东大学出版社,2023.9

ISBN 978-7-5607-7919-5

Ⅰ. ①如… Ⅱ. ①本… Ⅲ. ①山东大学—校史—纪念文集 Ⅳ. ①G649.285.21-53

中国国家版本馆CIP数据核字(2023)第173589号

责任编辑 霍馨莹
封面设计 蓝海文化

如歌岁月
RUGE SUIYUE
——山东大学哲学系77级毕业四十周年纪念

出版发行 山东大学出版社
社　　址 山东省济南市山大南路20号
邮政编码 250100
发行热线 (0531)88363008
经　　销 新华书店
印　　刷 山东蓝海文化科技有限公司
规　　格 720毫米×1000毫米 1/16
　　　　 21.25印张 340千字
版　　次 2023年9月第1版
印　　次 2023年9月第1次印刷
定　　价 99.00元

纪念恢复高考四十五周年和大学毕业四十周年

——谨以此书献给母校山东大学以及亲爱的老师、校友

本书编辑组

伊戈扬　方宏建　黄仕军

傅有德　曹晓武　李　芹

肖连生

召集人：方宏建

1981年12月29日山东大学哲学系77级毕业合影

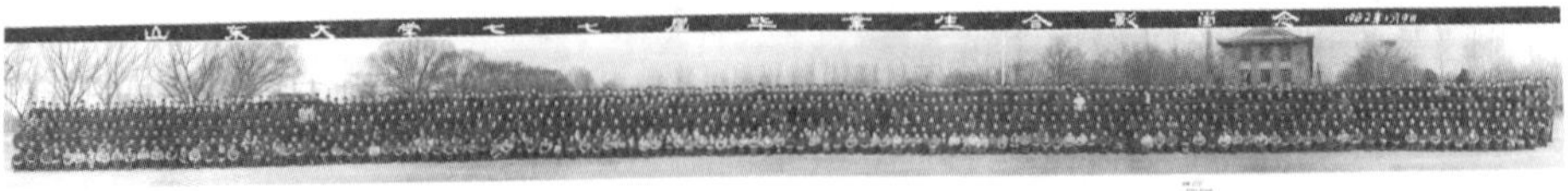

1982 年 1 月 9 日山东大学 77 级毕业合影

77 级毕业合影局部(哲学系男生在第三、第五排)

77 级毕业合影局部(哲学系女生在前排)

序

近日，宏建、李芹同学嘱我为哲学系77级纪念恢复高考45周年暨毕业40周年文集作序，欣然应允。**一是情感所致。**作为政治经济学系77级的一员，我读大学时一直住在跨系跨班级的混合宿舍，一入学便有幸成为四位哲学系77级女生的舍友，加之哲学系和政治经济学系77级有多门课程同堂学习，后来又与哲学系77级留校的同学多有工作交往，因而对贵班同学多一份情感，多一些了解。前段时间拜读了晓武、李芹同学发来的青春洋溢、激情澎湃、丰富多彩、记录历史的数篇回忆文章，产生强烈共鸣，此情此景犹如昨日，其言其行深感认同。**二是责任使然。**一所学校的历史是在宏阔的时代背景中全体师生与社会各方共同写就的，而广大师生无疑是创造校史的最重要主体。一个个个体汇聚为班级群体，一个个班级的共性品格形成年级的精神品格，一个个年级的精神品格会形成山大人代代传承的文化基因。同学们回忆的大学生活、师生情谊、专业启蒙、志业起点无不是山大校史和山大精神的生动素材,很有意思也很有意义,十分朴实但却珍贵。宏祥班长和编辑组的同学精心组织、不辞辛劳,汇集成书、留下历史,令人敬佩,理应支持。

这是一组时代的故事。77级大学生无疑是中国高等教育史乃至社会发展史上极其独特的一个群体。其独特之处不仅仅在于"十级同进竞技场",创造了最低录取率下脱颖而出的历史,也不仅仅在于冬季高考冬季毕业,创造了一届两级毕业生的奇迹,而且在于他们的高考和入学标志着一个拨乱反正、改革开放新时期的到来。77级大学生是时代的幸运儿。尽管在激烈竞争中胜出、迈进高等学府学习与个体素质、个人努力息息相关,但在紧要的历史关头,伟人的高瞻远瞩、果断决策,矫正了中国经济社会的发展方向,为一代青年学子提供了难得的学习机遇,是成就"77级现象""知识改变命运"的关键因素。因此,受益于时代,感恩新时代,是我们77级学子的共同心声,也是我们几十年持续奋斗的不竭动力。从本书中,相信读者能够感受到扑面而来的改革开放春风,"实践是检验真理的唯一标准"的思想启迪,以及与时代同行、为强国学习的向上力量。

这是一组奋斗的故事。正像整个77级一样,哲学系77级也是一个年龄、知识基础、家庭状况差异很大的群体,部分同学面临家庭、经济甚至学业的困难。但奋发图强、振兴中华是共同志向,如饥似渴、勤奋刻苦是学习常态,惜时如金、争分夺秒是普遍风格。文史楼留下了同学们埋头苦读的身影,小树林见证了大家热烈讨论的场景,《山东大学报》呈现了多位同学专业研究的处女作。本书中同学梦里苦练英语、不看电影苦读书的故事,是那一代人学习认真执着、如痴如醉的缩影。大家提及的臧乐源、周立升、谭鑫田、樊瑞平、刘大钧等老师,都是令人尊敬的"大先生",也是同学们奋斗征程的引路人。毕业之后,同学们无论在政界、学界还是商界,都秉持崇实求新的山大精神和基础扎实、为人诚实、作风朴实的山大风格，保持了学生时代的奋斗精神，以高度的事业心、责任感，踏实工作，奋楫争先，书写了一代人的奋斗故事，创造了一代人的不凡业绩，作出了一代人的历史贡献。哲学系77级这个优秀群体以自己的作为践行了“昨日我以母校为荣，今天母校以我为荣”的誓言。

这是一组友爱的故事。哲学系77级是一个团结友爱的集体。在校时，同学们生活上相互关心爱护，学习上相互帮助激励，彼此视为“亲密同窗、良师益友”。我想，这可能是优秀同学汇聚利于造就优秀集体的规律使然，也许是同学年龄、家庭、地域、经历的较大差异，扩大了大家相互学习和汲取经验的空间，更利于共同提高进步，但还有非常重要的一点，哲学系77级一群骨干同学积极引导、身体力行，对形成团结友爱的良好班风发挥了核心作用。毕业后，同学们非常珍视同窗友谊，无论是同学病中的探望和鼓励，还是秩年返校的有序组织和亲切交流，一次次亲人般的问候，一张张同学相聚的合影，都向我们展示着这个集体的有情有义有爱，这份同窗情谊也将作为宝贵财富伴随同学一生一世。

给哲学系77级同学文集作序，深感荣幸，也心中忐忑。写下如上心得，与各位同学分享。是为序。

2023年5月1日于山大知新楼

（樊丽明，山东大学前校长、山东大学校友会会长）

为天下储人才　为国家图富强

学无止境　气有浩然

目　录

序 …………………………………………………………………………………… 樊丽明/1

上篇　春风四十忆华年 ………………………………………………………… /1

我的大学梦和与哲学的结缘 ………………………………………… 李晓群/3

漫漫大学路……………………………………………………………… 张昌平/12

七七，燃烧的岁月 ……………………………………………………… 李宏祥/18

我的故事………………………………………………………………… 孙恒志/28

大学毕业四十周年的回忆与感悟……………………………………… 于炳贵/33

“八品官”的故事……………………………………………………… 袁玉骝/37

回忆与纪念……………………………………………………………… 刘　强/49

我的大学故事…………………………………………………………… 周向军/54

哲学润泽我人生………………………………………………………… 刘兴章/69

1977，我的高考 ………………………………………………………… 伊戈扬/77

我的大学同组同学……………………………………………………… 伊戈扬/81

底层跋涉行

——山大读书与毕业后状况小记…………………………………… 刘国强/85

莫忘记山大　不辜负大学……………………………………………… 魏金陵/91

感恩高考　感恩山大…………………………………………………… 方宏建/97

大学毕业四十年感想 …………………………………… 沈秀敏　王　平/104

感恩相遇，一九七七
——毕业四十周年杂忆 …………………… 黄仕军/108
学术追求和富民情怀是我的毕生志趣 …………………… 李培林/117
记忆中的大学食堂 …………………… 李金蓉/125
我的山大哲学之路及其影响 …………………… 刘敬鲁/128
我考上了山东大学 …………………… 张立勇/138
似水流年
——学涯职涯六十年掠影 …………………… 傅有德/142
校报和我的心灵踪迹 …………………… 傅有德/147
难忘青葱岁月
——大学生活的记忆片段 …………………… 赵瑞林/151
圆梦路上的感恩 …………………… 王毅平/159
逐　梦 …………………… 吴溪清/164
难忘的一天 …………………… 曹晓武/175
我在山大 …………………… 马士岭/183
回望那年高考 …………………… 李　芹/190
大学闺蜜 …………………… 李　芹/196
致敬1977　致敬母校 …………………… 肖连生/201
高考改变了我的人生 …………………… 侯培德/208
大学生活拾零 …………………… 王志功/214
下篇　往事悠悠总是情 …………………… /235
一、大学生活剪影 …………………… /237
山东大学哲学系77级同学名单及照片 …………………… /237
小组合影 …………………… /244
集体活动照片 …………………… /245
在文史楼教室学习照片 …………………… /248
毕业实习照片 …………………… /249
二、毕业11周年小聚与毕业20周年聚会 …………………… /250

三、入学三十年　同学情谊深 …………………………………… /253
流失的是时间　沉淀的是情感
——哲学系 77 级校友入学 30 周年聚会 …………………… /253
哲学系 77 级入学 30 周年聚会感言 ……………………………… /257
入学 30 周年聚会照片 ……………………………………………… /261
四、毕业三十年　同窗情更浓 …………………………………… /265
山东大学哲学系 77 级校友毕业 30 周年回访母校 ……………… /265
“回望三十风云路，七七精神须发扬”
——哲学系 77 级毕业 30 年聚会纪实 ……………………… /268
五、祝福母校百廿华诞 …………………………………………… /286
哲学系 77 级校友制作图文美篇祝贺百廿校庆 …………………… /286
山大永在我心中
——山东大学哲学系 77 级校友献给母校 120 年华诞的祝福 … /288
春华在心中流淌
——忆山东大学哲学系 77 级 ……………………………… /303
《如歌岁月》编辑出版过程剪影 ………………………………… /321
后记 ……………………………………………………… 李宏祥/322

建校百年时的中心校区南校门

洪家楼校区

上篇

春风四十忆华年

山东大学

為天下儲人材 為國家圖富强

学无止境 气有浩然
山大 强校兴国
(1901-2021)

我的大学梦和与哲学的结缘

李晓群

本书编辑组的同学做了一件很有意义的事情。同学们的回忆文章用一个个鲜活的历史场景记录了独一无二的“77级现象”，印证了担大任者往往发于畎亩版筑，举于市井海陬，都有一段百里奚、孙叔敖般的传奇经历的古训，篇篇催人泪下、令人奋发，随便拎出一篇都是激励后学的好材料。77级是中国教育史上空前而且绝后的一代。本书不但是对我们哲学系77级班级历史的精彩总结，也是关于山大一段历史的真实记录，更是一篇对邓小平恢复高考伟大决策的赞颂之歌。

我的求学经历比较另类，过程比较平淡，后来也没有什么骄人的业绩，原来是不想写的。班长和编辑组的同学多次来信催促，我想我的情况也不一定是孤例，别人也可能有相似的经历，那就奉命作文，立此存照。

初识哲学

1966年，我正在青岛二中上高三。当时毕业考试已结束，正在准备高考，骤然而至的“文革”像一阵狂风打乱了这一进程。当年的青岛二中是仅次于省实验中学的全省重点中学，升学率一直名列前茅。当时的说法是，进了青岛二中，等于一条腿跨进了大学校门。

然而在时代的大潮下,每个人都是一颗随波起伏的沙粒。我无事可做,就窝在家里看书。除了《毛泽东选集》,我还把目光投向了家中一套当时上级发的30卷马列著作,前后看了一年多的时间,这是我与马列经典原著结缘的第一个阶段。从《共产党宣言》《法兰西内战》开始,接着是《哥达纲领批判》《反杜林论》,看后很为马克思的睿智雄辩和恩格斯的知识渊博而折服。紧接着我又读了恩格斯的《家庭、私有制和国家的起源》、普列汉诺夫的《没有地址的信》。我发现这两部著作并不难读,都在我的知识和兴趣范围之内。在我看来,这两部著作阐明了历史唯物主义的许多基本原理,使我看到了政治课学到的《社会发展简史》的理论源头,读来兴趣盎然。再后来,我扩展阅读范围,找来了卢梭的《社会契约论》《论人类不平等的起源和基础》以及赫胥黎的《天演论》,这一番自我启蒙使我接近了哲学和社会科学的殿堂。

1968年3月我应征入伍,暂时中断了我的自学进程。我所在的部队属于海军驻福建沿海的技术兵种,对文化水平的要求比较高。青岛二中一起参军的七八个人被打包放在一个大队里,其他人都去了岸炮和后勤基地。首先是技术技能培训,还要学习英语(我在中学学的是俄语)。我们学得很快,不久就能单独上机值班了。部队驻地不是高山就是海岛,条件比较艰苦。对峙的大小金门近在咫尺,战士调侃地说,对面的枪支走火,我们都可能被打到。那时候双方经常打炮,蒋介石还在叫嚣反攻大陆,时常从金门派小股匪特骚扰,抓小股匪特也是我们部队的常备勤务。

复员以后,我进了青岛罐头食品厂当工人。生产旺季要两班倒,下了夜班我往往是早饭午饭顾不得吃倒头就睡,一直睡到下午三四点钟,起来收拾收拾吃点饭就又去上班了。那时对工人阶级的辛劳,真有了切身的体会。

后来军管组进厂。青岛的海军和陆军各支一派,我们厂革委是对立面的一派。军管组开始工作比较困难,军管组组长见我是从海军复员的,而且两派都没参加,就把我调到厂工会搞大批判大联合。那时正在清算山东资产阶级政客,厂革委逐渐失势。再加上后来的"一打三反"和"清理阶级队伍",厂里每周要开一次全厂职工大会,我既要代表厂大批判组(其实就我一个人)撰写批判文章,又要组织和主持大会，忙得不亦乐乎。

有一次，局里要开全系统的批判大会，要各单位先去试讲。我拿着稿子去了局里，前面的人讲完都提了不少修改意见，我讲完之后一个字没改就让我回去了。

不久我入了党、提了干，到厂宣传科当了干事。宣传干事要列席厂核心领导小组的学习生活会。有一次学习毛主席的《矛盾论》，有个厂领导提出："这个生和死是一对矛盾，矛盾可以互相转化。生可以转化为死，死怎么转化为生？"其他领导也说弄不明白。这时候厂领导转过头来问我："你怎么看这个问题？"我那时候年轻气盛，接口说："矛盾的双方互以对方为存在依据，失去一方另一方也不存在。矛盾的转化是有条件的。没有生就无所谓死，没有死也无所谓生。一个生命体从它诞生起，就是生生死死、死死生生两方的对立和统一。当一个生命体死亡了，这对矛盾也就不成立了。"其实我也不清楚到底讲明白没有，只见厂领导听得是一愣一愣的。后来我想，厂领导可能是在考察我，以后就更加关注哲学问题。

宣传干部是通才

不久我接到调令，到市商业局宣传科当干事。开始是"批林批孔""评法批儒""批假马克思主义骗子"，后来是"批经验主义""评《水浒》批投降派"，再后来是"反击右倾翻案风"，几乎一年一个运动，来回翻烧饼。局一级的宣传科，就是配合政治运动办学习班、写文章和搞宣讲。

那时候局宣传科有个大书橱，别人在拼命折腾，我则开启了又一个读书高潮。大书橱里有全套的《鲁迅全集》和《郭沫若文集》等书，这可得了我的意了。我上班没事干就是看书，几乎把里面的书看了个遍。《鲁迅全集》一共20本，包罗了鲁迅杂文、小说、评论、书信、文学史专著等几乎全部的著述，至今我觉得除了专门研究鲁迅的学者，能真正看完全集的读者不会太多。《郭沫若文集》也有17卷，辑收了他的小说、诗词、日记、书信等，特别是其40多部小说、剧本基本上按照写作时间或发表时间排序，都是他青壮年时期的创作。那真是才华横溢、心骛八极、含宏万汇、气吞云梦，不像他后期的作品，佶屈聱牙、江郎才尽。那时候反帝反修，中央号召干部读书，陆续出了批内部图书，像沙米亚金的《多雪的冬天》、拉夫列尼约夫的《第四十一个》、朱可夫的《回忆与思考》、新谷明生等的《苏联是社会主义国家吗》，等等。新华书店设了个内部书专柜，来了书就通知各局开介绍信去选书。我积极争取到了这个美差。宣传科的其他人对这些书没多少兴趣，后来买什么书都是我说了算。这可是当时社会上见不到的书，文史哲经法社都有，多数是名著原著，每次我几乎是全买。后来我发现这些书也是有级别的，有几本书来得特别少，例如带有脂评的《红楼梦》庚辰本和《金瓶梅》，只有市级干部才有资格买。我就极力和书店的干部搞好关系，市级干部读的书，只要有不来买的，他们都给我留下。

那时候，毛主席号召要学好马列，以免上假马列主义骗子的当。邓小平强调要读原著，要系统掌握马列主义、毛泽东思想的立场、观点、方法。作为局一级的宣传干部，我深感自己的理论准备不足。这时省委党校开办了一期学习列宁《帝国主义论》的读书班，由市委宣传部学习室主任带队，一个局抽一个宣传干部参加，市委党校还有四位教员一起来学。上大课，担任主讲的是省委党校领导李书厢，那是我第一次接触正规的理论训练。一本书足足学了两个多月，一章一节精雕细琢，不似我自学时的走马观花。这时还有一件碰巧的事。我父亲正好到济南开会，给我带来了几件衣服。我和父亲正在校园里说话，刚巧李书厢老师从那里路过，父亲很熟悉地和他打招呼，并介绍说我正在这里学习。李书厢免不了对我一番勉励。后来我才知道，我父母都是抗大四期学员，李书厢就是当时的教员。父母因为抗战前当过教师，后来都留校任教，抗大一分校到山东办学，他们是一起从太行山走到山东的。这一期学习使我开阔了视野，也接触到市委宣传部和党校的干部，知道了在宣传理论界天外有天。我与他们建立了经常性的联系，这对我后面的工作学习帮助很大。这算结缘的第二阶段。

那时，商业局的干部每周六要到基层参加劳动，我卖过土产杂品、日用百货，也卖过五金电器、果品蔬菜。那时候商业搞大练兵，要求一刀准、一口清，卖肉的"标兵"一刀下去几斤几两分毫不差，我就不行了。例如，来买水果的要买几个苹果，上称一称几斤几两多少钱要能顺口"哈"出来。这还好说，倒过来就不行了，碰到个只要五块钱的主就懵了。五块钱给几斤几两，脑子顿时不够用了。始知商业服务业看似简单，其实行行不容易。

另外，我还上过一期青岛市直机关"五七干校"，在平度的农场战天斗地了小半年。虽然是半天劳动半天学习，但从种到收，风吹日晒，异常辛苦，打掉了干部养尊处优的"骄娇"二气，也体会到了中国农民长年累月辛勤农作的不易。

一晃六七年过去了，我从宣传战线的新兵变成了老兵。宣传干部不一定是专才，但一定得是通才，我们自己戏称是“万金油”，文史哲都要懂点但又不全懂，你要去宣讲只能临时抱佛脚。后来对我触动最大的，还是“文革”后期的“工农兵学马列”和“培养工人理论队伍”。我负责办学习班和培养理论骨干。那时候下属有两个单位的业余理论小组在自学《资本论》，我有时晚上也去参加他们的活动。马克思从商品和货币分析入手，抽丝剥茧剖析了资本运行的秘密，创立了剩余价值学说，构建了马克思主义政治经济学的完整体系。《资本论》博大精深又十分难读，我深感自己的学养不足，亟须输血。

十年一觉大学梦

1977年，传来了恢复高考的喜讯。我听到后自然是欣喜不已，而且我分析，虽然“文革”累积了十几届的毕业生，但完整学完高中课程的只有高三级，只要考试是完整体现中学教学大纲的，高三级是有优势的。我对高考是相当有信心的。但也很犹豫，一是年龄已达上限，二是孩子还小，三是父母家庭需要照顾，四是单位的工作似乎也离不大开。但夫妻双方的家长都很支持我去考。最后一天离报名截止还有几个小时，中午回家吃饭父亲问我报名了没有，我说我还是不想考，这时父亲扔下了一句话：“我看你也考不上！”我这人最怕激，接口说：“那我就考一个给你看看！”下午到单位开介绍信，科长已经同意，但政治部主任却不同意，软磨硬泡就是不行。我突然想起了中午父亲的那句话，换了个说法对主任说：“你就让我试试呗，还有可能考不上呢。”大概这句话起了作用，然后盖章放行。这时候离下班时间已不到半个小时，我一溜小跑到了报名点，几乎最后一个报上了名。之后，果然顺利地考上了心仪的大学，十年终圆大学梦。

其实，在这十年的过程中，我曾有三次进大学的机会，都是擦肩而过。第一次是1966年。青岛二中因为是省重点，每年有四五个保送生名额，我是其中之一。事后知道，保送的是一所穿军装的理工科院校，如果不是“文革”，我很可能就是一名军队的工程技术人员。第二次是1970年底。我所在的食品厂得到一个推荐工农兵上大学的名额，军管组组长第一个征求我的意见。我问是什么专业，据说是一个轻工学院的食品酿造专业，我说我不上。军管组组长大惑不解，说这是多少人挤破头都得不到的好事，我怎么一口就回绝了。其实不喜欢的专业我还真不想学。第三次是1973年。那时我已在局里宣传科工作。那一年的工农兵大学生的选拔加上了文化考试，我们局里基本不用推荐，只要符合条件都可以报名。我们单位有一个师范学院体育专业培养中学体育师资的名额，按照我当时的情况估计体育测试和文化考试都没有问题，可我就是不想上。大学的门我算是三过而不入，尽管前一次是被动的，后两次却是主动放弃的。

由于对文史哲的爱好，填报志愿的时候，我报的是山东大学哲学、历史、中文三系。入校以后才知道，三个系的录取分数是中文最高，哲学最低。但我心仪的专业顺序却是哲学、历史、中文，被哲学系录取是很值得庆幸的。大学四年开始了正规的理论训练。从柏拉图、亚里士多德到黑格尔、康德再到尼采、海德格尔、弗洛伊德；从诸子百家到魏晋玄学、宋明理学再到康有为、孙中山，将古今中外的哲学大家系统地梳理了一遍。对于马克思主义哲学，更是系统完整地接受了正规的训练。诚如所愿与哲学结缘，跻身于令人向往的哲学殿堂，特别是由此建立起来的辩证唯物主义世界观和方法论让我终身受益。

毕业之后，我先后在青岛市委宣传部和市社科联、市社科院工作，直到退休做的基本都是理论宣传、理论教育和科研组织管理工作。由于母校的教育和理论积累，工作做得还是顺风顺水、得心应手的。

退休生活絮语

退休之后，迎来了我的第四个读书高潮。有时间，有精力，看书学习不再是为了应付考试考核，没有了功利主义的考量，基本上是根据爱好“补读生平未读书”。开始几年时值“国学热”，央视的《百家讲坛》很受追捧。我嫌电视播出太过碎片化，买来《百家讲坛》坛主们的书慢慢细读，再遵循着他们的讲解找来《易经》《老子》《庄子》《论语》乃至《古文观止》《资治通鉴》《说文解字》《山海经》等放置案头细心揣摩体会，等于是对同样喜好的文史领域进行了补课，感到没有了遗憾。不怕大家笑话，疫情这几年我对甲骨文来了兴趣。疫情防控在家哪里也去不了，什么事也干不成，我便一连读了好几本专门介绍甲骨文的图书，甚至买来了日本人编写的《甲骨文小字典》，没事一个字一个字地琢磨，接触到了汉字发展的源头状态，也了解了许慎《说文解字》竟有不少是望文生义，因为他那时候还没见过甲骨文。真是“老来读书是一乐”！

我退休后的另一个爱好是旅游，自号“徐霞客二世”。《徐霞客游记》涉及的省份我几乎全去过。接着我找来《大唐西域记》《长春真人西游记》《马可波罗行纪》，为了印证他们的记载，又追逐他们的足迹将西域、天竺乃至波斯、小亚细亚各国的古代地理好一顿恶补。发现耳熟能详的巴米扬、撒马尔罕、克里米亚以至意大利威尼斯等，与现在的“一带一路”十分契合。

“世界很精彩，我要去看看。”在去了日、韩、东南亚和我国的港澳台后，去了俄罗斯、北欧四国、西欧七国、澳新两国、美国和墨西哥，又去了南亚次大陆的印度、尼泊尔。回来以后，洋洋洒洒地辑了三大本游记。

转眼我退休已经16年了，听说当年小我16岁的班级最小学弟王志功也将退下来。真是岁月不饶人。根据我的体会，退休后一定要有一个规划，“读万卷书，行万里路”，毕竟古人说得没错。

我们这个班集体

我们班是一个很好的班集体，班里的风气很正，尤其是对学业的认真执着和刻苦精神值得称道。每一个同学都珍惜来之不易的学习机会，可以说，我们哲学系77级给后来的78级、79级都做了好榜样。我举两个刻苦学习的例子，一个是张景芬，一个是张立勇。

张景芬和我是一个组的，我俩是上下铺。他一入校给自己定下的目标就是考研，每天一下课就在宿舍攻英语、听美国之音的英语讲座，几乎达到走火入魔的程度，甚至晚上说梦话都能蹦出英语单词。这还真不是瞎说，真有其事。晚上一个宿舍六七个人，有人睡觉说梦话很正常。可是有一天半夜听见景芬说梦话，一听不对呀，是英语呀！我以为他醒着在背单词，特意起来看了一下，他确实睡着。他还有一个绝活是背英汉词典。有一次我特意试了一下，任意翻开一页，找出一个单词，他都能回答上来。后来他如愿考取了北京大学的博士生。

张景芬的学习方法很独特，不是死记硬背的那种。上课基本不记笔记，课后也不复习，但每次考试都因为有自己独到的见解而获得高分。因此，常有同学下课围着听他高谈阔论，请他解答疑问。大家对张景芬的评语是：敏而好学，学而不厌，并且诲人不倦。

其实当时好多同学都是这个状态。教科书都能够大段大段地背下来，考试的时候答满十张卷子的不是个例。

再说一个张立勇。张立勇同学那时学习可以说是埋头苦读、心无旁骛，几乎达到不食人间烟火的程度。有一天，学校在操场上放电影，那时学校放外国片可以说是“万人空巷”，宿舍里全是黑灯。因那个电影我已经看过，我就往回走，路过一组的宿舍，我一看灯还亮着，隔窗一看就张立勇一个人，坐在小马扎上看书。我真佩服他的定力，就推门进去问他：“人家都去看电影，你怎么不去？”他的回答着实令人吃惊：“电影有什么好看的。”我说：“你还没看怎么知道没意思？”后来我问他：“电影怎么样？”他笑着说：“我真不知道那电影那么好看！”

立勇毕业以后从政，《南方周末》多次刊登长篇通讯介绍他在陕西咸阳和河南省高院的事迹，还上了中央电视台。他的事迹，我基本上都是通过媒体知道的。大家知道，《南方周末》是一个很严谨、很挑剔的媒体，轻易不说干部的“好话”，但几年来跟踪报道张立勇，这是很少见的。张立勇为政心系民众，替民说话，所以大家给张立勇的评语是：当官要为民做主，从政当学张立勇。

我们班的班风还有一个特点是团结心齐，有事一呼百应。记得当时系里有个老师癌症晚期大出血急需输血，班里的同学听说一齐挤上去医院献血的汽车，最后刘力言同学的血型合适，给老师献了血。

说了40年前的往事，再说说40年后的今天。

40年前，我们走出山大校园步入社会，一转眼今天已经不再是当年那个青涩的青年了。大家都在各自的岗位上努力拼搏，不管是从事教学、科研，还是从政，哲学系77级都不落人后，可以说是人才济济，成绩骄人，为国家为社会作出了突出的贡献。

从事科研的都是成果累累。以在中国社科院的李培林为例，每年他们发表的《社会蓝皮书》都受全国注目。他是留法归来的哲学博士，曾经担任中国社科院的副院长、中共中央委员会候补委员、全国人大常委会委员等要职，每年都有重量级的文章发表，还曾在中央政治局的学研会上作过“和谐社会”的专题报告。另外，在省、市社科院等研究单位和在新闻出版文化等单位的同学，也都取得了骄人的成果。

从事教育的更是引人注目。全国许多重点大学，如清华、人大都有我们的同学，而且都是业务中坚；留校的几位同学个个都在自己的学术领域叱咤风云；还有不少同学从事教育管理工作，成为大学校长或党委书记。

从政的也不得了，省、市、县各级都有。当然，我不是说职务高就有成绩，职务低就没有成绩，个人所处的环境不同、条件不同，不管职务高低都有成绩。只是说哲学系 77 级的领导干部不是一般的多，光厅局级一个班就有十几位，这是其他院系没法相比的。

2012 年毕业 30 周年同学聚会时，当着在场校领导的面我曾说过一句话：“在山大 77 级校友中，我们哲学系是最棒的，同学们都是好样的！”现在我想说，如果学校要在 40 年后评这届毕业班的优秀集体，我们班也是当之无愧的。

为什么在 77 级当中，相比其他系哲学系这个班特别突出？我琢磨有这么几个原因：一是学生素质好。全班有近一半党员，其余团员也是占绝大多数。二是我们学的是哲学。哲学是什么？世界观和方法论呀！比起学单一学科的同学当然要站得高看得远、更胜一筹啊！

漫漫大学路

张昌平

我是班里大龄同学中的一员，出生在新中国成立前夕，是伴随新中国前进步伐成长的一代人，我们的经历无不打上时代的烙印；但因个人的经历与所处的具体环境不一样，各有各的不同，然而发奋读书、考取大学是大家共同追求的梦想。

筑梦寒窗

1954年我7岁时，在江苏滨海县双港乡(1966年划到响水县)上了农村小学。这是一所完全小学，有初小和高小之分，1～4年级为初小，5～6年级为高小。初小升高小要考试，那时候高小毕业就是令人羡慕的学历了。当时，教学条件比较差，老师也比较缺乏，常常两个不同年级在一起上课，讲了这边再讲那边。就这样，我读了初小、高小，还考上了初中，又以优异的成绩考取了高中。俗话说，“十年寒窗苦”，农家孩子读书更是苦上加苦。我兄弟姐妹七个，能把十二年的书读下来，是十分不容易的事情，这里有父母、兄长付出的心血，同时也有自己的酸甜苦辣。新中国成立初期，国家一穷二白，家庭也是生活维艰，时常是吃上顿愁下顿，饥一顿饱一顿。正所谓穷人的孩子早当家，迫于生计，上小学的时候，我就帮着父母做一些力所能及的事情。经常是早上挑野菜、打猪草，放学到家还要和兄弟们一起把几个水缸担满水，有时还伙同一帮小朋友赶在太阳落山之前，到荒废的地主庄园刨树根当柴火。假期里，跟着母亲到小食品厂打短工、做零食。最困难的时候，连几元钱的学费都缴不起。记得有一次因拖欠学费被老师罚站，在教室外站了整整一个多小时。父母得知后，就把刚养半年的小猪卖了，缴上学费。初中又遇上三年困难时期，好多同学因家境不济而辍学，我所在的年级原来有两个班，最后变成一个班，一百多人只剩下三十几个人。初中三年，条件虽然艰苦，但党中央、国务院对学生特别关怀，经常下达专门指标（面粉等）到学校，给予学生补贴伙食，吃饭不成问题。当年我也想弃学回家找活干，以减轻父母负担，可家人和邻居们都说，我是块读书的料，于是举全家之力，让我续读。

1963 年我就读滨海五汛中学。高中期间，放假我很少回家，大都留校勤工俭学攒学费，只有第一学期国庆中秋假，因为从未出过远门，太想家，回去过一次。学校离家有 100 多里，乘车要花钱，囊中羞涩，为了省钱，我和同班、同乡的几个同学一起徒步回家。早上 8 点冒雨出发，夜间 11 点才到家，上午被雨淋湿的衣服，一天下来硬是被身体焐干了。

我们学校的师资力量比较强，有相当一部分老师是从大、中城市下放过来的，他们的教学水平都比较高，上两届（64 届、65 届）班级大学升学率都接近 90%。我是学习委员，在班里的成绩一直排在前几名，估计考上一个名校不会有太大问题。记得当时我填了三个志愿，其中第一志愿是西安交大，就在踌躇满志、填好志愿准备迎战高考时，因“文革”的冲击国家取消了考试制度。从此，就有了“老三届”的提法，我的人生也开始了新的拐点。

追梦军旅

1966 年高中毕业后，上大学作为一种奢望被潜藏在心里。从中央发出“五一六通知”后，“文革”正式开始，高中虽然毕业了，但要求我们留在学校复课闹革命。我因家乡距离学校太远，来回折腾，经济、身体都不堪重负，无法继续参加学校的活动。面对现实，我只能待在家里，边劳动边找工作。直到 1968 年 3 月，部队到我们学校征兵，我才走出校门应征入伍，穿上了绿军装，当上了解放军，成为一名守岛战士。

我们守护的开山岛只有 0.013 平方公里，操场只有大半个篮球场大。岛上草木不生，峭壁上裹满绿苔，就是这个看起来很不起眼的小岛，现在名气却很大。那里曾经产生过国防大学的将军，还有守护开山岛 32 年无怨无悔、被国家授予"时代楷模"的王继才、王仕花夫妇。天安门国旗护卫班也慕名几次登岛，在那里举行升旗仪式。岛上原来没有驻军，只有一个航标灯守护人，直到 1961 年第一批守岛连队才进驻小岛，开始执行建岛守岛任务。我们上岛的时候，岛上训练、生活的硬件设施已经初步具备，其他方面还有待完善。我到连队后被分在 85 炮排，当了一炮手和班用轻机枪手，除了学习、训练、站岗执勤外，还积极投入到坑道被覆等又苦又累的施工中。由于我各方面表现突出，年终被评为连队标兵，之后就当上了军械员兼文书。岛上的生活十分枯燥，异常艰苦，首先遇到的就是通信难。和家人联系，写信是唯一的方法。因为保密和交通的问题，有一次我等了三个多月才收到一封家信，此时此刻才真切地感受到"家书抵万金"的滋味。其次是及时了解国内外大事难。全岛只有一台收音机，被大家视为宝贝，指定连队文书专人保管，每天早、中、晚放在饭厅收听中央新闻。那时候强调传达学习毛主席最新指示不过夜，因为报纸来得晚，只能按照中央人民广播电台以记录速度播放的节目，一字一句记下来，再用复写纸复写，一个班一份，供大家学习。我是文书，经常为此熬个通宵。就连文化生活也全靠自编自排自演，以达到自娱自乐的目的。最后是吃水、吃新鲜蔬菜难。岛上水比油贵。吃水靠船运大队用水船送，不足部分靠雨雪天自己积水解决。蔬菜都不是当日的。为了吃到新鲜蔬菜，战士们探家回部队，都要用挎包带来家乡的土壤和蔬菜种子，在风吹不到、浪打不着的地方垒起一块块小菜园，这才能吃上点新鲜蔬菜。因为沿海一带不时有小股匪特袭扰，我们还常常站两班岗。我在岛上当战士时间不长，不到两年就提拔为营部书记，再不到一年就调到团政治处宣传股任干事，之后调师政治部宣传科任干事。

我先后多次在徐州和济南参加军部、军区举办的理论培训班，学习《共产党宣言》《反杜林论》《哥达纲领批判》《法兰西内战》《唯物主义和经验批判主义》等十几本马列原著，并对部队干部进行辅导。1977 年，国防大学军事学院举办学习《毛泽东选集》第五卷培训班，我作为师常委学习秘书，陪同师政委一起参加了学习。培训期间，正逢建造毛主席纪念堂，我们参加了义务劳动，推了三天混凝土。培训班结束时，华国锋等中央领导同志在人民大会堂接见了培训班的全体人员，并一起合影。之后，我被选调到济南军区“五七”干校任政治理论教员，为师团职领导提供学习服务。

圆梦山大

济南军区“五七”干校成立晚、解散早，当时所有教职员工都面临着重新选择去向的问题。恰巧在这个时候，邓小平定下决心，党中央果断决策，恢复高考制度。这一决策具有划时代的意义，它改写了历史，也改变了相当一部分人的命运，尤其是“老三届”，更有一种重获新生的感觉。当年报考的条件放宽到 30 岁，“老三届”都可以考，军队同等情况的也可以考。我多年的愿望终于有了实现的机会，当机立断选择了高考。经过短暂的复习，1977 年 12 月 9 日我在潍坊的一个考场，与地方的考生一起参加了考试。我填了几个志愿，最后被山大录取，从此踏上了大学路。

四年的大学生活，我与全班同学们结下了深厚的友谊。全班 50 多名同学，只有我和秦志、庄平同学是江苏籍，其余同学都是山东籍的。他们都非常好相处，十分友好，对我厚爱有加。很快我就融入这个团结友爱、奋发读书、积极向上的班集体中。

我们这个班级是山大的优秀班集体，有着许多令人羡慕的优势。一是有好班委、好班长。学生会主席矫学柏、党支部书记李晓群以及其他班委，在班级里有很强的凝聚力和影响力。班长李宏祥更是品学兼优，善于组织，乐于奉献，勇于担当。他处处为人表率，要求别人做到的，自己做得更好，是名副其实的“领头雁”，被同学们誉为“永远的班长”。二是有一个好班风。我们班50多个同学，分成6个小组，组长由大家推荐产生，在他们的带领和带动下，每个同学都自律自强，敬重老师，肯学习、讲团结、重感情，风清气正。三是有一整套好的制度。对起床、早操、上课、午休、晚自习、熄灯、集体活动等，都有相应的规定和要求，大家都自觉遵守，步调一致，逐步养成了良好的习惯。

我们班是特殊时期产生的特殊群体。年龄差距大，大龄同学30岁，都是“老三届”的，最小的同学16岁，是应届生。大龄同学都有一定的社会阅历，行事沉稳，处处体现出老大哥的风范；年轻的同学血气方刚，年富力强，个中翘楚非他们莫属；女同学个个秀外慧中，不让须眉。大家都十分珍惜四年的美好时光，在学习上都有一股子拼劲，互帮互学，都想把失去的光阴追回来；在生活上都有一种亲和力，互敬互爱，全班团结得就像一个人一样。

四年大学，弹指一挥间。毕业后，我被分配到济南陆军学院政治理论教研室。济南陆军学院是正军级单位，下设训练部、政治部、后勤部。训练部负责教学，由军事教研室和政治理论教研室组成，我是学哲学的，顺理成章被分到了政治理论教研室。陆院的教学任务比较重，有从连队挑选的骨干队，高考录取的大学生队，培养军政干部的参谋队、指导员队，还有参加越战立下赫赫战功的战斗英雄队。我们不仅要授课，而且还要包队，和学员吃住在一起，天天忙得不可开交，大家不仅毫无怨言，反而乐此不疲。我印象中最深的，是和战斗英雄队以韦昌进为代表的学员相处的日日夜夜，他们身残志坚，顽强拼搏的学习精神感人至深，一直激励我尽心尽责，把自己在山大所学的知识奉献给军队的教育事业。

铁打的军营，流水的兵。1990 年初，我放弃了在部队继续发展的机会，主动要求转业，回到了阔别 20 多年的家乡，在响水县委机关工作，直到退休。有好几次，为了完成县委、县政府的重点工作，在济南、泰安、潍坊等地得到了宏祥、瑞林、宏建、向军、玉奎、仕军、金蓉、王平等同学的鼎力帮助。同学情，我时刻铭记在心。每当我回到济南时，都会去母校走一走，看看操场、宿舍楼、小树林、图书馆、文史楼……有时还会会老同学。故地重游，触景生情，往事幕幕，重现眼前。我感谢同学们的厚爱，感恩老师们给了我知识和力量，感恩母校对我的培养和教育。

七七,燃烧的岁月

李宏祥

岁月不居,时节如流,须臾已过古稀之年,但在我的心中,“七七”情结却始终挥之不去。这是因为,“七七”高考是一个永久闪烁的时代符号。

1977 年 10 月,我国恢复被终止十年的高考制度,这是粉碎“四人帮”后拨乱反正的重大举措,是我国现代教育史上的重要事件。它不仅改变了千百万青年的命运,也在实际上拉开了我国改革开放的序幕。而立之年,我有幸搭上了这班迟来的列车,成为恢复高考后的第一届大学生,加入山东大学哲学系 77 级这个队伍,心情激动,感到十分幸福。当然,这首先要感谢邓小平同志英明而果断的决策,没有邓小平同志的远见卓识,就没有我们 77 级的故事。

勤奋者,莫过于此

经过“文革”,我们有幸获得这样好的学习机会,做梦也没想到。因此,大家倍加珍惜,要把被荒废的时间夺回来。入校不久,我日益被一种时不我待的紧张氛围所笼罩。全班每个同学都激情满怀,把时间当作最珍贵的东西,读书分秒必争,如饥似渴,可谓是十二分地努力。好像刚从荒漠走进大草原的羊群,贪婪地汲取着水丰草茂的富足滋养。努力，拼搏，不甘人后，让每一刻都有效率，让每一天都有收获。或许，这种拼搏精神和奋斗状态构成了我们哲学系77级学习生活的一种底色。

上课认真听讲，课堂秩序井然。每个同学的课堂笔记都是记了一本又一本，生怕漏掉哪一个要点或关键问题。下课了，有的同学还紧追着老师请教，进一步弄懂弄通自己的疑问。同学之间的切磋、争论，活跃了教室和宿舍的气氛，是一种非常好的学习交流形式。

讲到课堂，永远也忘不了为我们授课的老师。他们多为饱学之士，有深厚的知识积累，大都是某一方面的专家或学术带头人。虽然他们讲课风格各异，但均为传道授业的高手。臧乐源、李武林、龚兴、樊瑞平、许学圣、周立升、李传明、张平、张季平、王复三、陈陆达、胡瑾、赵明义、李庆臻、于惠棠、杨贵昌、王蝉、聂凤峻、肖效武、刘大钧、杨俊启、严崇孝、邢业金、李树军、西敬亭、周一宁等先生，都担任过我们主要课程的授课老师。在课堂上讲起课来，他们深入浅出，循循善诱，或引经据典，或举例凡事，纲目清晰，层次分明，把深奥的理论讲得通俗易懂，把繁杂的问题梳理于简单的方法，使同学们易于理解和掌握。教学成了一门艺术，听课成了一种享受。春风化雨，润物无声。在老师的辛勤施教下，同学们的大脑逐渐丰满起来，知识的力量潜移默化地改变着我们每一个人。多少年过去了，老师们在课堂上讲课的风采依然鲜活如初，犹在眼前。

为了扩大知识面，不少同学还争先恐后地去听各种学术讲座。除了哲学讲座，还有文学的、历史的、经济的、艺术的、外语的，甚至数学、理化方面的讲座，我们班也有同学去听。这些讲座除请本校的资深教授学者主讲外，还在全国邀请了许多学术界的名家来开讲授课。每堂讲座，都有振聋发聩之效，使听者心地豁然，思路和视野顿感开阔。这对一些同学后来的学术深造和发展，起到了启迪和引领作用。

每天的晚自习是必不可少的，很多同学提前来到教室，也有的早早地去阅览室占座位。全神贯注地学习，觉得时间过得飞快，一会儿就到了晚休时间，大家不情愿地随着晚自习结束的铃声依依离开教室。有的同学索性在校园的路灯下继续看书。日复一日，“衣带渐宽终不悔，腹内已多五车书”。

小树林是看书学习常去的地方，这里几乎留下了每一个同学读书思考的身影。小树林也曾是系里举行学术或形势报告会的地方，同学们聚精会神地听着报告人的演讲。阳光透过繁茂的枝叶，把斑驳的光影洒落在每个人的身上，平添了一种安谧祥和。这里定格了我们人生中一段美好的情感之路和诗意生活的体验。小树林成了山大的一个文化符号，承载着一代代山大人共同的记忆。

单词本是学习外语的重要工具，许多同学本不离手，词不离口，别的东西可以丢，这写满了密密麻麻外语单词的小本本万万丢不得。学外语的热度始终处于一种鼎沸的状态，学校或系里开大会时，下面默读外语的同学不乏其人。会上讲了些什么不重要，这外语单词收获却绝对不能少。何谓"学痴"？略见一斑。四年下来，不少同学的外语水平可以与外语专业同级的学生相比肩，"滴水穿石，非一日之功"，此之谓也。

那时，同学的社交圈很小，在济南上大学的老乡成了经常来往的对象。星期天，驻济高校的一些学生，经常到山大来攀谈老乡。他们看到我们的同学大多数都在紧张地学习，感到有些惊奇，"怎么星期天也不休息啊？都快学傻了，这是何苦呢，真是不可思议"，他们不理解。而我们的同学，就是凭着这股"傻"劲，下海登山，苦学苦研，像绷紧的发条，毫无松懈。时间的馈赠，常使同学们的知识出现膨胀式增长，质的飞跃在不经意间不断发生。30岁上大学，我有一种无形的紧迫感，加之这样的学习环境，又多了一种无形的压力。四年中，我不敢稍有懈怠。自知韶光贵，奋力不输人。因此，学习自觉性和主动性还是比较高的，四年中基本没有缺过课，没记得请过事假或病假。我家住在济南郊区的一个工厂宿舍里，离学校40多里路，骑自行车一个多小时，但不是每个星期都回去。回家一趟，也尽量争取周日晚上回校上晚自习。我紧跟着大家的步伐，努力往前赶，争取多学一点，学深一点。当时，并没有记忆力减退的感觉，而上大学前10年的工作和社会生活实践，却增强了自己对问题的观察力和理解力，这对学习哲学和其他社会科学是大有裨益的。在四年的学科考试中，我的主要课程成绩基本都为优秀等次。虽然在学习广度和深度上，比许多同学还有差距，但自己感觉是尽力了，没有太多辜负，没留太多遗憾。

我们班学习积极性高、氛围好，还有一件事可以佐证。四年中，我担任班长并负责课堂考勤工作，每周向系办公室报送一次考勤表。负责这项工作的封老师曾表扬我们是全校课堂出勤率最好的班级之一。

书本之外亦精彩

读书，有时显得单调枯燥，但整个校园生活却是丰富多彩的。

每天下午的课外活动时间，是大家最放松的时刻。同学们纷纷从书堆里钻了出来，跑到操场上释放自己。跑道上你追我赶，篮球和排球场上龙争虎斗，单双杠上一展身姿，乒乓球台前挥拍厮杀……这时，真有点任性宣泄的感觉，自由，自我，自享，痛快淋漓。这是锻炼身体、恢复脑力最便捷有效的方法，一天的读书疲劳已抛到九霄云外。当然，也有的同学去小树林里散步，天南地北、海阔天空地乱侃一阵，只需尽兴，不论始终。有的来一段外语会话，或议论一番轶闻趣事，同样是一种精神放松。

为了活跃课外生活，系里经常组织文艺小演出和诗歌朗诵会。伊戈扬同学是系学生会文体委员，既筹备系里的还要忙活指导班里的，搞得风生水起，很受大家欢迎。每次活动，我们班都积极参加，自编自演，自诵自唱。女同学的积极性更高一些，每次都是集体亮相，青春之美，引人注目。赵瑞林同学的山东快书小有名气，登台即能获得足够的掌声，“再来一段，再来一段！”的呼声不断。还记得入校的第一年，学校举办普通话演讲比赛，目的是在学生中推广使用普通话。我印象颇深的是张立勇、刘玉安同学最早报名，当时有些不解，他们俩都是文登人，说起话来胶东味十足，说快了有的同学还听不懂，怎么会参加普通话演讲比赛呢？然而，他们却成功了。比赛中都取得了很好的成绩，受到评委和观众的一致赞扬。这真是意料之外、情理之中的事情。比赛前的那些日子，他们苦学苦练，大声朗诵范文，反复地校正口音，并不断地向同学求教。在班上、在宿舍里，开口必普通，时常走调，引得同学发笑。功夫不负有心人，慢慢地他们却越说越好，逐渐达到标准流畅的程度。直到现在，普通话已成了他们日常的标配用语。这件事，给我很大的启发：世上无难事，只要肯登攀；恒心有多大，道路有多宽。

学校每年都举办运动会。我们班在这方面好像没有太多优势，但大家都踊跃报名参加，应了那句“重在参与，贵在精神”的老话。记得赵瑞林、马士岭、周向军等同学都参加过中长跑比赛和越野赛，取得过不错的成绩。我也参加过800米跑比赛，没有取得名次，但而立之年能与二十出头的小青年站在同一跑道上，亦感到有另外一种自豪。吴溪清同学是班体育委员，他的三级跳远成绩是很突出的，是为班系夺分的重要项目，而且在全省大学生运动会上为学校赢得了荣誉。还有刘兴章的铅球、铁饼投掷项目，李培林的跳高……还有哪些同学？我记不准了，都有不俗的表现。班里女生少，比赛中常常展现集体的力量，在多种接力跑比赛中，都取得过较好的成绩。庄平、庄超英、王毅平等同学还参加了许多单项比赛。另外，张景芬、李涛等同学乒乓球技艺高超，经常参加学校比赛，是奖

牌的主要得主，好像李涛还参加了学校游泳队……凡此种种，不胜枚举，时日久远，记不全了。噢，还有李培林、刘强、傅有德、王国庆等同学参加了系篮球队，对外系比赛时，引来许多同学驻足观看，为他们加油。刘强同学个头不高，但打球灵活，腾挪传递、跨步投篮，浑然自如，给大家留下深刻印象。系篮球队还夺得过全校篮球比赛的亚军，对学生人数较少的哲学系而言，这是很不容易的一件事，着实让全系同学兴奋了一阵子。

这里说的是体育比赛，体现的却是一种集体意识和拼搏精神。

由此，又想到了另外一件不能不提及的事情，那就是每天早晨的集体出操。大约是早晨6点许，学校的起床号会准时响起，在冬季，这时天还不亮，路灯还未熄灭。一进校时，系里就进行了这方面的教育，要求各班按时集体出操，其目的是督促学生准时起床，提振精神，增强校园活力，培养集体意识。这也是一种校风校貌的展现。开始，有的同学不适应，或者说是不重视，班里出操的人数不是太多。后来，经过讨论发动，大家统一了认识，从守纪律、讲规矩、严格自律、维护集体的高度去做好这件事，班委和各组组长亲自抓，责任落实到每一个宿舍，事情很快发生了变化，除了病号和特殊原因外，几乎所有的同学都积极按时列队出操。时间一长，成了大家的共同自觉或曰集体习惯。出操跑步，我们不畏酷暑，不避严寒，一直坚持了四年，直到毕业离校，这在整个山大是屈指可数的。在这里，还应特别感谢我们的两任体育委员孙恒志、吴溪清同学，他们不辞劳苦，率先垂范，带队前行，为大家作出榜样。40多年过去了，回忆这段经历，由衷地感叹我们班全体同学的坚韧和坚守，赞佩每一位同学一往无前的精神和集体主义观念。

一个温馨的集体

一个好的班集体，应具备这样的条件：勤奋好学，尊师重道，团结友爱，遵守纪律，朝气蓬勃，奋发向上。我感到，我们班就是这样的一个集体。四年的校园生活，每一个同学都十分热爱和精心呵护这个集体，以自觉和真诚去打造良好的班风，营造生动活泼、暖心可人的学习生活环境。因此，我们班成为学校和系的先进班集体。

全班50多人，在构成上存在许多特点。一是年龄参差不齐，入学时年龄最大的30岁，最小的不到17周岁。二是入学前曾从事不同岗位不同职业的工作，有工人、农民、教师、机关工作人员、解放军官兵、下乡知青等，直接从中学入学的很少。三是来自不同地区，有沿海经济发达地区，也有内陆欠发达地区，有山区的，也有平原的。每个人的成长环境不同，生活习惯有许多差异。四是不少同学已经成家立业，家庭负担重，经济上比较困难。这是特定的历史环境下造就的一代大学生，在中国教育史上可能是空前绝后、绝无仅有的。但是，这些差异丝毫没有影响同学们之间的感情交流和共同生活。年长的同学爱护和关心年幼的同学，视他们为小兄弟、小师妹；年幼的同学非常尊重年长的同学，视他们为老大哥、老大姐。大家相互理解，相互关心，携手共进，全班同学亲如一家，其乐融融，结下了人生中最珍贵的友谊。

刚入校时，都在学生大食堂用餐，每组一桌，同学们都抢着去打饭分饭。虽是大锅菜，吃起来也津津有味。没有凳子，站着用餐，大家有说有笑，自得其乐。特殊的经历和感受，使每个人都养成了珍惜粮食的习惯，鲜见随意倒掉饭菜的。当时，粮食供应是定量的，每个人的饭量不一，同学之间相互周济，特别是女同学变着法子贴补饭量大的男同学，细微之处多见真情。

一间宿舍八个床位，一般住七位同学，腾出一个床位放行李等物品。居住虽然拥挤，但大家互相照顾，关系很融洽。那时条件差，没有保洁员，宿舍和走廊卫生都是学生自己打扫。各室都设轮班值日，但大家还是争着去清理卫生，抢着去锅炉房打开水，一只手提着好几个暖水瓶，为的是节约其他同学的时间。有了病号，全寝室人员都关心体贴，一碗热气腾腾的病号饭端到床前，使同学从心里感到温暖。生活是单调的，故事是丰富多彩的。有一件事记忆犹新，我们宿舍袁文颇同学是最早把手提式播放机带进宿舍的，当时播放邓丽君的歌曲，大家感到很新潮、很乐意听。开始悄悄地放，后来就没有什么避讳了，开放之风渐进，校园生活在悄然发生变化。

同学们争着为班级服务，互相帮助的事情很多。如傅有德、吕敏等同学雷打不动地定期筹办班级宣传栏；李涛、秦志同学每天为班级取送报纸和信件；刘兴章、李涛同学长年为同学义务理发；刘国强不辞辛劳地为大家领发饭票、助学金等，为同学们生活琐事服务；各位课代表加强老师与同学之间的教学联系；同学之间相互帮助洗衣服、晾晒被子，女同学帮助男同学拆洗被褥；等等。凡细微处，尽显真情，耳目所及，都是友谊。在这个集体中，每个人都有不俗的表现，都有动人的故事。如果专著此事，必是一部励志的好书、奋斗的文集、友谊的华章。李芹同学在《春华在心中流淌——忆山东大学哲学系77级》文章中已有详尽的记述和总结，在这里我挂一漏万地再重复一下，无非是想唤醒过去的记忆，重新点燃心中那久违了的灯火。

讲77级的特点，就不能不讲班里的大龄同学。30岁上下，十几个人，这是班里一个特殊的群体。他们阅历相对丰富，处事稳健，顾全大局，基本上都是共产党员，在班里和各组担负一定责任，对维护班级团结、树立良好的班风发挥了不可替代的作用。这些同学有些来自农村，已结婚生子，又没有工资收入，家庭生活十分困难。学习之余，每当想起妻儿老小所过的艰难日子，想起妻子带着年幼的孩子在生产队劳动的情景，心里不免有些伤感。一次闲聊，有位同学对我说："全家的生活担子重重地压在妻子一个人身上，她又体弱多病，真是不堪重负啊。可又有什么办法呢？为养活这个家，为支持我把书读完，她把一切的苦都咽到自己肚子里，谁能帮上忙呢？……"说到这里，眼圈已有湿润。事不经过不知难，这是一段刻骨铭心的记忆。当时，有的同学甚至提出提前毕业的要求，这当然是不现实的。路还要走下去。艰难困苦，玉汝于成。最终，同学们没有被困难所击倒，而是咬紧牙关，硬硬地扛下了这四年艰难的岁月，而且每个人的学习都十分优秀。我是大龄同学中的一员，虽然带薪上学，经济上略显宽裕一些，但是妻子身体弱，又带孩子又上班，如果遇到大人孩子生病，家里就没了着落，多亏厂里同事们出手相助。相同的社会环境和大致相同的人生经历，使我对同龄人的处境感同身受,心思相通。我非常理解和同情这些同学,在他们身上,我也学到不少东西,我敬佩他们,为他们的精神而感动。除了国家助学金之外,系里每学期都对特别困难的同学有少量资金补助。我们总是尽力而为地向系里反映情况,介绍同学的困难程度,争取能给大家多补助一点,哪怕是多一两块钱也好。多少年过去了,彼时彼景,时常出现在我的眼前,想一想那时的学习生活,同学们太不容易了。再看一看现在的大学生,有的花钱如流水,毫不珍惜父母这钱的来之不易。时代的反差,境遇的不同,令人感叹。

谈到我们班级,绝不能忘记那些曾经用心血浇灌过这个集体的老师们。刚入校时,郑仲孝老师是系里主持党务工作的党总支副书记,也是我们班的第一任辅导员,是报到时把我们迎进校门的系领导之一。他熟悉同学们的情况,重视我们班的思想建设、组织建设和各项制度建设,做了许多基础性的工作,对良好班风的形成起了先导作用。张平、王流源、徐根义等老师都担任过我们的辅导员,纪温玉老师还兼任我们班女生辅导员,他们善于做过细的思想政治工作,经常深入班级或学生宿舍,与大家谈心,了解同学们学习和生活情况,有针对性地帮助解决实际问题。老师们亦师亦友,与全班同学结下了深厚的友谊。系党总支副书记汤光森老师是由部队转业到山大工作的,他办事干练,雷厉风行,待人诚恳热情,对学生很关心。他把部队的好作风带到学生管理工作中,宽严相济,善解人意,与同学们打成一片,大家都喜欢听他讲话。总之,这些老师都是我们哲学系77级前行道路上的护路者、引路人,是我们永远感谢和尊敬的人。

人生记忆中,有许多最留恋的东西,终生难忘,挥之不去。四年的大学生活,扎根心底,溶于血脉,每每想起,心起波澜,都会产生一些新的感悟。想到这里,我要说,77级是一个摇篮,我们在摇篮里成长,学得了知识,增长了智慧,编织了梦想,坚定了意志,明确了方向,实现了化茧成蝶的人生转变;77级是一座熔炉,锻造了我们的本领,升华了我们的思想,镕铸了我们的品格,锤炼了我们的刚强,为改革开放的中国培养和积蓄了人才的力量;77级是一块出发地,我们由这里启程,壮怀激烈,憧憬未来,分赴祖国各地,走上不同工作岗位,为社会主义建设添砖加瓦,发热发光,奉献青春,实现理想;77级是一处感情的港湾,温暖了同学们的生活,生发了同学们的故事,厚重了同学们的情感,连接了同学间的牵挂和守望,四年如此,40年依旧如此,天南海北,此情绵绵,地久天长。

人生是条河。四年的大学生活,无疑是这条河流中最激情澎湃、最富有诗意的浪花。40年过去了,同学们已开启颐养天年之路,人生回味的东西很多,但最难以忘怀的还是七七岁月。过往,我们的每一项成功和奉献,每一个辉煌时刻和高光点,都可以准确地在77级因由中找到答案;同样,每一次磕绊和挫折,每一回失意和悲伤,也都可以在77级的回望中找到慰藉和释然。七七之梦,将陪伴我们一生。

最后,附上2012年毕业30周年时写的一组诗,以此作为本文的结尾。

七律·校园十章

(一)圆梦七七

冰消柳绿草萌新,劫后开科第一春。
寒士文章欣上榜,英雄白卷耻飘尘。
莘莘学子蓬门客,灼灼校徽山大人。
抱恨十年荒废苦,自当倍惜寸光阴。

(二)求知若渴

三尺讲台玉振声,五弦悦耳沐南风。
无边学海争帆渡,万仞书山奋步登。
课在深研明要义,文当细读取其精。
江河流水涓涓汇,腹有经纶日日功。

(三)阅览室读

书海欢飞一叶舟,天高水阔纵情游。
无边光景惹人醉,满目珍奇并力收。
博览多思当受益,精求广记自能修。
源头汩汩清如许,知识常新活水流。

(四)小树林深

文史楼东小树林,枝繁叶茂绿成荫。
书声琅琅迎曦日,脚步轻轻闻鸟音。
树有轮纹潜岁月,林行风雨砺青春。
如今秀木参天立,寻梦当年倍觉亲。

(五)同室兄弟

斗方寝室八张床,梦里港湾情谊长。

日落日升同息作,花开花谢共时光。
程门弟子志高远,陋室芝兰气蕴香。
寒暑四年肝胆系,别时泪目小轩窗。

(六)四季晨操

睡眼惺忪号角催,出操列队每相随。
呼声破晓残星落,清哨入云宿鸟飞。
日日争先无掉队,人人坚守不曾违。
健身强魄多磨砺,彩石一炉能几回。

(七)改革曙光

不尽书声风雨声,校园池皱起春风。
溯源真理论标准,解冻伤痕肇启蒙。
土地承包曾热议,农村实习止纷争。
曙光初照神州地,改革潮流势必行。

(八)同班一家

欢聚一家天赐缘,城乡山海大平原。
黉门攻读手携手,历下游踪肩并肩。
最爱书声歌不辍,每闻喜讯共欢颜。
清寒有味心能品,质朴无华事可担。

(九)恩师难忘

良师益友腹经纶,道德文章思想新。
解惑释疑启心智,求真明理塑精神。
师言谆谆犹萦耳,岁月悠悠已霜鬓。
三十功名尘与土,此生难报是师恩。

(十)惜别母校

四载寒窗情谊长,一帧小照录沧桑。
献身四化寄宏愿,衔命五湖催远航。
相别无期多勉励,重逢有日话衷肠。
回望三十风云路,七七情怀存史章。

2022 年立夏

我的故事

孙恒志

我们77级的同学大都有丰富的人生阅历。看了几位同学的文章深受启发鼓舞，也说说我的故事。

历经波折，圆梦大学

我出生在农村，从上学起就梦想上大学，以此改变命运。本村读完四年级就要去离村三里多路的完小读书。不巧，六年级时由于要修水库，我们村要迁徙到吉林省延边自治州汪清县，因父亲在潍坊工作我家未迁，被安置到别村居住，我又转学去了离家五里的小学。每天自带午饭，早出晚归步行上学。考取初中，离家10里，少数时间往返回家，仍然自备伙食。

初中毕业考取昌邑县一中，离家30多里，每周回家一次，周六下午两节自习课之后才可启程，周日下午背上一周的“给养”返校。条件好的同学骑自行车上学，而我仍然要靠走路。虽然很艰辛，但为了能考大学，苦并快乐着。我们校这届高中生四个班共136人，学校历年的升学率在50%左右，自忖凭自己的学习成绩考上大学是没太大问题的。转眼来到高考前夕，体检、填报志愿完毕。我是理科生，我记得第一志愿报的是复旦大学，第二志愿是北京邮电学院（现北京邮电大学）。高考冲刺，废寝忘食。就在这时，“文革”来了，高考延期半年举行。后来复课闹革命，接到高三高二、初三初二的学生可以报名参军的通知。看到高考无望，想到部队经受锻炼，便报了名，同时被抽调到征兵办公室帮助征兵。

1968年3月，我从学校入伍到了某部高炮营三连当兵。1969年1月，入党并任军械员兼文书，同年随部队去临沂，后又去聊城支农。1970年，担任班长代理排长。因父亲是潍坊旅社的经理未恢复党籍，提干未成。后他恢复党籍，我被调到营通讯报道组任组长，第二年又调任师直属队报道组组长（师直属队有三个独立营、四个独立连）。直工科首长一开始想让营里把我提为排长，但因超过了提排级干部的年龄没办成，之后又想越级提拔我为直工科干事，就在向上级报批的过程中，由于济南军区军马场解散，一部分干部要到我部安置，我的事便不了了之。我要求退役，首长说回去没有安排工作的指标，另外报道组的同志还要我再带一带，就这样直到1976年3月才退役。我虽未提干，但部队还是安排专人到县里与有关部门联系，安排我去县报道组工作，先随县委副书记去化肥厂驻点。我既高兴又犹豫，县城离家30多里，在报道组每月只有三十几元钱，而离家不到10里路的灶户盐场想让我去他们政工组工作，每月工资40多元，还补助26斤粮食，工作家庭两不误，于是我便放弃了前者。

一年多来一切顺利。1977年11月，偶然听说了恢复高考的消息，梦想复活。咨询场长书记，他劝我年龄这么大，毕业这么多年，家有老婆孩子，就别想这事了，等以后有了转正指标先考虑我。我知道他不舍得我走，也就先放下了。但不久后，盐场召开职工大会，号召有志青年都应踊跃报名高考。会后我又跟场长书记磨叽，说我读了十几年书由于“文革”耽误了考大学，现在是唯一的机会，我报考是看看能不能考上，考上也不一定上，哪怕不上也不留遗憾。场长书记见我恳求真切便答应了我，并放假让我回家准备，此时距离高考只有半个月时间了。说是准备，其实抓瞎。我高中时的书籍早已被弟弟妹妹用没了，再者当时我的孩子刚满周岁，在家里对我干扰太大，于是爱人带孩子去了她娘家，我东拼西凑了点学习资料在家复习。考完试当天，场里来人催我马上回去工作，因为积压的事情太多。不久，接到高考录取的通知，第二志愿录取到山大哲学系，是我县考取山大的二人之一。历经11年波折，终于圆梦大学。

艰难岁月，奋力前行

对年轻人来说上大学应是一段轻松愉悦的时光，而对我来说却是漫长而艰难的岁月。首先，要不要上就是艰难的选择。不上，我已有了满意的工作，既能照顾家庭又能愉快生活。若上，失去经济来源，远离家庭，自己吃苦不说，爱人孩子如何生活？最后还是爱人的坚定和鼓励让我作出了奋力前行的决定。

就读四年，多亏国家政策好，按月为困难学生发放助学金和生活补助金，当然也感谢经济条件较好的同学们的谦让，让我每年都获得一等助学金和生活补助金，基本解决了在校期间的费用。同时，盐场的同事们为我准备了大量的纸笔，使我四年从未买过本子和笔。穿着方面，四年没买过一件新衣服。生活方面，不求吃好，能填饱肚子就行，没参加过任何形式的聚餐或娱乐活动。

学习方面，虽然也像同学们一样如饥似渴，努力苦读，但毕竟年龄大，记忆力差，不如同学们学得好。另外，学习精力也受到牵扯，那就是爱人和孩子在家处境艰难。爱人是我高中同学，我上学期间她先在外村联中任教，为了照顾家庭调回村小学。孩子无人看管，每到农忙时节、收获季节还要到田地里劳动。一到这时我都要回家帮忙，这自然要影响一些学习，这也是我开始当班体育委员后让位的原因。

四年转瞬而过，收获颇多，收获了知识，收获了磨砺，收获了坚强，收获了情谊。也从同学们身上学到了许多优秀品质，像同一小组的班长李宏祥的运筹帷幄细致周全、刘玉安同学的勤奋拼搏、孔令芝同学的认真自觉、王国庆同学的聪明豪爽、袁文颇同学的乐观洒脱、马士岭同学的刻苦努力、肖连生同学的不懈奋进、王毅平和吕敏同学的聪慧好学等以及别组同学的闪光之处，都让我终身受益。

献身石油，无悔一生

毕业时节，是听从国家分配还是从现实出发找一个既报效国家又解决个人困难的单位，面临抉择。当时农村面临分田到户的政策实施，我想最好到或离家近或能带去家属的地方，于是做了两手准备。一方面联系了潍坊市（当时是地区）有关部门，得到了地委宣传部愿意接纳我的初步承诺。另一方面借到胜利油田毕业实习的机会前去考察，油田党校欢迎我来工作，并且表示不仅解决家属问题，还能帮助安排我爱人在农业点上的学校任教。同时，我也考察了华东石油学院（现中国石油大学），来这里也解决家属问题，但家属来了只能种稻子，月工资比油田少12元野外补贴。权衡之下，最后决定毕业后到胜利油田。

可是去胜利油田也不是那么顺利，学校的毕业分配方案中没有去胜利油田的名额。多亏班长和系领导帮忙为我争取到了石油部的名额，但只能分配到华东石油学院，去不了胜利油田。就在这时，苍天相助，胜利油田党委组织部的领导来济南参加毕业生分配会议，到山大来探望在干部专修班学习的学员。这个班里有我县里的两名学员，其中一位是我高中同学，当时我正在他们宿舍写毕业论文，于是请领导帮忙。在他的引荐下，我到他们开会的宾馆见到了石油学院参会的领导，双方商定以交换毕业生的方式让我去胜利油田。因此，毕业分配方案上我是去华东石油学院，实则去了胜利油田。到了党校，我被分配到哲学教研室当教师，同时在学校教务科当干事。

当时党校有130多名教职工，不是油田二级单位，享受机关处室待遇。1984年4月，党校正式成为油田二级单位，我被越级提拔为副校长，分管后勤工作兼任教学。1984年9月开始，党校在提供短期培训的同时，举办学制两年的干部专修班和电视大学班，为胜利油田的干部培养作出了重大贡献。1990年8月，我调任胜利石油学校党委书记，这是一所规范化的中专学校，在任期间我完成了“国家级重点中专学校”的申报创建工作。1996年2月，又调任胜利油田职工大学党委书记，1998 年改任校长，2005 年退居二线，2007 年退休。这期间完成了由学历教育向职业培训，尤其向高级人才培训的转变，为胜利油田和中国石化的高技术人才和中层以上干部的培训作出了有益贡献。

人生如梦，转眼 70 多年。回首一生，虽无重大成就，但也不是碌碌无为，自觉对得起党的培养、老师的教育和同学们的帮助。愿同学情谊长存，历久弥新。

2022 年 6 月 2 日于东营

大学毕业四十周年的回忆与感悟

于炳贵

我是1968年8月高中毕业回乡务农的。本来应该是1966年毕业考大学的，这一年“文革”爆发，学校停课闹革命，打乱了正常的教育教学秩序，也改变了我们这一代学子的命运，一直到两年后才从学校正式毕业。

毕业回乡后，先在生产队干农活，1968年底开始在村小学当民办教师，后来又被推选为大队干部。1974年下半年进临清县委党校做理论教员，1976年提升为副校长。由于自己理论水平不高，非常吃力地干着并不太胜任的工作，最令我感到窘迫的是，硬着头皮给来党校学习的学员辅导自己也没有真正学通弄懂的马列原著，只能按照辅导材料照本宣科，学员有疑问，也只是按照自己的理解做一些似是而非的解说。1975年春天，学校派我参加山东省委党校举办的学习《马克思恩格斯列宁论无产阶级专政》33条语录短期培训班，进了省城济南大开眼界，听了省委党校老师的讲课，理论水平有了很大提高。有一天，我突发奇想：如果能够到省委党校工作该多好啊！当时，我在县委党校还只是个拿“工分”的理论教员（当时叫“三不脱离”干部），进省委党校工作真是异想天开，是根本不可能实现的梦想。结果，七年后竟梦想成真，1982年1月我大学毕业被分配到省委党校哲学教研室工作。在县委党校工作那几年，最令我感到惬意的是1976年春夏之交在县城东北农村——范尔庄举办培训班。范尔庄是梨园之乡，几百亩梨树围绕村庄，当时正是梨花盛开的季节，放眼望去，好似一片白色的花海。一簇簇梨花层叠相拥，盛开在枝头，如玉似雪，漫天洁白。朵朵梨花在蓝天的衬托下，在和煦春风中随风舞动，更显婀娜多姿，分外迷人。早晨，和学员们一起迎着朝阳在绕村的黄土路上跑步，清新的空气扑面而来；晚饭后，和同事徜徉在林间小道上，夕阳西下，大地沐浴在余晖中，晚风徐徐送来阵阵花香，使人心旷神怡。

我是 1977 年 10 月下旬知道国家恢复高考消息的，是在县广播站的有线广播里听到的。当时非常激动、兴奋，感到一次改变人生命运的机会到来了，必须紧紧抓住。这时，距离高考时间只有 40 多天了，多亏了县委党校孙秉诚校长深明事理，给我提供了最优惠的条件和时间保障，为了让我集中时间和精力复习功课，在高考前不安排任何工作。我做了详细的复习计划，每天学习到很晚，完不成任务决不休息。高考时间是 12 月 9 日、10 日两天，考点在当时的公社所在地（现在的临清市康庄镇）中学。我怀着必胜的信心走进考场，虽然考试正值寒冬腊月，但对于我来说，那年冬天的阳光特别温暖。接到录取通知书，我被山东大学哲学系录取了。我既高兴又犯难，高兴的是自己能够到大学这个神圣的殿堂继续深造学习，犯难的是家里有年迈的父母，还有两个孩子，大的 8 岁，小的 5 岁，全家的负担都落在妻子一个人身上。好在父母和妻子都非常支持我上学，说考上大学这是天大的好事，再多的困难也能挺过去。

1978 年 2 月底，我在县城坐上去省城济南的长途汽车，带着改变人生、献身祖国的渴望，带着纯真和青葱，开始了这来之不易的大学生活，开启了人生中最难忘的一段里程。从农村来到山东大学，对我来说一切都是陌生的、神秘的，既

不懂什么是哲学，更不知道什么是马克思主义哲学。入校之初，当时的系主任臧乐源教授关于什么是哲学的解说，关于马克思主义哲学六大基本观点的深入浅出的解说，使我如醍醐灌顶，豁然开朗。从此，我喜欢上了哲学，并走上了学习、研究、教学马克思主义哲学的道路。在山东大学学习四年，臧乐源教授是对我影响最大的老师，他不仅把知识无私地传授给我们，还教我们如何做人、如何做事。他的每一次讲课、讲演都激情四射，充满激人奋进的正能量。在学校四年，我曾担任多个课程的课代表，有机会近距离和老师接触、学习、请教，使我对许多任课老师有了更多的了解，受益匪浅。入校第一门课程是马克思主义哲学原理，樊瑞平老师对马克思主义哲学原理的深刻把握和课堂上深入浅出的通俗讲授，为我打下了扎实的哲学原理功底。后来，我在哲学教学和研究方面的任何一点成绩和进步，都与当年老师的谆谆教诲和培养分不开。他追求真理的执着精神、高超的学术水平、诲人不倦的热情，都给我留下了深刻的、难以磨灭的记忆。讲授历史唯物主义的许学圣老师，眼睛高度近视，上课基本不看讲稿，讲起课来如行云流水一般滔滔不绝、飘洒自然，他特别善于借助丰富的生活经验，把非常抽象的哲学概念、原理，讲述得异常生动易懂。我曾去过他家多次，作为大学的老教授，那陈旧的家具摆设、简朴的家庭生活，令我非常震惊！担任西方哲学史课程的龚兴老师，帮助我们成立"西方哲学史原著研究小组"，给我们推荐著名的西方哲学史原著，并在课余时间辅导我们研究学习。讲授中国哲学史的周立升老师严谨的治学态度和谦和的长者风范，特别是他勇于仗义执言、主持公道的道德人品，对我产生了终生的影响。李传明老师讲授隋唐佛教，我向他提建议，为了对佛教有直观的了解，能否组织同学们去灵岩寺进行一次考察教学。他欣然接受并向系领导申请，于 1980 年 10 月 29 日成功地组织了灵岩寺的现场教学与考察学习。担任马克思主义哲学史课程的王复三老师，逻辑严谨、文采飞扬的课堂讲授，引人入胜，我曾多次就学习中的问题登门求教，有时正赶上他全家人在吃饭，他都热情接待，不厌其烦地释疑解惑。今天手捧老师著的《暮年梦话》，其音容笑貌依然历历在目，谆谆教诲言犹在耳。王蝉老师是我的毕业论文指导老师，从论文选题到材料搜集、框架设计、论文初稿修改，直到最后定稿，老师都对我细心指导，遇到疑难问题思路中断写不下去的时候，经老师热心鼓励和精准点拨，我茅塞顿开豁然开朗。为了写好毕业论文，我曾多次去王老师家请教，令我印象最深的是她的家庭负担非常重，家里有两个生活不能自理的老人需要照顾，还要在学校承担多项教学科研任务，家庭负担与工作负担之重可想而知，但是她仍然以乐观的人生态度欣然面对，奋然前行。王老师对家庭的责任心和对工作的高度敬业精神，使我终生难忘。

1981 年 11 月毕业实习，我们第一组同学到鲁西北我的家乡临清县康庄公社（现在的康庄镇）进行社会调查，主题是现阶段家庭联产承包责任制对农村的影响。由聂风峻老师带队，班长李宏祥同学参加了这一组的社会调研活动。我负责与地方领导的沟通联络工作。我的老领导、县委常委、县委办公室李书堂主任非常热情，亲自过问并安排我们的吃住和调研行程，提供了多方面的便利条件，保证了我们社会调研任务顺利完成。不知老领导是否还健在，多年没有联系，亦是“世事两茫茫”了。在社会调研活动的间隙，同学们到我家做客，自己动手包饺子、炒菜，其乐融融，刘仲明同学蹲在灶台上挥舞锅铲炒菜的潇洒形象至今仍留在我的记忆里。

40 多年过去了，那人那事都风流云散了，与我们渐行渐远但又好像就在眼前。往事并不如烟，它沉淀在我的记忆里变成了永恒。

2022 年 5 月为纪念大学毕业四十周年而作

“八品官”的故事

袁玉骝

纪念毕业40周年，征文是好事，77级是特殊的历史记忆。我是班里唯一回到基层的同学，混了个“正八品”，但我的故事是丰富多彩的，写出来同笑同乐同叹息吧。（右面是我1978年2月到山大报到后在学生注册登记表上的照片）

从“孩子王”到村支书

1968年秋，高中毕业又经过“文革”两年的凄风苦雨后，我回到袁老家村。大队书记袁金山让我到袁老家小学教书，当民办教师，大队每年补助300个工，每个工合0.3元，共90元，公社教育组每月补助1.5元生活费。上课第一天，我精心准备了一个小教杆，凡有调皮捣蛋的学生，就打屁股，虽然不会真打，但也能吓唬住学生。很快全大队都知道了我的厉害，课堂纪律好了，学生们的成绩也上去了。

1971年，高老家公社西北片5个大队商量，在黄岗集小学办联中，我到黄岗集小学教高中班语文。工分待遇不变，生活补助涨到每月8元。

1974年7月1日，我被批准加入中国共产党。秋季开学后，公社党委决定让我回大队担任大队党支部书记，这对我来说，是巨大的压力，也是动力。

上任后，我为大队制定了五年规划，以果促农、以副促农，并带领大家努力实施。先是集中200亩土地，建起了苹果葡萄园。同时栽种了西瓜、地瓜等经济作物，地瓜加工成粉条，建了粉条加工厂，大队集体经济第一次有了5000多元的收入。利用这笔钱，大队购置了一套打面机，解决群众仍然推磨吃面的难题。又搞了小五金加工厂，加工铁水壶、水桶等紧缺的生活用品。原先村南有20亩闲置的水面，村里开发起来用于养鱼，我们买了2万尾鱼苗投放到鱼塘，袁老家村人第一次吃到自己养的鱼。经过三年的奋斗，全村经济状况显著好转，多次受到上级表扬，大队的平均工值也从0.35元增加到0.55元。

1977年高考的选择

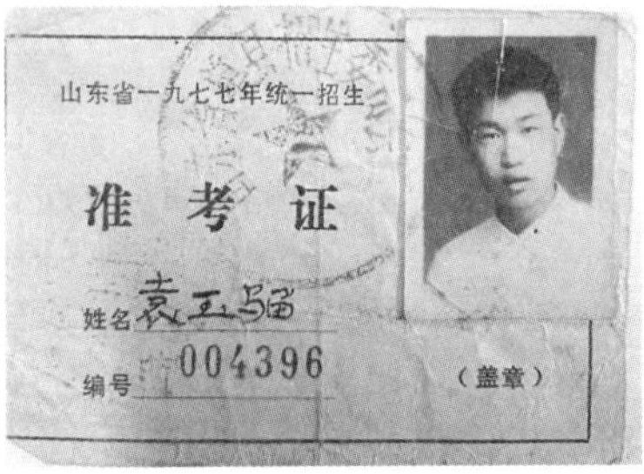

1977年深秋，我听到全国恢复高考的消息，而且允许“老三届”高中生报考，十分高兴，打算报名。公社党委得知情况后对我先是挽留，表示已把我列为干部培养对象，有机会就可以转干。同时表态，参加高考是我的权利，不会阻拦。于是我到公社教育组第一个报了名，过了十几天，公社通讯员把准考证送到我家。离高考时间很短，回想数理化忘完了，就报考文科吧。

高考印象最深的是作文题《难忘的一天》，看到题目，我立即就想到1976年9月9日毛泽东主席去世。当时我们大队也举行了追悼会，在会上我精心准备了一篇悼词，我的作文基本上就是悼词的原文，再加上群众的悲伤情景，听说这篇作文得了高分。

过了一个多月，春节前邮递员送来了山东大学录取通知书。我高兴地大笑，而我的爱人却哭了：“你一走，三个孩子，大的6岁，小的2岁，父亲年迈不能劳动，我一个妇道人家带着孩子怎么过？俺娘几个喝西北风不成？”看着三个年幼的孩子，我心里十分酸楚，如果因我上学拖垮了一个家庭，这个学宁肯不上也罢。无奈之下，我只好到曹县县城找大姐和二姐想办法。大姐、二姐都表态：“大学你必须去上，上学的费用由我们负担，父亲的生活由我们照料。”在县医院任中医科主任的二姐想方设法，为我爱人在城里办了个农民轮换工，每月有20多元的工资，可养活全家。二姐家在城里有一个院子，两间西屋就让我家住，父亲照看三个孙子,一家人算是安定下来,我也抛掉后顾之忧去了大学读书。

大学生活与两个梦想

我是坐一辆到济南拉油的车顺路到达山东大学报到的。到校后方知有助学金制度,我每月助学金 14.5 元,国家供应 33 斤粮食。助学金不给本人,转成伙食费,等于免费吃饭,我主要靠助学金度过了四年大学生活。

我是带着满脑子的实践问题上大学的。首先是农村为什么还这么穷?许多人还吃不饱肚子?基本的温饱解决不了,问题在哪里呢?

到校后,除了学习马列主义哲学,我们还接触了经济学、西方哲学史等,尤其在图书馆可以借阅自己想看的书籍。通过学习,我的思想不断深化。在 1978 年 10 月 17 日的日记中,我写下了六条思想反思与总结:一是在相当长的历史时期内,公有制和私有制会共存,共同推动社会发展。而比较好的方式是公有制和私有制相结合,即利用国家资本和政权与私有制相结合,支持或限制私有制。二是不宜以阶级来划分人类,人的权利是生存,天赋人权。三是自由发展是人的本性。四是我最感兴趣的一句话:马克思主义的灵活运用是活的灵魂,按死板的公式去治理国家,国将亡矣!五是君以民为天,民以食为天,民意难违,党和国家的方针政策必须让人民满意,才能赢得广泛支持。六是社会的开放比封闭更好些,让人说话比不让人说话更好些。

因为这六条在当时的历史背景下过于敏感,有的涉及理论禁区,所以只是在日记中抒发一下感慨,还不大敢公开,但有些话还是不吐不快。在班级办的刊物《纵横谈》上,我写了一篇《让农村大包干来得更猛烈些吧》,呼吁把所有土地、山林、荒地等承包给个人,让农民像绣花一样去种田,就可解决农村温饱问题。毕业时,我报考了于光远的农业经济研究生,系里也批准了,其实考研是假,把我的大包干思想全面反映给于光远是真,因为当时于光远要求考生先交一篇论文,他审查合格,才允许报考。最终我没能通过,估计与我的一些观点比较"激进"有关。

1979 年 2 月,我又突发奇想,要研究地球生命。从哪入手呢?我在山大书店买了两册《高等学校教学参考书》(物理学),想从高等物理学打开一扇门。

在自学过程中,一方面进一步充实了理论知识,弄懂了许多原来不懂或似是而非的问题；另一方面对教材中的一些论点产生疑问，并相应地作了批注。当学完后，我在书的最后一页写了如下感言："如果你把科学看成很容易的事，那么就可能放弃用功而达不到目的。如果把科学看成高不可攀的神秘的东西，那么就可能使你丧失信心。因此，必须勇敢前进，战略上蔑视，战术上重视。"现在翻看两册书，真是感慨万千啊。

大学里的两个梦，在毕业后的岁月里，我都进行了大胆的实验和探索。有成功也有失败，有经验也有教训，不管怎样，我认为在人生的道路上都是有益的追求，并不后悔。

毕业后重返社会

1982年1月初，四年的大学生活结束了。分配时我曾想留在省城，给爱人写了封信，谈了初步打算。没想到她怒气冲冲地回了一封信说："你想当陈世美，就别回来。你知道我一个女人领三个孩子怎么过的吗？我年年盼你回来，一家人好好过日子……"看了信，我忽然良心发现，她说得对，好好过日子才是家的味道。同时，我也想起我们恋爱结婚的患难之情。

我和爱人相识于"文革"之中，是我的高中同学兼同桌王美荣介绍认识的。她人长得漂亮，我给她起了个外号"小白鸽"，非常贤淑，善解人意，我们的恋爱过程简单又甜蜜。那年阴历三月的一天，我们在一条公路边上约会，从晚上8点聊到10点，谈到将来结婚过日子，充满憧憬。突然，西北风铺天盖地而来，顿时飞沙走石，两人的家和工作地点一时半会又回不去，吓得她哭了起来。我急中生智，一把拉住她，跳进一个修路新挖的土坑里，刚好可以挡风。我把她拉到怀里，紧紧地护住她，安慰她，她也一头扎到我怀里，停止了哭泣。风刮了很久，直到近天明才停止，好在没有下雨，我们就这样在土坑里待了一宿。等到爬起来，两人满头满脸都是土。她说："你真会选日子，刮大风，冻得打哆嗦。"我说："有一出戏叫'风雪配'，咱就叫'大风配'吧。"1970年，我们结婚，满村借了四辆自行车迎娶新娘，她坐在自行车后座上到了我家。结婚后，虽不能说举案齐眉，相敬如宾，但也是彼此尊重谦让，家庭和睦，温暖如春。

决定回曹县工作后，我带着毕业派遣证到了菏泽，但在菏泽工作的几位亲属的游说下，又经地委组织部推荐，最终去了地委宣传部。由于当时地委机构整顿，人员暂时冻结，我被临时落实到隶属于宣传部的地区新华书店领工资，并由他们解决一间住房，但在宣传部上班。

上班后不久，正赶上地委成立整党试点工作队，部里派我参加。领导小组组长是地委书记张守福，组织部副部长王凤彩具体负责。农村整党试点在菏泽县黄岗镇驻地，目的是探索总结农村整党的经验，向全地区推广，时间计划四个月。工作队共12个人，其中11人是副科级以上干部，只有我是一个还未转干的大学毕业生。王部长让我当材料记录员，注意收集农村党员活动思想和动态。他们都在菏泽城里有家，因此不驻村，我是住集体宿舍，就成了驻乡镇“大使”。王部长不时找我了解情况，我都实事求是地作了回答，他对我的看法常常予以肯定。

四个多月的农村整党结束回到菏泽后，除了菏泽县委组织部李部长不再参加，工作队成员又移师菏泽地区外贸公司进行机关整党试点，我的任务不变。由于机关党员多，所以用的时间更长，到结束时已是1983年元月初，离春节不远了。

总结会放在春节后，会上工作队成员都受到了表扬。开完会，王凤彩副部长留下我谈话说：“你跟我整党一年了，我发现你很适合做农村工作。你是高考恢复后第一批大学生，现在基层最缺有文化的干部。你如果愿意，我推荐你到单县县委组织部工作。单县是湖西革命老区，也是你的家乡，在那里锻炼两三年，下基层农村乡镇工作，更有利你的成长。”王部长推心置腹的谈话，触动了我的灵魂深处。上大学前，我在大队当党支部书记，曾立下让老百姓吃饱肚子永不挨冻受饥的理想，如果能献身于我的初心，也是慰平生之愿了。

1983年3月中旬，我调入单县县委组织部组织科工作，两个多月后，被任命为副科长，这是我始料不及的。

艰辛的基层工作实践

1.针对农村大队党支部情况调查研究，建言献策。县委组织部组织科主要负责管理党的基层组织建设和党员发展两大任务。我主动要求对全县700多个农村大队党支部的情况做一次调研，并设计了调查表，经部领导同意后，在全县乡镇组织委员工作会议上作了部署。

经过两个多月的调查统计，全县700多个大队、1700多名党支部成员尤其是党支部书记的情况基本明确。针对基层党组织不健全、普遍年龄偏大、文化水平偏低、思想保守、不思进取、跟不上改革发展需要的状况，我提出特别要注重加强农村大队党支部书记年轻化、知识化建设。我的建议得到组织部和县委的重视，加大了对农村大队党支部书记的培养力度。我的调研报告也报给了省委组织部，并得到赞许，发表在《组工通讯》上并向全省推广。

2.蹲点解决知识分子入党难问题，《人民日报》发文章。1984年春，为贯彻落实解决知识分子入党难问题，县委组织部分管副部长带领组织科到县中心医院蹲点，我是成员之一。

蹲点过程中，我协助医院党总支解放思想，破除胆小怕事、不敢或不愿把知识分子当朋友的陈腐观念，并开展大讨论，积极稳妥地做好发展一线医务工作者入党工作。最终在医院40多名入党积极分子中，从原来准备发展10人，到一次性发展了24人入党。

在蹲点工作总结中，我重点就解决知识分子入党难必须解放思想、实事求是作了阐述。这份总结得到组织部和县委的充分肯定。同时，我把此文寄到人民日报社，《人民日报》摘发了千字短文。单县落实知识分子入党难的经验在《人民日报》上发表，在县委可是个轰动性新闻，同时也引起县委领导对我的关注和培养。

1984年12月上旬的一天，县委书记刘广新找我谈话。刘书记问了我上大学前及毕业后在地委整党工作队的情况，我如实作了汇报。谈话结束时，我谈到如有机会希望到农村为农村改革出力，贡献自己的青春。1985年元月初，单县县委任命我为大李海乡党委书记。离春节不到50天，我走马上任。

3.砖瓦厂股份制改造起风浪。大李海乡3万多人，28个大队，耕地3万多亩。当时为发展经济，兴办了一批乡镇企业，但绝大多数亏损，乡砖瓦厂亏损5万多元。经过调查，发现普遍存在管理混乱、跑冒滴漏、吃拿卡要等现象，乡镇企业实际成了“唐僧肉”，人人都想吃一口。

在党委会上，我提出对乡镇企业实行股份制改造，确定从砖瓦厂试点开始。但由于下面思想不统一，许多乡镇干部还不知道股份制的概念，一开始阻力重重。一天，砖瓦厂所在的张香村100多名村民手持抓钩、铁锨围堵砖瓦厂，对峙双方情绪激动，械斗一触即发。我闻讯立即通知各有关方面负责人，一起赶往现场，向群众宣讲股份制改造的必要性及相关政策，就群众担心的问题逐一作出解答，重申坚决维护群众切身利益。经过沟通，现场群众渐渐散去，一场大风浪就此平息。砖瓦厂股份制改造当年大获成功，由原来亏损5万多元一举转为赢利，每股分红8000多元，上缴税收2万多元。

根据砖瓦厂经验，我又组建了其他三个乡镇股份制企业，分别是乡面粉加工厂、乡商贸公司、乡罐头厂。这三个乡镇股份制企业都得到比较好的发展，也有力地反哺、促进了农业发展。

4.给杜润生主任写信。到了年底，我感到有许多事要总结思考，于是写了篇关于农村经济改革的若干思考的文章。写好后，想到中央书记处农村政策研究室杜润生主任也需要了解农村情况，于是寄给了杜主任供参考。十几天后，杜主任即嘱农研室写了回信，对我予以肯定和鼓励。

5.发省委《内参件》。1986年春节后，我写了关于乡镇体制改革和工作的一封信寄给在省委政策研究室工作的大学同学李敏。想不到李敏把信报给了曾任菏泽地委书记，时任省委常委、政研室主任的周振兴。周振兴批示了一大段话，打印成省委《内参件》第六期，建议试点。我拿到《内参件》，似乎有了尚方宝剑，就更大胆地干起来。

我联系县水利局，在大李海乡黄白河上建了拦水坝，解决农灌问题。又筹资建设了大李海乡中学教学楼，并改造电网，争取多用电。

6.廉生威，公生明。我提出了“廉生威，公生明”的口号，制定了一系列规章制度。又联系县法院在乡设巡回法庭，追缴了部分乡镇干部欠乡企的近万元款项。

在1987年单县三级干部大会上，我是受表彰的三个乡党委书记之一。一切顺利，似乎前程光明。

7.一封诬告信。1988年深秋，县委正在讨论提拔干部的考察工作，我已被列入副县级考察名单。此时一封诬告信从中纪委转到了单县县委、县纪委。

县委组成专门工作组对我展开调查，三个月调查结束后，证明所谓经济问题都是捕风捉影，添油加醋。但还有一条当时十分敏感的政治话题，说我是“文革”中的造反派，虽查无实据，却造成比较大的负面影响。

1988年2月，就在我的《关于乡镇体制建设和乡镇工作的建议》被评为1985～1987年山东社会科学优秀成果三等奖之时，我也被免去乡党委书记职务，调到县委党史委任副主任，虽然半年后又明确为主任，但我知道，我的政治前途到此为止了。

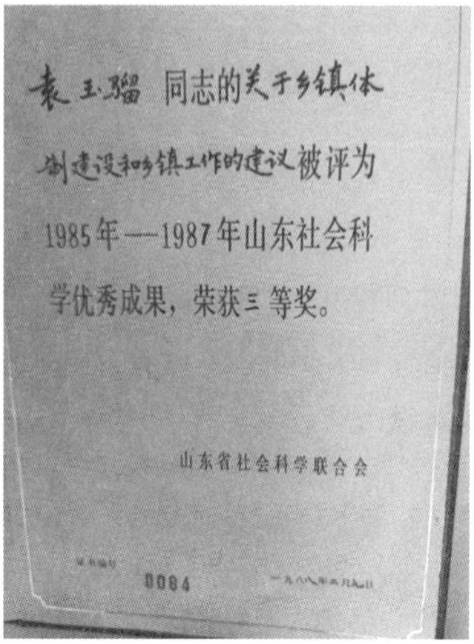

重新定位，转向文学，写作研究人生乐趣

到党史委后，本职工作之余，我开始思考毕业后的经历，认为有很多经验教训值得总结，也悟出从政这条路或许不适合我，今后应该走学术或文学之路，我的兴趣开始转向文学和研究课题。

我接触的第一个历史课题就是“湖西肃托”。这是1939年冬天发生在单县湖西地区的一件惊天历史冤案，在党史研究中有不同声音，我下决心把此事搞清楚，给历史一个交代。我和北京航空航天大学社科系主任孔令闻合作三年多，终于收集了《湖西“肃托”始末》的全部历史资料，并交付山东大学出版社出版，孔令闻为此获得了北京市优秀社科二等奖，我获得了菏泽地区优秀社科一等奖。

我坚持研究与写作，先后出版了《中国姓名学》《北魏传奇——三分之一中国人祖宗逸事》《读易见天心——地球生命新视野》，电影剧本《湖西往事》《大队党支部书记》《改革皇帝——北魏孝文帝》《袁世凯千秋功过任评说》等作品，共300余万字。我也成为山东省作家协会会员，实现了自己的作家梦。

我还积极推动实行父母双姓改革。1994年6月17日《中国人口报》头版头条发表了我的论文《姓氏文化与人口发展》。时隔一年，1995年5月17日《中国人口报》头版头条发表了我的论文《姓氏改革势在必行》，并开设了专栏开展大讨论。1995 年 5 月 19 日《光明日报·家庭周刊》头版头条发表我的文章《实行父母双姓制，如何》，在该报引起广泛讨论。

提前内退，成为北漂，留寸善田，再献余热

1996 年，我到县土地管理局任副局长。

一天，从北京忽然来了两个人找我，他们开了一家起名公司，看中了我写的《中国姓名学》，想让我到北京帮助开展业务，每月给我 2000 元工资，包吃住。

我想家里已无后顾之忧，决定到北京闯一下。我写了提前内退报告，县委组织部批准，保留原工资待遇不变。这样，我就悄悄去了北京。在北京，我又听从一个老乡的建议，另起炉灶，两人合伙办了一家“美名轩”起名公司，从事人名、公司名、产品名取名及商标设计等。但现实比理想残酷，实际操作困难重重，不到半年公司倒闭，北漂失败，打道回府。

发起成立爱心协会，留寸善田在人间。2019 年冬，我联系 50 个志同道合者发起并注册成立单县同心圆梦爱心协会。我亲自起草了章程，并被选为名誉会长。

我写的三首善诗成为协会的文化核心：

（一）善心

善比天大由心生，心相善恶自分明；
善行天下金光道，上善若水润无声。

（二）善事

青天在看人做事，善善恶恶全记清；
万善和谐利天下，向善乐天笑终生。

（三）善果

万物枯荣自有因，吉凶祸福任尔行；
天堂地狱一闪念，积善之家有余荫。

几年来，爱心协会已成为单县最大的爱心平台，救助贫困大中小学学生 658 人次，救助孤残老人 300 多人次。我全家共捐助善款 7 万多元，其中 3 万元是我找企业家捐助的。2021 年，协会被省委宣传部、文明办等 15 个部门评选为最佳

学雷锋先进组织，协会党支部被评为单县先进基层党支部，并培养了五名青年义工加入党组织。2022 年度，我被评为最佳义工，又被评为关心下一代先进模范。

为发扬红色湖西文化，县委牵头成立红色湖西文化研究会，我被选为副会长，负责湖西老同志革命回忆录的征集与编辑工作，现已收集资料 70 多万字。2023 年底，百万字的文史资料有望编辑出版。

感恩老师，感谢同学，感恩哲学

毕业离校后，我与母校的一些老师时有联系和接触，他们都给予了我很多的帮助。

我在县党史委工作时，有时因公到济南出差，顺便也到臧乐源主任家拜访一下，他建议我可以搞一些文化研究。

在党史委七年，我主编了三部书：《中共单县党史大事记》《湖西"肃托"始末》《回忆尚格东同志》。这三部书都是李武林老师在山东大学出版社当社长、李传明老师当编辑时出版的。两位老师得知我在研究姓名学，给了我一些有关书籍，李传明老师的《古今同姓名大辞典》至今仍在我的书房里，每看到此书，我都泪流满面。

我写完百万字的专著《中国姓名学》后，在给臧主任汇报时提出想请臧克家老爷子题写书名，臧主任欣然应允。李武林、李传明老师听了汇报，当即同意在山东大学出版社出版。虽然这部书由于其他原因后来由光明日报出版社出版了，但我对臧乐源、李武林、李传明老师一直怀着感恩之情。

大学时，我就对刘大钧老师讲的《周易》课很感兴趣，多次向他请教。1989 年 4 月，我忽然收到刘老师的信和《周易概论》，首页题词"读易见天心"。在刘老师的鼓励下，我尝试用《周易》的原理研究地球生命，经过前后 30 多年的上下求索，不断积累，终于完成了著述。刘大钧老师为《中国姓名学》写了序言，称赞从此诞生一个边缘学科。他还亲自动笔写了评论文章《读易见天心——地球生命新视野之我见》。刘大钧老师评论说："自潘雨廷科学易以来，哲学科学与《周易》研究中最成功的事例。《周易》是解读天(宇宙)、地(地球生命系统)、人(生命系统)最好的金钥匙。”《人民日报》记者郭峰看到这篇评论后,写了报告文学《袁玉骝与周易研究的奇迹》,发表在《时代报告·中国报告文学》2022年第2期上。

毕业后,我虽在基层,但与同学们保持着交往和友谊。

班长李宏祥1986年到单县人大调研时,虽没见面,但他托人向我问好,使我十分温暖。近几年与班长交流诗词较多,他帮我修改了《红旗颂》:“五星连珠出东方,红旗映日最吉祥。恶魔五鬼尽消遁,盛世九州万年长。”他还请人书写赠我,使我十分感动。

李敏同学1986年初到单县调研,我们也没见面,他托人向我问候,我才知他在省委政策研究室工作。在他的帮助下,我发了省委《内参件》,获得山东省社科优秀成果三等奖。

矫学柏同学在任省委副秘书长时,曾给地委领导写信,帮我解决困难。

我的论文《读易见天心——地球生命新视野》在黄仕军同学的帮助下,反复修改后发表在《山东科技大学学报》(社会科学版)2013年第5期上,从而完成一大心愿。

1991年春,傅有德同学安排我在山大哲学系讲了《中国姓名学》的姓氏文化发展史。1992年春,张景芬同学安排我在山东工商学院办了《中国姓名学》讲座。是他们圆了我登上大学讲坛之梦。

我写的电视剧剧本《改革皇帝——北魏孝文帝》，徐向红同学推荐给了山东影视公司。

我的《读易见天心——地球生命新视野》出版时，唐少杰、刘敬鲁、傅有德、黄仕军诸同学从不同的角度给予高度评价，有力地扩大了影响。

这几年在慈善事业上，我与李培林同学交流互动，尤其在我策划的中国第九届深圳慈展会参展项目申报上，他给了高度评价，使单县同心圆梦爱心协会知名度进一步提升。

毕业后，我与张立勇同学见过两次面，第一次是在陕西咸阳秦都区，他时任区委书记，第二次是在郑州，他时任河南省高院院长，这两次都受到他热情周到的接待。

卢阿青同学也很关心我，曾托人询问我的情况。

我写的歌《笑一笑，十年少》，方宏建同学找山大校友谱上曲，现在也传唱开来。

同学虽然天各一方，但同学情谊深似海，联系着我们的心。

回忆与纪念

刘　强

今年是大学毕业40周年，看到同学们的回忆纪念文章，很受感动与启发，也使我回忆起自己经历的苦与甜。

我的童年与少年是快乐的，小学就读于济南市芙蓉街小学，初中就读于济南一中。“文革”开始那年我初中毕业，当时怀着对伟大领袖毛主席的无限热爱，投入到那场轰轰烈烈、史无前例的运动中去，曾两次接受过毛主席的检阅，走遍祖国的大江南北。

踏入社会的坎坷经历

1968年由于姐姐被分配下乡，按照当时的政策，我被学校分配到济南市第二化学工业合作社（街道办的集体企业，后来更名为济南牙膏厂）当学徒工。进厂后我感觉这里像个手工作坊，自己的愿望是能继续读高中，但不能够，学校说不去就下乡。这样到年底迎来征兵，当兵是我当时最大的愿望，于是经过体检、政审入伍了。来到部队后我非常珍惜这个机会，处处以身作则，不怕苦累，无论是军事训练、政治学习，还是帮助战友、参加劳动等都干在前面。自己的表现受到部队领导的肯定和表扬，作为重点培养对象入伍八个月就提升为副班长，同时还担任连团支部副书记，年底就填写了入党志愿书。但不久父母单位的检举材料到了部队，指导员找我谈话说："你的家庭问题很严重，已变为敌我矛盾，由于你个人表现很好，就暂不做处理，服役两年期满复员吧。"

1971年3月退伍后，我又回到原来的工厂，由于自己是部队复员的，家庭问题还未传到厂里，就被安排做政工工作。大约过了半年多时间，厂里似乎听到了些传言，就安排我去做劳工工作，其间我为该厂招入了50名学员。1972年底左右，父母的问题被他们单位函件告知厂里，要求对其子女严格监督改造。厂里立刻将我下放至车间工序，进行劳动改造，还要求定期写出思想改造的书面汇报。半年多后我感到身体不适，经医生诊断并开出需安排轻工作证明，于是厂里就安排我去干24小时两班倒的传达。这期间我以兄弟姊妹的名义给济南军区杨得志司令员(时兼任山东省革委会主任)写信，申诉父母的问题以及我们的处境，请求尽快给予解决。过了一段时间母亲的问题得到解决，其单位给厂里去函要求解决子女的使用安排问题。厂里感到很被动，就安排我去街道办事处帮助工作，处理"文革"中"一打三反"运动中的遗留问题。一年后又安排我去济南市西市场工商行政管理所帮助工作一年。1975年底回到厂里后，我要求学一门技术，于是去了机修车间。

我的上述遭遇与家庭的历史问题分不开，所以有必要作一个简要的说明。我父亲1931年参加革命，1936年因躲避国民党抓捕，跑到保定考入国民党29军学兵营。"七七事变"中他与日寇在卢沟桥拼过大刀，当时的情景异常惨烈、悲壮，近千名学兵回来不足200人。1997年纪念"七七事变"全民族抗战爆发60周年时，我校77级中文系校友杨学锋同学专访了父亲，在报纸上发表了《大刀向鬼子们的头上砍去》一文。后来29军南撤，父亲根据组织的指示回老家拉起抗日的队伍。此后他先后担任过徐水、肃宁、津南、吴桥等县的县委书记兼支队政委，后因划归渤海军区和党委、行署，来到山东。母亲1942年参加革命，跟随外祖父从事情报工作。1945年送情报后因敌人戒严被关押，当时其未暴露身份，组织营救出狱。出狱后经组织审查狱中表现是好的，批准入党。另外，我家先后有六位亲人为革命事业献出生命。我的叔叔、姑姑抗日战争期间分别担任徐水县六区区委书记、区妇救会主任，在冀中“五一反扫荡”时英勇牺牲；外祖父抗战时任冀中军区三分区敌工科科长、情报站站长，后被捕，在狱中领导绝食斗争光荣牺牲；两个舅舅分别担任我 63 军 188 师 563 团 3 营教导员和团警卫排排长，在平津战役解放古北口和昌平的战斗中英勇牺牲；我的小弟弟 1975 年在保卫祖国边疆的战斗中光荣牺牲，总政治部批准为烈士。因此，当时我对自己的遭遇很不理解，很迷惑，也很茫然，把一切事情都看淡了很多。

高考前后

“文革”中我父母因其“问题”都曾先后被关押达半年以上。1976 年底母亲彻底病倒了，1977 年 10 月中旬病逝。处理完母亲的后事已快到月底了。就在自己万分悲痛之际，得知恢复高考的消息，似乎看到了一线光亮。我要参加高考，这是我的梦想。我要通过高考改变自己的命运，来告慰母亲的在天之灵。但冷静下来又为自己的文化知识担心，初中毕业后一天高中也没上过，参加高考肯定有很大的难度。可是我没有气馁，当时就下定决心，今年考不上，明后年也要继续考，于是通过各种渠道收集复习材料。由于高考的时间很近了，高中数学没法恶补，就只好放弃了。每天晚饭后一直复习到凌晨三四点钟，第二天赶到厂里上班。厂里的同事非常支持我参加高考，一般的活他们就干了。我换上工服就去锅炉房睡觉，就这样一个月后迎来了高考。我清楚地记得考完语文、史地、政治后自我感觉还不错，但最后一门数学考完心都凉了。举个例子，我连那个正四方体的上视图都看不明白，填上“正四方体”就得分，好在初中部分的题全做对了。工作后单位上管人事的大姐对我说：“你高考语文、史地、政治成绩不错，但数学只考了 30 多分。”这与我的感

觉是一致的。在报考志愿时，对哲学没有感觉和认知，也不懂是门什么样的学问，只是觉得专业较偏，报考的人可能较少，容易被录取，于是就报了山东大学哲学系。

走上新的工作

四年的大学生活既紧张又愉快，既充实又难忘。1982 年 1 月毕业，我被分配到山东社会科学院《东岳论丛》编辑部，负责哲学、政治学、社会学方面稿件的审编工作。1984 年，省里要求社科院坐班工作，而院里要求编辑部坐班。由于我家离社科院很远，老婆上班更远，孩子不到两岁，面对家庭的具体困难，萌生了既然坐班就不如调个就近单位的念头。有一天遇上了宏祥班长，给他讲述了自己的困难和想法，请他帮忙能否调入省人大。后来宏祥给我说，人大两次派人商调，社科院都不同意放人。为此，我只好找到社科院院长说明自己的家庭困难和情况以及要求调动的决心，院里研究后才同意调动。

1984 年 9 月，山东省对外经济贸易委员会成立，我找到单位负责人毛遂自荐，他们要求写一篇“进一步开放十四个沿海城市与富民兴鲁”方面的文章。我很快提交了一篇近万字的文章，这也算是通过考试调入该单位吧。在省外经贸委（后更名为对外经贸厅、商务厅）工作期间，我非常荣幸地参与和见证了我省对外经贸事业几十年来的迅速发展，特别是亲身参与和经历了我省吸收外资工作从无到有、从小到大、再到快速发展壮大的全过程。外商投资企业从审批设立、开业经营，再到后期管理是一项涉及国家法律、法规和政策的严谨、系统的工作。因此，在工作中必须熟练掌握和运用各项涉外法律法规政策及国内的相关法律法规政策，工作要求高，审批程序必须规范、严谨。在工作实践中自己深深地感到得益于四年大学学到的知识与打下的基础，能够较好地解决面临的问题和完成各项工作任务。自从我调入省外经贸委到退休近30年间，因工作需要到过30多个国家和港澳台地区，所以亲眼见证并深深感到祖国日新月异的变化，无论是城市建设、交通运输，还是计算机网络、高科技发展等方面，与世界发达国家的差距越来越小，有些方面甚至走在前列。而这一切都归功于我们伟大的党和人民，归功于改革开放。这期间我撰写了《当代中国》丛书中《山东卷》"对外经济贸易"章节、《山东省史志》"利用外资"章节，与人合著了《涉外经济法通论》一书，参与了《对外开放辞书》的编写。还在《三不月刊》上发表了《我省东部沿海地区参与国际经济大循环刍议》，在《走向世界》杂志创刊号上发表了《日益发展的山东对外经济贸易》等。

我已过古稀之年，每当回忆起往事感慨万千。总结自己的经历深感智商与情商均不高，遇事和在工作中易较真、认死理，认为正确的始终坚持，给自己的工作和发展带来较大的影响，然而这是自己的性格与良知使然，无悔。2022年是国家决定恢复高考45周年的日子，我特别感谢当年邓小平同志拨乱反正、恢复高考的英明决定，给了我们这些超龄的"老三届"能够上大学的宝贵机会。在此，还要感谢大学和老师的殷切教诲与培养，感谢全班同学的无私帮助与支持。

时光易逝，友谊长存！

2022年8月于济南

我的大学故事

周向军

在人生的旅途上，每个人都有自己的故事。上大学以来，我的故事主要发生在大学，当然主要是在我们的母校——山东大学，包括在山大读书期间的故事和在山大工作以来的故事。说起来，故事多多。这里择出几个，与大家分享。

山大，我也来了

怎么也没有想到，我也来山大上大学了。

1976 年 9 月，作为栖霞县委党校的理论教员，本人有机会到省委党校参加为期一个月的马克思主义人口理论培训班。当时，有三位在济南上大学的高中同学，其中一位在山大数学系。第一次来省城，多年不见，机会难得，自然要见见他们。当第一次走到山大新校南门时，心里真是百感交集，主要是悲观、沮丧和失望——看来，这辈子与大学是无缘了，来山大上大学更是无望了！说来话长。

我 1952 年出生在烟台市栖霞县杨础镇西马家沟村，一个偏僻落后的小山村，不到百户人家，300 左右的人口。在村里上小学，读到四年级，学习还可以。常听到大人们说，这孩子学习好。高小五六年级是在离家三四里地的邻村丁家寨完全小学读的，学习也不错，有的难题，别人做不出的，常能做对，考试成绩总是名列前茅。班主任感到自豪，每当谈起总会说："别看金刚钻小（因我当时瘦小，站队总在末位），却能锯动大瓷器。”由于学习基础一直较好，1966 年小学毕业顺利地考上了栖霞县一中。（下面左图为 1966 年小学毕业照，右图为 1974 年与任教小学五年级毕业生合照）

读高小时，就有了上大学的理想。1964 年，村里有了第一个大学生。每次看到他假期回家戴着白底红字舒同体“山东医学院”的校徽，就特别羡慕，总是像小尾巴一样围着他转来转去。然而，理想很丰满，现实却很骨感。如果说小学阶段一切顺利、正常，那么中学阶段就比较坎坷了。本来正常的话，应该在 1966 年下学期正常入学，但是“文革”发生了，中学停课闹革命，就一直没有注册入学。先是被安排到原高小六年级插班复读，不到一年停学回家。年龄小，干别的活不合适，就被生产队安排放猪了，当了半年多的猪倌。终于等到 1968 年春天，学校复课，我才正式成为一名初中生。在县一中学了不到一年，赶上了分校，学校一分为三，其中一部分老师到我们公社，成立杨础中学。开始没有正式校舍，借房子当教室，教学条件不是一般的差。在这里上了一年多，1970 年升为高中生。这时，新校区开始建设，我们基本上成了劳动力，三天两头不是搬砖砸石，就是推土填坑，有时还到农村去劳动，美其名曰“开门办学”。断断续续上了有限的几门课，系统学下来的课几乎没有。到 1972 年初，算是高中毕业了。

高中毕业，农村户口，没有高考机会，自然就回村务农了。刚开始，还真想在农村广阔天地里大干一番。曾专门整了一辆小推车，真有一种“小车不倒只管推”的追求。在队里干了几个月的活，又被安排到村小学当老师，开始很不情愿，因为我一直想参军，成为一名光荣的解放军战士。尽管如此，小学老师干得也还不错。因村里学生数量少，教的是复式班，一节课要同时给三个年级的学生上课，按下葫芦起来瓢，安排不好就乱套。在这个过程中，我锻炼了统筹协调、合理安排的能力。除了教书，还要注意学生全面发展。组织学生勤工俭学，买了不少课外图书；成立了学生宣传队，自编自演，公社汇演得了优秀奖；利用村里破"四旧"被推倒的墓碑等垒起了球台，组建了学生乒乓球队，在公社比赛中得了亚军；建了小小的篮球场，组建了篮球队，在公社的小学生篮球比赛中竟然得了冠军。可以说，作为小学教师，我干得还是有声有色的。好事变坏事。由于任教出色，加上确实无人顶替，到了征兵报名时，村里不舍，怎么也不让我报名参军。胳膊拧不过大腿，没办法就一直干了下来。到了1974年，招收工农兵学员，我很想试一下。但是村小学另一位老师年龄比我大，出身成分中农，母亲不幸去世，家庭经济条件也不好，找对象几经受挫，一心想通过上大学改变命运。比较起来，他不如我"根正苗红"，父亲还是个村干部，如果报考，他明显竞争不过我。于是，他找到我父亲，希望能劝我不要报名，给他个机会。我和父亲都很同情他，就同意了，这次就没有报名，因此错过一次考大学机会。一年后，机会又来了，我被村里推荐到公社，公社推荐到县里，最后的结果还是名落孙山。这对于一个一心想上大学的青年人来说，当然是很大的打击。因为教学各方面表现还可以，也可能是公社分管教育的领导为了照顾我升学失利的情绪，1975年春，调我到丁家寨联办中学当初中教师。在这里，教过语文，讲过物理，由于原来没有什么功底，基本上是现学现卖。第二年秋天，经公社教育部门推荐，参加了县委党校举办的为期三个月的"五七"干校。干校办在农村，学员同吃同住同劳动，劳动之外就是开会、学习、讨论、调研。其间，我表现比较积极，是个优秀学员，并有机会在全体学员大会上作交流发言，主要是谈学习体会。在公社带队的于叔叔的指导下认真地写了发言稿，发言效果很好，引起轰动，有人说放了一颗"原子弹"（据说是因为县委领导最后作学习总结报告的有关内容，在我的发言中都谈到了）。干校学习结束后，第二年便被调到母校高中，在当了几个月的语文教师之后，又被调到县委党校做理论教员（据说是与那颗"原子弹"有关，当然还有其他原因）。

县委党校的办公地点就在有名的牟氏庄园里，每个教员都有一间宽敞的办公室。第二年高考开始了。高中马老师第一时间打电话给我，鼓励报考，并送了一套省实验中学编印的复习资料。就在这里，面壁月余，夜以继日，精心准备，顺利参加了高考并被录取。本来第一志愿报的是山东师范学院中文系,第二志愿是烟台师专政治系,这样报主要是为了能保证录取,解决个“吃国家饭”的问题,没想到最终拿到的是山东大学哲学系的录取通知书。有人说,我是沾了牟氏家族的灵气。有名的哲学家牟宗三就是牟氏家族的,现在牟氏庄园设有一个牟宗三纪念室。说来也巧,当年我备考的办公室现今就是牟宗三纪念室的一部分,去年回老家,旧地重游,在这里还拍了照。

1978年2月,开学报到,第二次踏进山大新校南大门,当然也是百感交集,但已不是第一次的悲情,而是满满的自豪感。心里在默默地说:山大,我也来了!

当了个副组长

考上大学了,县委党校的同志们都很高兴,纷纷表达了祝贺之情。记得做办公室工作的王老师还说:“你这样的小伙子,学习比较好又是党员,还有工作经历,上学后肯定能当班干部。”后来,放假回到党校他又问:“当班干部了?当了个什么干部?”我说当了个学习小组副组长,他感到有点意外。其实这一点也不奇怪,因为我们的同学都太优秀了。

我大概从小学三年级开始到小学毕业,一直当班长;到中学阶段不叫班长,就当排长。尽管如此,说心里话,当时就认为,学生最重要的是好好学习,并没有当班干部的想法。到了大学,没有当上班干部也不觉得是回事。更重要的是,我深深感到,什么叫山外有山,天外有天。真没有想到,我们班的同学都是那么优秀,大都学识渊博,阅历丰富,许多人都是老党员,入学前就是领导。比如有工厂里的车间主任、办公室主任,有农村大队的支部书记,有部队上的营级干部,还有县委党校副校长、中学副校长,等等,当过单位团支书的更不在少数。就学业来说,我这个1952年出生的,基本上是“两头实,中间虚”,中学基本上是荒废的,没学到什么。比我大的同学,大都高中毕业,至少是真正意义上的初中毕业生;比我小的同学,赶上教育回潮,中学阶段也都学了点真东西。严格来说,我也就是个高小毕业生。确实是这样。恐怕这也是同级同学中我这个年龄段的大学生少的原因。当我告诉党校同事这些情况时,他惊讶地说:“真没想到你的同学这样优秀!”是啊,我真的为身边有这样优秀的同学感到骄傲!在这样的班级,在这样的一些同学面前,我能当个副组长就不错了。这是我的心里话。有的时候，不是我们不优秀，而是有许多比我们更优秀的人。人应该有自知之明。

犯了机械唯物主义错误

入学后，和同学们一样，深知学习机会难得，自然十分珍惜，如饥似渴地投入知识的海洋。每门课程的学习都特别认真，对考试也格为重视。记得第一学期，有一门主课是辩证唯物主义原理，樊瑞平老师给我们讲课，期末考试有一道题，大概是“如何理解实践是检验真理的唯一标准”。考试结束后樊老师进行总结，专门就这道题答卷中存在的问题作了说明。这道题同学们得高分的不多，主要问题在于大多犯了机械唯物主义的错误。许多同学都唯物地看到了认识本身不能检验自身，客观事物也不能检验认识的正确与否，看到了实践，只有实践，才能把主观和客观联系起来，但是却没有进一步辩证地看到，实践既是确定的又是不确定的，没有看到承认实践标准并不否认逻辑证明。这“两个没有看到”，就说明这些同学犯了机械唯物主义的错误。这个总结我听了之后心服口服，印象深刻，至今记忆尤深。我深深感到，懂得唯物辩证法的人越来越多了，但是懂得是一回事，自觉地运用它去分析问题、解决问题则是另一回事。在后来的马克思主义哲学教学过程中，我常常以这个题目来检查学生的学习情况。一般是采取半开卷的方式，允许学生看教材、看笔记，只是不允许相互之间讨论，但是仍然有许多机械唯物主义者出现，给同学们一分析，大家都感到恍然大悟。因此，一辈子都非常感谢樊老师精彩的授课，特别是那次考试总结，给我留下了深刻的印象，终身受益。

坚持锻炼的秘密

不知道同学们是否注意到，我一入学就特别注意锻炼身体。每天早上起来参加班里的集体跑操(顺便说一句，总忘不了作为军人出身的班体育委员恒志老大哥，总是按时起床带领同学跑操，并把队伍组织得井井有条。后来好像是溪清同学负责，组织得也很好)，跑完操后围绕着大操场再跑几圈。每年的学校运动会我都会报名参加，一般是800米、1500米或3000米中长跑。像我这样的矮胖体形，自然难以得个奖项，即使如此也每次都报名，就算落在最后也总是坚持跑完，从未放弃。每年学校的万米越野赛，队伍里总有我的身影。记得是从新校出发到老校，再到山大农场（现在的山大五宿舍所在地），跑到当时的省监狱大门口然后折回，经过解放东路、山大路回到学校，尽管总是跑在后面，但是从不半途而废，一直坚持到底，每次都是这样。除了跑步，就是打篮球，每天下午课外活动时间，往往是奔跑在篮球场上。当时也搞不清楚什么前锋、中峰、后卫等分工，篮球到哪里就追到哪里。后来又学打太极拳，启蒙老师就是当时在校团委工作的陈钢铸老师，他每天早上都在大操场边上打 24 式太极拳，没特殊事情我就跟着学，后来又学了 48 式的和 66 式太极剑。

为什么如此痴迷于锻炼身体？这里面有故事。当我接到山大录取通知书准备入学的时候，村里一位老人和我说："向军啊，咱村可能风水不太好，地皮薄啊，托不住有点出息的人。你看，好不容易出了个大学生，还没有毕业就跳楼自杀了。你啊，是正式考上的第二个，在学校一定要注意保重身体啊！"老人的话，对我触动很大。是啊，小时候特喜欢看他戴的校徽，老围着他转，没想到快要毕业了，他竟跳楼自杀了。后来我到山大后，全国开展纠正冤假错案的时候，他老父亲还找到我带他到山医问问，孩子去世是不是冤假错案。有关人员仔细查了就是自杀，我怀疑是抑郁症。这是后话。不管怎样，老人的话给我一个深刻启示：一定要好好锻炼身体。所以入学后，锻炼身体是我一直坚持的自觉行动。报名参加运动会，只是出于锻炼身体的目的而已。这样一直坚持了下来，养成了健身养体的习惯，不仅顺利毕业，而且健康工作了几十年。现在身体还勉强凑合，应该与长期坚持锻炼分不开。

英语曾经得"零分"

记得大学英语课开始之前，班里统计学习英语的情况，我报的是学了两年。其实，在中学阶段英语学习是学学停停，合起来算有两年。每次恢复英语学习，差不多都是从头来，学来学去最后只记得一句话："Long live Chairman Mao!"（毛主席万岁！）大学第一课，英语老师于华找了几个同学到黑板默写学过的英语字母，我只写了 12 个，连一半都不到。这就是当时的水平，基本上是零基础。大学英语学习倒是很刻苦，几乎能背下所有课文，期末考试 90 多分。但实际能力和水平要差远了，仅限于课本上那点东西。当时，有些同学如培林、景芬、有德、玉安、国庆等，英语学习抓得特紧，除了上课学习，课余时间也不放松。在我看来，他们几乎把英语当成了自己的专业，对此我很不理解：我们是学哲学的，重点是马克思主义哲学，那么多中文书还看不完呢，学那么多英语有必要吗？到三年级的时候，大学英语课程已经结束了，我才意识到学英语的重要性，于是开始加强学习。尽管如此，但是晚矣，毕业时报考北大硕士研究生未能如愿，主要是因为外语。

大学毕业后吸取教训，继续英语学习不放松，目标很明确，就是要达到出国留学水平要求。先后自学了《新概念》1～3册、许国璋主编的《英语》专业教材1～6册以及《托福600句》（听力）。我的老乡、中文系的谭好哲曾和我说："你不创造条件拼职称，下那么大功夫拼外语，值得吗？"我的看法是，教授是早晚的事，外语水平提升却是拖不得的。经过一番拼搏，开始参加国家出国人员外语水平考试，第一次考了82分，第二次89分，但90分才能过关，我又考了第三次。满怀信心地等待成绩，结果出乎意料，成绩下来，一看得了个零分。怎么也想不到会是这样的结果，事后分析，可能是答案没有写到正式卷子上，写到草稿纸上了。

后来，2007年底，省里有关单位组织赴美国进行文化考察，有八九个人吧，都是做行政工作的领导，需要个"文化人"，我被邀请参加了。经过前期一番准备，我们终于可以到美国大使馆办签证了。进去后，人很多，排长队。好不容易轮到我们了，结果递上材料马上被退回了，说材料填得不合格，原来有的栏目没有用英文填写，需要补填。具体负责我们签证材料的人员不在现场，大家急得不得了，看来他们几位是真的不懂英语，我说我来试试吧。其实，也没有什么大不了的，就是几个人的家庭住址只填了中文，还需要补上英文，大部分用汉语拼音填一下即可。我顺利地填好，审查过关，他们都异口同声地说："周教授的外语真厉害！"

走近毛泽东

人生就是一个选择的过程。大学毕业留校面临的第一个选择是从事什么方向的教学和研究。外哲史教研室主任谭老师邀请我研究外国哲学，中哲史教研室主任周立升老师希望我能研究中国哲学。当时，系里成立毛泽东哲学思想研究室，樊瑞平老师任主任，他极力说服我研究毛泽东哲学思想。最终还是跟着樊老师，从事了毛泽东哲学思想的教学与研究，开始了“走近毛泽东”的学术生涯。

刚开始，在樊老师的指导下，与庄平、李芹、士岭等几位留校同学以及系资料室的郑凤琴等老师一起，编写了《学习毛泽东哲学著作资料汇编》。该书分为毛泽东哲学著作文章选编、目录索引和毛泽东生平大事年表三部分，我负责的是毛泽东大事年表的编写。该书作为内部资料没有出版，现在看来还有点价值，我一直保存着。

从那以后，就一直把毛泽东哲学思想教学与研究作为自己的主要任务和职责。多年来，不管政治风云如何变幻，也不管社会上对毛泽东及其思想采取什么态度，我的研究兴趣不减，主观上一直想把毛泽东哲学思想作为一门科学，进行认真的研究，也取得了一些成果。除在报刊上发表数十篇学术论文外，还参与编写出版了《毛泽东哲学思想简论》《毛泽东哲学思想纲要》等专著和教材。1989 年，我们又从中国当代哲学发展史的角度，集中研究了毛泽东哲学思想在当代中国的历史命运，相继出版了论文集《建设与改革的哲学》《历史的选择与选择的历史》和专著《中国当代哲学》。1990 年之后，又先后出版了《毛泽东哲学思想研究》《走向理想的精神家园》《漫步在巨人的智慧王国》《毛泽东邓小平社会主义思想比较研究》《新中国马克思主义中国化 60 年》等著作。

在教学方面，一开始给哲学系本科生讲授“毛泽东哲学思想研究”。记得一个学生问我：“改革开放时期，老师您研究什么不好，怎么研究起毛泽东哲学了？”我说：“同学，你读过毛泽东的著作吗？”他说没有。我说：“那你去读读毛泽东的‘三论’（《实践论》《矛盾论》《论持久战》）吧，然后我们再讨论这个问题。”后来他还真去读了。当我们再次说到这个话题时，他说：“读了毛泽东的‘三论’，别的不说，毛泽东的文笔就令我佩服。”后来，到了马列部，我给本科生讲了几次“毛泽东思想概论”课，同时给硕士研究生讲授“中国化马克思主义文献选读”，重点是《毛泽东选集》，每周半天，主要是领着学生原原本本阅读、讨论。作为选修课，这是学生选修人数较多的课，也是他们感到收获较大的一门课。不少学生说，学了这门课，自己成了毛泽东的粉丝了。

几十年过去了，至今自己还在走近毛泽东的路上。去年，北师大出版社约我写一本关于毛泽东的书，书名定为《作为哲学家的毛泽东》，本来退休了，到了多做减法的年龄了，能不做的就不再做了，不过思考再三还是应允了。之所以如此，可能与走近毛泽东的情结有关。

终于考上博士生

在1993年之前，我从未有考博的想法。1994年暑期，我参加由中、英、澳三国联合在复旦大学举办的哲学讲习班时改变了想法。讲习班上50多名学员，来自海内外，不是博士就是在攻读博士学位的路上，这对我触动很大。早上跑步，总会遇到班上一位精神矍铄的老人，几天后我们就认识了，他是美籍华人，65岁了，是人大罗国杰教授的博士生，正在攻读伦理学方向的博士学位。他的目标是一生要拿到三个博士学位，之前已经拿到了两个，分别是理学博士和工学博士，他说再拿到哲学博士学位，他的人生目标就实现了。我被他的精神感动了，下决心回来报考博士研究生。

对于人到中年的我来说，考博是不容易的。我的爱人那几年在上海工作，家务活基本压在我一个人身上；家里老岳母身体不好，常跑医院，需要照顾；孩子正上初中，早出晚归，需要关照；担任哲学系副主任分管教学，还要协助主任抓科研，特别忙乱。考虑再三，为了考博，我决定辞去哲学系副主任职务。写了辞职报告后，组织上找我谈话，说没有合适人选还要继续干。我说自己已经40多岁了，考博对我来说机会不多了，这次考不过还要再考，而且一旦考上我就要全力以赴，不想混学位，况且家里也确实有一些实际困难，所以副主任无论如何我不能再做了。此后，我就集中精力备考，先是报考北京大学哲学系。与导师联系，也许因我还有点科研成果，他帮助我争取了推荐免试——只考外

语，专业课免试。机会难得，我很高兴。没想到的是，北大博士生考试外语要考一天，上午考笔试，下午考听力，最后考试分数离录取线差了3分。导师鼓励我，说是你的英语还不错，许多留学归来的考生都通不过，建议我来年再考。我不想再拖一年，北大无望接着报考了中国社科院哲学所。还好，专业课、外语成绩都达到录取要求。结果，导师只有一个

招生名额，而我考了第二名，社科院觉得我基础还好，他们说去教育部争取名额，但博士生名额是不容易增加的。增加名额无望，他们让我在职攻读，没有毕业文凭，但有博士学位，其实也是可以的。但是，我当时的想法是，要读就读正规的。没办法回过头来考本校的吧，于是又参加了山大科社专业的博士生考试，终于考上了胡瑾老师门下的博士研究生。最终于 1998 年顺利拿到法学博士学位。

走近马克思

与马克思结缘，应该从高中毕业时说起。我的高中老师马老师是“文革”前毕业的大学生，知识渊博，阅历丰富，见识甚广。他告诉我：“向军啊，尽管毕业了，还是要继续学习，没有书看，可到我这里找几本，至少每天都要看看报纸。”后来当小学老师了，当时村里订的《人民日报》《大众日报》《烟台日报》等报纸，都是放在小学，我们每天都会从邮递员手里接过当天的报纸。于是，天天看报纸就成了习惯。除了看新闻报道，特别爱看政治评论性文章，久而久之对报上引用的马克思、恩格斯、列宁和毛泽东的语录（当时都是用黑体字标出来，特别醒目）产生了兴趣，于是就有了摘抄马克思主义经典名句的习惯，坚持下来足足抄了三大本。平时时常翻翻看看，自然有的就背下来了，在参加有关政治学习、讨论的发言中，自觉不自觉地就用上了，慢慢地在教师队伍中和领导中就有了这家伙有点理论水平的印象或看法。这为后来被推荐上大学、参加县委党校学习、到党校做理论教员做了准备，也是高考时政治考得比较好、被录取到山大的重要原因。

上大学学习哲学专业，在职攻读马克思主义哲学专业的硕士学位和攻读科学社会主义专业的博士生，都是结缘马克思的过程。然而严格来说，正式走近马克思，还是从到马列部工作开始的。1999 年 11 月，学校决定让我兼任马列部主任，上任后第一件事，自然是做调查研究。当时马列部“马克思主义理论与思想政治教育”专业有硕士学位授予权，我看了该专业培养方案，发现一个问题：开设的课程里面除了思想政治教育方面的课程，就是“科学社会主义研究专题”“马克思主义哲学研究专题”“政治经济学研究专题”，而没有作为整体性的马克思主义理论研究的课程。我觉得这与本专业的学科特点、培养目标不太符合，于是提出整体性研究马克思主义理论、开设一门“马克思主义学研究”课程的建议。他们觉得有道理，可是谁来开这门课呢，大家觉得我本科学哲学，硕士专业是马克思主义哲学，博士阶段学科学社会主义，相对而言开这门课的基础较好，就一致建议我来开。于是从2000年开始，我就围绕“什么是马克思主义，怎样对待马克思主义”问题，开始给学生开设“马克思主义学研究”这门课。与讲授这门课相联系，在科研上开始了对马克思主义理论的整体性研究。研究是从马克思主义学的历史研究开始，重点探讨在马克思主义发展史上，人们是如何探索和回答“什么是马克思主义，怎样对待马克思主义”问题的，也就是人们的马克思主义观是怎样的，实际上就是人们的马克思主义学思想。

我与学生一起先后发表了马克思的马克思主义观、恩格斯的马克思主义观、列宁的马克思主义观、斯大林的马克思主义观、中国共产党人的马克思主义观等相关论文。这些方面的研究都是在研读经典文本的基础上进行的。在这个基础上，对马克思主义的本质内涵、基本特征、理论体系、价值意义、历史命运、认同信仰、学习研究、坚持发展等根本性问题尽可能地作出科学性阐述。我把这一研究与指导研究生结合起来，让他们参与到马克思主义学研究上来：一位博士生在研读马克思、恩格斯大量文献基础上，写出专著《马克思的学说体系研究》；一位在研读早期中国共产党人著作的基础上，写出了《早期中国共产党人的马克思主义观》；还有一位在研读《马克思恩格斯全集》(50卷)基础上写出《马克思恩格斯的文化思想研究》的博士论文。就我本人而言，在长期研究基础上，应教育部社科司之约，为“高校马克思主义理论教学与研究文库”提供了50余万字的《马克思主义理论与马克思主义观发展研究》的书稿，由中国人民大学出版社于2018年正式出版。我们的研究在学界产生了一定的影响。曾看到一位重点大学毕业的博士生，在其以博士论文为基础上写成的专著《中国化马克思主义观》中，较为详细地介绍了我们的研究成果，并作出自己的评价。书中写道：“周向军先生是在学术界对马克思主义观问题进行专门研究比较早的一位学者，其对此研究的专注、长期、连续和系统，都是令人敬佩的。而且，他还带动并推进了山东大学马克思主义学院的马克思主义观问题研究，在其身边以其同事、博士生、硕士生为主，形成了一个专门以马克思主义观研究为研究领域的学者群，有力地推进了我国马克思主义研究领域的马克思主义观研究。”“周向军先生对马克思主义观问题的认识是非常深入、全面和系统的，有着非常多的独到见解和独立思考，对我国马克思主义观研究的深入发展必将产生比较深远的影响。”这样的评价是否公允、客观，值得讨论，况且个别人的评价不足为据。但是，看到这样的评价，作为当事人总是感到高兴。

争创一流

山大人总要为山大做点事。几十年来也做了一些事，回想起来自以为值得向大家汇报的，还是为马克思主义学院争创一流的过程。

从1999年兼任马列部主任开始，我就想和大家一起努力把马列部建成全国一流的马列部。三校合并后离开宣传部，全身心到马列部工作，这一想法就更强烈了。为了实现这个想法，辛辛苦苦干了13年。记得学校当时提出“培养全国一流的本科生”的口号，我们就提出“为培养全国一流的本科生提供一流的思政课教学”的口号。为了创一流，我们提出四个“以”作为指导方针，即以学科建设为龙头、以教学科研为中心、以绩效管理为导向、以提高质量为目标。我在大会小会上都强调，只有本科学历的青年教师，要考研攻博拿学位，各尽所能为学科建设作贡献。想法好，但落实难，尤其在三校合并磨合期此事更难。还好，经过几年努力，离一流目标越来越近。在学科建设方面，先是获得二级学科博士点，一年后成为一级学科博士学位授权单位，不久又设立了博士后流动站，被老师们称为学科建设的“三级跳”；在教学方面，有多门课程建设成为省级精品课程；在人才培养方面，已经形成了马克思主义理论学科的本科生、硕士生、博士生的培养体系；在社会服务方面，建立了山东省思政课教师培训基地，先后培训数千人，几乎把全省思政课教师轮训一遍，最后成功入选全国高校思想政治理论课教师研修基地，每年都要培训来自全国各地的思政课老师。在全国第三轮学科评估中，由之前的第23位进到第13位，被认为是当年全校学科建设进步幅度最大的。现在，马克思主义学院成为全国首批重点马克思主义学院，是教育部指定的首批五家“全国共建高校马克思主义学院”试点单位之一。在全国第四轮学科评估中，山东大学马克思主义理论学科位居A类行列（全校文科只有两个A类，另一个是文学院）。

当然，学科的发展绝不是一两个人的事情，而是与时代大背景、国家的重视程度分不开，与单位全体同志的齐心协力分不开，也与一个单位能否一张蓝图干到底密切相关。我离职后的院领导班子，也是继续朝向一流目标积极努力的。

他们在已有基础上干得有声有色。

永远与马克思主义同行

那是2011年6月，山大举行全校毕业典礼大会。其中有一个仪式，校长把学生毕业证书交给各学院院长，院长接过证书后，要面对全体毕业生发表简短的赠言。当我从校长手里接过毕业证书时，校长悄悄地说："向军，你讲讲马克思主义吧。"我说好吧。之前的院长一讲完，该院的毕业生都站起来热烈鼓掌，而当时的马克思主义学院没有自己的本科毕业生，研究生也就20多人。针对这种情况，当我发言的时候该怎么说呢？我说："我发现一个现象，刚才各位院长发言时，所在学院的同学们都站起来报以热烈的掌声，但我们马克思主义学院与专业学院不同，没有自己的本科毕业生，参加毕业典礼的也就二十几位研究生。但是，从另一方面看，可以说在座的各位同学都是我们学院的学生，因为你们都要学习思政课，而且是四五门必修课，是马院的老师给同学们上的这些课，如果这些课程不及格，就难以拿到学位和毕业证书(这时全场开始鼓掌)。此时此刻，作为马克思主义学院的院长，我要赠送大家四句话：第一句，实事求是，让事业脚踏实地；第二句，解放思想，让心灵海阔天空；第三句，与时俱进，让业绩光耀时代；第四句，也就是最后一句，带破折号的，带有总结性的，就是——永远与马克思主义同行！"这时，全场报以更加热烈的掌声。

永远与马克思主义同行，是我经常给我们学科的学生说的，自己也是这样追求着的。2011年暑假，我们组织学院老师到西欧进行考察，在德国特里尔市马克思故居的留言簿上，我写下的是"永远的马克思！"。2012年我有幸获得"山东大学重大学术荣誉奖"，《山东大学报》对获奖者作了系列报道，报道我的题目就是《周向军：永远与马克思主义同行》，内容主要记述了我走进马克思主义的心路历程。

代导师写序言

由于工作原因，特别是作为樊老师的硕士生，我经常到樊老师家里聊天、讨论问题。在那里，常不期而遇一位哲学业余爱好者李先生，他常到老师家里请教问题,一来二去就成朋友了。

李先生是济南人,1943 年出身于一个剥削阶级家庭。他在初中考高中的时候受到不公正的待遇,感到这个社会不太公平,于是下决心改造这个社会,开始学习研究马克思主义,结果越学越对马克思主义特别是马克思主义哲学感兴趣。他的研究还产生了较大的影响,《农民日报》以《技术人·哲学人》为题、《大众日报(农村版)》以《李毅远——着迷哲学的农民》为题报道了他的事迹。随着学习研究的深入,他有了在研究基础上写书的规划。他计划在有生之年写三本书:《真理之路》《社会之路》《人生之路》。

李先生与樊老师有个约定,每部书都请老师写个序言。经过 10 多年的努力,2010 年他完成了第一部书稿《真理之路》(约 47 万字)。遗憾的是,樊老师不幸已于几年前去世,于是李先生就让我来作序。作为多年朋友,自然我也没有推辞,就写了题为《走自己的路,做真理的执着追求者》的序言。序言的结尾写了这样一段话:"最后,不能不提的是,本来这个书评或序言,应由我的恩师樊瑞平教授来写。这是作者与樊先生早就有的约定。不幸的是,几年前,樊先生因病谢世,今天,作为学生接受了李毅远先生的请求,写了以上的话,算是执行恩师的遗愿,也是学生向先生提交的一份特殊答卷。答卷是否合格,只得请恩师在天之灵审阅,也请读者批评指正。"

顺便提及的是,经过 10 多年的努力,李先生第二本书《社会之路》(近 50 万字)已于 2022 年 5 月出版。我给他写的序言是《社会之路的创新性探索》。目前,他正在写着第三本书《人生之路》,他说争取在去见马克思之前能写完出版。前些日子我们通电话,说是已经写到改革开放了,他说在这本书里,他要写写这一生与樊老师、与我的故事。我敬重李先生,也很想帮助他。我和有关部门推荐联系,已经聘他为山东大学马克思主义研究中心兼职研究员、当代社会主义研究所特约研究员了。李先生曾被邀请到校给学生讲述他怎样研究马克思主义,学生听了没有不感动的。从李先生身上我深切地感受到毛泽东说过的一句话,那就是"人是要有一点精神的"。晚年的人生该怎样度过?或许这也是一种值得选择的活法。

“扎根树”

山大中心校区小树林北，最后一排学生宿舍楼后面有几行高大挺拔的白杨树，那是我们77级留校同学栽下的，名为“扎根树”。前几天，我走到那些树下抱了抱，大都抱不过来了。多年来，每每走到那里，我总要情不自禁地多看几眼，总会告诉同行人，那是我们留校时栽下的“扎根树”。40多年过去了，现在可以自豪地说，我扎根山大了，算是一个老山大人了。

回想起来，我在山大经历了两个“三阶段”。一是求学三阶段。本科四年，与50多位优秀的大学同学结缘，这是最美好的日子，此为第一阶段；在职攻读硕士学位三年，跟着樊老师深造，作为大师兄结识了12位师弟妹，这是第二阶段；在国政学院(原来的科社系)攻读博士学位近四年，为第三阶段，在这里结识了七位博士生同学，我们自称“八大金刚”。第二、第三阶段在职攻读，边工作边学研，是最忙碌的七个年头。二是工作三阶段。本科毕业留校在哲学系当老师，干了15个年头，从助教、讲师、副教授，按部就班走下来，这是第一阶段；到学校党委宣传部工作，后又兼任马列部主任，干了4个年头，主要从事教学与党政管理工作，这是第二阶段；山大与山医大、山工大合并组建新山大，开始在马克思主义学院工作，前后担任院长13年，2017年正式退休，算是第三阶段。在山大风风雨雨几十年，留下了许许多多的山大故事，实事求是地说，作为山大人，多多少少为山大做了一些事情，尽管有些该做的没有做，有些该做好的没有做好。但是我更想说的是，并且发自内心地感到，是山大哲学系为我打下了人生的世界观和方法论基础，是山大为我提供了几十年人生、事业发展的舞台，是山大的肥壤沃土滋养了我的成长；是同学们的榜样力量、无私关怀、相互激励和鼎力相助，鼓舞着我不断前行。感恩山大，感恩山大哲学系，感恩山大哲学系77级亲爱的同学们！在这里，我要说，永远的山大，永远的山大人，永远的山大哲学系77级！

哲学润泽我人生

刘兴章

1982年1月，我从山大哲学系毕业，自此踏上了人生新的征程。回顾40年的风风雨雨，在教学、研究、管理等不同的工作岗位上，无论是对社会改革与发展的认知，还是对个人的奋斗目标和价值取向，哲学作为世界观和方法论都在潜移默化地影响着我，特别是作为科学世界观和方法论的马克思主义哲学，升华了我们认识问题的思想境界，对于我们审时度势、少走弯路、健康发展，起到了不可替代的引领作用。可以说，哲学润泽了我的人生，让我受益匪浅。

我对哲学的向往

1966年8月，小学毕业后我考入黄县三中。刚入学"文革"就开始了，学校停课，1968年8月又重新开学。但"文革"期间教学松懈，当时我是副排长(副班长)，班主任付广智老师对我说："你学习基础好，有潜力，不要浪费青春，每天要写一篇日记交给我，不少于500字。"每天必须交一篇，逼得我绞尽脑汁、广泛观察，什么"蚂蚁的纪律""知了的悲欢"等都成了写作的内容，一直到毕业。经过500多篇日记的磨炼，思维能力和写作水平有了长足的进步。"思维敏捷，语言丰富，逻辑性强，望再接再厉”，老师的夸奖和期望，时常在我耳边回响，激励我奋进。

1970 年 8 月至 1973 年 1 月，为高中学习阶段。当时高中扩建，一个乡镇（那时称“管区”）一所高中，我所在的大陈家乡创建黄县十二中学，我是第一级学生。在班上，我担任排长、团支部书记兼学校团总支副书记、民兵副连长（正职由教师担任）。由于建校经费紧张，学校一开学并没有上课，而是全体师生一起参与建校舍，上山推石头、当小工，中午吃的是自带的干粮和咸菜，整日风吹日晒、汗流浃背，7 个月后教室建好才开始正式学习。吕寿吉老师任教导主任，政治课讲《实践论》《矛盾论》《中国社会各阶级的分析》等原著，毛主席的精辟分析引人入胜，从此我对哲学产生了浓厚的兴趣。

1973 年 1 月至 1975 年 8 月，高中毕业后回村务农，担任村团支部副书记、民兵连副连长，成为乡村后备干部。1975 年 6 月，县武装部集合全县民兵连长集训，时间 20 天。一天下午 3 点钟，乡武装部孙干事匆忙找到我，让我一个人突击办黑板报，再三叮嘱晚上 6 点县里统一检查，务必争先。时间紧，没有文稿，我设计好版面，提笔直接在黑板上写，直到我按时完成任务才注意到县武装部部长就站在我身后。他有点好奇，要我把稿子拿给他看看，我只好说没有稿子。他随后问我叫什么名字，家庭是什么成分，什么学历毕业，我一一作答。他微笑着拍了拍我的肩膀，说道：“小伙子，不错！”从此我进入领导视野。同年 8 月，推荐工农兵大学生，我被推荐到莱阳师范学校上学。当时，实行“厂来厂去、社来社去、哪来哪去”，“三不脱离”干部是一面旗帜，所以注定毕业后我要回乡。

1977 年 6 月进修结束，我回到母校十二中当了一名民办教师，教政治课。11 月传来了恢复高考的喜讯，但“社来社去”作为一面旗帜，学员不能报考，燃起的希望破灭了。在离高考还有 14 天的时候，县里又通知可以报考，当时政策是非“老三届”毕业生、年龄 25 周岁以内、未婚，对我来说这是一次难得的机会，求知的欲望变成了强大的动力……当年，不公布分数，填志愿如同盲人骑马、左右为难。由于只准报三个志愿，反反复复，说不准报哪个好，最终鼓起勇气自信地赌一把：第一志愿报山大哲学系，因为山大是重点大学，《文史哲》名气大，且离家近、节省费用；第二志愿是山师政治系，第三志愿是烟台师专政史系。学校有5 名民办教师报考，春节前有 2 名已接到专科录取通知书，而我没有音讯，心里忐忑不安、望眼欲穿，几天后接到山大录取通知书，高兴的心情难以言表。全县20处乡镇考入山大6人，作为农村学生能考入山大引起了不小轰动。我们村有四大姓，我成为新中国成立后刘姓家族第一个名牌大学生，族长是位退休教师，颤颤巍巍地举杯为我庆贺。我终于如愿以偿，踏上了人生的新征程。

哲学惠泽我心田

1978年2月，我进入山大哲学系，开始了四年的学习生活。40多年过去，弹指一挥间，但同学们朝夕相处的场景、青春靓丽的身影历历在目。当时山大新校正在规划建设中，教学设施还很简陋，但任课老师个个是业界精英，教学勤奋刻苦。臧乐源老师讲课充满激情、富有哲理，李武林老师讲课深入浅出、引经据典，许学圣老师社会经验丰富、讲课滔滔不绝，于惠棠老师讲课不紧不慢、妙趣横生……

同学们很珍惜这难得的学习机会，学习刻苦努力。清晨校园小树林里读书声不绝于耳，夜晚教室里灯火通明，星期天也很少休息。冬天宿舍没有供暖，早晨破冰碴洗脸，夏日闷热难眠。但班长李宏祥四年来一直带领出早操，同学们团结一心，朝气蓬勃。班里50多位同学年龄差距很大，有李晓群、张昌平、李宏祥、于炳贵、矫学柏、袁玉骝、张景芬等“老三届”学兄，有傅有德、袁文颇、王平、唐少杰、王志功等风华正茂、刚中学毕业不久的学弟，更多的是我们“文革”期间上中学的“中人”。同学们来自不同的行业，有工人、农民、干部、军人、教师，工作经历、知识结构、生活环境、家庭背景差别也很大，这种差别在学习讨论中产生的思想火花相互碰撞，开阔了大家的视野。辩证的思维方式引导着我们打开了思维的天窗，大学成为可遇而不可求的成长摇篮。

当时矫学柏是系学生会主席，我任宣传部部长，系党总支副书记汤光森老师开会回来满面春风的情景仍记忆犹新。学校在77级发展党员数量很少，哲学系发展的比例要大一些，秦志、吴溪清、赵瑞林、李金蓉和我五位同学光荣地加入了中国共产党，成为集体荣誉的受益者。这件事对我的思想触动很大，或许是哲学帮助我们树立了正确的世界观和人生观的缘故，从此我更爱哲学。

初用哲学的愉悦

1982 年 1 月我大学毕业，带着恩师的嘱托、同学的友情，也带着山大的荣光，到烟台市委党校工作，担任教员，开始哲学理论的教学和工作实践。

1983 年，农村实行包干生产责任制，爱人是农村户口，学校照顾单位职工，安排了两间简易住房，爱人在食堂干临时工。由于仍实行供给制，油、粮、煤等生活资料我一个份额供一家三口使用，生活艰难，虽然早有思想准备，但仍感到压力山大。

路在何方？我在迷茫中探索……

1982 年山东省政府办公厅印发了《关于家属农转非的补充规定》，规定大专以上学历、中级职称或副科级以上干部，年龄 40 周岁，或具有特殊贡献者（如获地市级以上自然科学、社会科学优秀科学成果奖），年满 35 周岁，可以办理家属农转非。恰逢党校升格为大专体制，大专班急需适合干部教育特点的教材。我眼前一亮，抓住机遇，不挤独木桥，另辟蹊径，把特殊贡献作为奋斗目标，力争尽快解决后顾之忧。

党校既是学校，又有党性要求。我作为教员必须适应这一特点，在教学科研中坚持科学的世界观和方法论，为基层干部答疑释惑，把个人的追求寓于党校教育事业发展之中。从此，在完成哲学原理、形式逻辑、党的政策基础理论等教学任务的同时，在哲学应用和教育上不断下功夫。四年后，《形式逻辑自学教程》《党的政策基础基论》《哲学学习和应用方法》陆续由山东出版总社烟台分社、中央党校出版社、山东大学出版社分别出版，同期发表理论文章 10 余篇，由此获省社会科学优秀成果三等奖两次、市社会科学优秀成果二等奖一次。1987 年恢复职称评定，我第一批晋升哲学讲师，同年任哲学教研室副主任。1988 年 2 月，我刚满 35 周岁，符合“特殊贡献人才”条件，第一个特批家属农转非成为合同制职工，妻子有了劳保，孩子有了城镇户口，从此消除了一块心病。

党校的10年艰苦奋斗，使我扬起了新生活的风帆，但这段经历，特别是母校老师的关怀帮助却让人刻骨铭心。于惠棠老师在炎热的夏天为《形式逻辑自学教程》斧正，李传明老师对《哲学学习和应用方法》一书的出版给予了精心指导，此情此景，师恩难以忘怀。

拓展深化中锤炼

1991年9月，我调到市供水办工作，涉足县、乡、村三级行政管理领域。1989年烟台遭遇特大旱灾，严重影响城市生存与发展。为解燃眉之急，市委、市政府决定实施门楼水库增容脱贫工程并成立供水工程指挥部，分管副市长任指挥，市直30多个部门主要负责人任副指挥。我到供水办后，在指挥部办公室的秘书科任副科长、科长，主要任务是负责综合库区搬迁、住房建设、库区农转非、劳动力安置、脱贫扶持项目、小学搬迁等，为市长写讲话稿、汇总上报材料。在这里，我熟悉了基层工作，积累了工作经验，荣获市委、市政府先进工作者称号。

1993年9月，市供水办完成使命，我调到市委政研室工作，任城市经济科主任科员、科长、副调研员，主要任务是调查研究，为市委领导决策当参谋、助手。这项工作要求我们，必须站在全市的高度去研究和思考问题。党的大政方针中央和省都已经明确，地方主要是因地制宜、研究制定配套政策，激发区域发展的生机与活力，因此坚持原则与灵活相统一、继承与创新相统一、稳定与发展相统一，便成为政策研究的重点。这些研究必然会运用到世界观、方法论，唯物辩证法自然成为我们分析问题、解决问题的一把钥匙，政策在实践检验中不断充实完善的同时，又促进了认知能力的深化与提高。

政研室工作主要有两部分。一部分是为主要领导写讲话稿。市级发展属于中观领域，有一定的自主性，为此到先进地区考察学习，下基层调查摸底，选准突破口、提出工作思路和配套措施是工作常态；学习借鉴外地经验，甄别决策中主观随意性、盲目性、片面性等问题，是经常讨论的重点……记得有一次筹备全市经济工作会议，起草小组成员连续22天早晨7点30分到岗，夜晚最早12点回家，最晚一次凌晨3点才休息，第二天照常上班。

另一部分是调查研究。城市经济涉猎范围较广，我们抓住重点、扬长避短，对市域发展进行专项研究，先后在省级以上刊物发表文稿30余篇，其中有价值的重要文章在新华社《内部参考》、《求是》杂志社《内部文稿》、中央党校《学习研究参考》，还有《经济研究》等刊物上发表，有些经市领导批示进入领导决策。个人先后获省委调研系统优秀成果特等奖一次、一等奖三次、二等奖两次、三等奖五次，连续两年获省委调研系统先进工作者称号，负责的城市经济科也被市委办公室系统评为标兵科室。

10年政研工作让我对区域发展有了较全面的认识，熟悉了运作模式，丰富了工作经验，视野进一步开阔，可以说这是学哲学用哲学的成果。

无怨无悔的追求

2002年6月，我到烟台市公路管理局任党委委员、纪委书记。

公路局是具有行政管理职能的自收自支事业单位，主管地域国省道公路建设、养护、征收和管理。资产、计划、财务由省交通厅、省公路局统一管理，人事由地方管理，市局直辖县市区等20多个单位，共6000多人。这个时期是高速公路大发展阶段，点多、线长、面广，资金流量大，每年少则几个亿，多则二三十亿，容易产生不正之风和腐败行为。在全省公路系统开展创建文明行业竞赛活动中，廉政建设、安全生产实行一票否决，所以赴任时几个市级领导和我谈话，讲得很严肃，要求我把这项工作抓好，不能出问题。对此，我深感责任重大。

到任后，除主持纪检监察工作外，分管审计、法制、宣传、企业改制，并担任公路方面发言人，由幕后转为前台，由务虚转为虚实一起抓，这对我来说是一个转折。当时，正值纪检工作上升时期，经过10多天的调查，在借鉴前面基建经验的同时，提出了加强廉政建设，延长工作触角，横向到边、纵向到底，责权利相统一的纪检工作实施方案。该方案经局党委研究，并得到市纪委的大力支持。一是健全组织。选举7名委员组成纪委，局属各单位设立纪检组组长，明确职级与责任，同时落实工作补贴。全系统纪委工作人员由原来的3人增加到30多人。二是关口前移。明确一岗双责、齐抓共管、群策群力，细化工作条例，强化教育引导，加强监督，全覆盖，无死角。三是严抓工作落实。月调度、季检查、年终总结，对苗头性问题采取约谈警示、组织处理和纪律处分相结合的方式，力争把问题消灭在萌芽状态。每年及时纠正违规违纪问题，涉及干部职工少则几人，多则20多人，在严肃纪律的同时，教育挽救了干部职工，维护了公路形象。

由于市局的共同努力，烟台公路局在全省创建文明行业中连续五年评为第一名，为当地经济社会发展作出了突出贡献。这些做法也得到了市纪委的肯定，2006年我在全市纪检监察总结大会上作了典型发言，个人被评为先进工作者。我在2003年9月评为教授级政工师（研究员），2009年4月至2016年6月任市公路学会副理事长，2013年2月到龄退休，工作实践和职业生涯由此画上了一个不懈追求、自我演进的句号。

学用哲学之感悟

最后，谈点学哲学用哲学、哲学润泽人生的体会吧。

哲学是关于世界观的学问，是人们对世界的根本看法和观点，是关于自然科学、社会科学和思维规律的概括和总结。哲学使我懂得，人们认识世界有两条道路。第一条道路由个别到一般，从纷繁多样的具体事物中抽象出某些共性（规定），这种概括是“异中见同”，从而认识和把握事物的本质及规律。第二条道路是再从一般到个别，在抽象的规定中看到具体事物的差异，这种思维再现是“同中有异”，从而认识和把握同类事物中的不同特点。这两条道路的思维进程相反，但它们总是相互依存、相互渗透、相互促进地交织在一起，不仅互因对方而存在，而且两条道路并行不悖，这是认识在辩证统一中螺旋式上升和不断深化完善的过程。

对于个人来说，大学四年学了马克思主义哲学理论，这些理论讲的都是关于世界的普遍规律，侧重于认识的第一条道路。这段时间奠定了认识问题、思考问题的根本方法和思维方式，在世界观、人生观、价值观方面明确了奋斗方向。学习了基本理论之后，要联系工作实践在实际工作中相互促进，不断加深理论与实践的统一，这是开始进入认识的第二条道路，也是哲学不断润泽人生的一个过程。党校10年，侧重于在适应干部教育特点的教研中，通过对实践中具体问题的分析，同时将大学期间用分割的方法学习的理论进一步系统化，初步践行第二条道路。10年的政策研究，为领导决策服务的同时，也主要在第二条道路上，根据国家的大政方针，调查分析本地区的特点、挖掘潜力，在“同中见异”上下功夫，体现地区经济社会的发展特色与创新，哲学在应用中拓展深化，润泽人生进入新的阶段。公路局10年的管理工作，既是对积累知识的践行、验证，也是对新领域、新内容、新岗位的思考和认知。这个阶段第一方面与第二方面相互促进的作用比较明显，是哲学润泽人生的升华。可以说学好哲学受益终身。

本人才疏学浅，在基层工作中只是在学哲学、用哲学方面作了一些有益的尝试，离学好哲学、用好哲学还相差甚远，作为一点体会，仅为一孔之见，不揣冒昧写出来，目的是就教于大家。

最后我想说，回顾前半生，我要感谢国家拨乱反正，1977年恢复高考，感谢老师的教诲和母校山大的培养，感谢马克思主义哲学的教育滋润和党组织的栽培。

2023年1月于烟台

1977，我的高考

伊戈扬

我的小学、中学和大学有着鲜明的时代印记和特殊历史意义。小学（1960.9～1965.7）是济南市第一届五年制教学改革试点；中学（1965.9～1970.2）是“文革”前最后一届考试入校，“文革”期间就取消考试，就近入学了；大学（1978.2～1982.1）则是恢复高考后第一届。因此，我是“老三届”的尾、“新三届”的头。而我也可以说享受了济南市乃至山东省最好的教育资源——济南市经五路小学、山东省实验中学、山东大学，这也是我一直引以为傲、为幸的。

20世纪60年代的教育崇尚“又红又专”，提倡知识分子与工农兵相结合，培养社会主义革命和建设事业接班人。我的大学梦正是源于这一背景，特别是初入中学校园时，一份广为张贴的“工农兵在一起”的大幅宣传画像给我以强烈的视觉和心理冲击。画中的解放军战士紧握钢枪，身材挺拔，英姿勃发。同框的知识分子身着白衬衣蓝裤，戴着眼镜，手持一卷图纸，潇洒儒雅。当时我就许下心愿：一是要当兵，二是要上大学。如果一切正常，我本应在1970年高中毕业后去考大学圆梦的。然而“文革”不期而至，一切都乱了套。后来当兵的愿望倒是实现了，而上大学则变得愈发遥远、渺茫，似乎真的成了梦想。

时光来到1977年10月，突然传来恢复高考的消息，内心深处的大学梦瞬间被激活，好像看到了解放区晴朗的天。但兴奋、激动之余，忧思袭来。自己中学“文革”前只读了一年，虽是五年制试点班，但也只是刚学到初二课程。1968年“老三届”同时毕业时，本校同级同学不满16周岁者按政策不参加分配依然留校，与部分老初三毕业生共同组建新高一，但只上了一年，很不系统，而且那以后已经七八年没再摸过中学课本。而众多信息表明，此次高考报名空前踊跃，肯定要创历史纪录。能考上吗？心里确实在打鼓。关键时刻，家人、友人给予我大力支持和鼓励。父亲在分析了高考形势和我的情况后说：“总之，你应当考，不然会后悔。”而与当时我供职的济南市第二人民医院两位熟识的前辈、领导的交谈，更是极大地提振了我的勇气和信心。他们一位是眼科卢信义主任，二院眼科在全省、全国享有盛誉，卢大夫是学术带头人、国内眼科激光手术创始人、全国先进工作者(劳动模范)，德高望重。他郑重地要求我报名参考，并列举了数位历史名人大器晚成的事例，以消除我流露出的已经24岁，上学是否年龄偏大的疑虑，说：“你还这么年轻，又聪明好学，不上大学太可惜了，我看好你。”另一位是时任医院政治处副主任张廷元。在一次共同出差期间交谈时，针对我顾忌报名人数太多考不上，他说了一句“要相信自己，这年头不读书的人多”。他们的激励如春风化雨，是促使我最终下决心参加高考的莫大动力。

决心既下，立即付诸实施。第一步，本着个人爱好与扬长避短兼顾原则，确定主攻方向为文科。第二步，广泛撒网，通过各种渠道尽可能多地搜集、整理复习资料。第三步，区别轻重缓急，制定复习计划。那年文科考试共分四科：语文、数学、政治、史地。其中数学是我最大的短板，投入时间、精力最多；政治、史地因平时涉猎相对较多，又属机械记忆类，投入远逊前者；语文一是主观感觉尚好，略有自信，二是面广量大，无从下手，干脆一遍走过，不再深入，即使后来社会上推出若干猜测考试可能的作文习题，引导考生练习，也不为所动，一道未做，因为实在无暇顾及。各科时间精力投入比例大体是，数学65%，政治、史地25%，语文10%。

复习备考的过程是辛苦的，谈不上悬梁刺股，但足够废寝忘食。从获悉恢复高考到参加考试不到50天，真正的时间短、任务重。白天要正常工作，而我当时还领受了几个外调任务需要出差，只能把午休和晚上的业余时间全部利用起来，算了一下每天大约有八九个小时。我先是报告母亲并获批准，不再执行饭后洗碗任务；又与女友（现在的妻子）约定，在此期间不再见面。一次，一位一同参加高考的老同学感慨地对我说："我是真拼了，晚上12点以前没有睡过觉。"我笑答："我凌晨两点钟前都没有睡过。"要知道，那可是个没有夜经济、夜生活，连电视也只有一两个频道的寂寥年代啊。

这里要特别提一下数学复习。为了攻克数学关，我请我的中学班主任张维谐老师辅导，每周两三个晚上去他家，每次一个半小时，覆盖初高中全部课程。张老师对我的学习精神和领悟能力予以肯定，鼓励我："你一点（拨）就透，不像我现在的很多学生木头疙瘩似的。"他是指"文革"动乱造成教育质量和学生素质明显下降的状况。张老师是数学名师，后曾任省《中学生数学报》主编。他对我的辅导不辞劳苦，尽心尽力，牺牲了很多休息时间，而且完全是义务的，分文不取。师恩厚重，令我感激涕零，永远铭记。

1977年12月9日至10日，是山东省高考的日子。第一天考语文，题目有三：作文《难忘的一天》、词语解释和古文翻译。试卷刚发下来，考场内就传出一片明显压抑住的兴奋的欢呼声，意味着不少考生已经做过类似内容的习题。我一下子紧张起来，又因缺乏经验，不是先做小题（词语、古文）而直接做大题（作文），却又不知从何处下笔，十几分钟竟一字未写。一筹莫展之际，灵感突现，山东省暨济南市军民盛大集会庆祝粉碎"四人帮"的壮观场景扑面而来，随即奋笔疾书，如行云流水，一气呵成。三个题目做完，已马上到考试结束时间，匆匆扫了一遍就交卷，肯定有纰漏，而且卷面比较潦草，好在事后得知成绩居然相当不错。政治、史地波澜不惊，从容过关。唯有数学，虽尽全力，终因基础薄弱，难有质的飞跃，但也发挥出了最好水平，聊以自慰。

考完试进入填报志愿环节。看到招生简章有复旦大学新闻专业和山东大学汉语言文学专业，都是我喜欢的专业，尤其新闻，那时很羡慕"无冕之王"那种天马行空的洒脱和激扬文字的酣畅。但复旦新闻系在山东仅招一人（或是两人，记不清了），权衡一下，考取概率太低，倘复旦未取，则同为国家重点院校的山大恐也不收，遂舍弃（阴差阳错，高考十多年后，我被调去报社干了若干年，算是过了把记者瘾，此为后话）。而学中文，最怕毕业分配到中学当老师（其实后来才知道这是误解，山大毕业生一般是不会分去中学任教的），我一直认为，以我急躁的性格，很难胜任需要循循善诱、诲人不倦的教师工作，只好又舍弃。我最后报的三个志愿均为山大，依次是哲学系、政治经济学系和历史系。之所以报哲学，首先系因当时毛泽东主席逝世时间不长，全国上下学马、毛哲学思想的热潮方兴未艾，让人感到其生命力强大而长久。其次不会当中学老师，我认为中学一般不会开设哲学课，真要当老师，也是去大专以上高校。最后觉得自己多少读了点这方面的书，还挂了一个我所在医院职工政治夜校副校长的虚衔，学起来不至于太陌生。其实后来读了大学，才知道以前是多么幼稚无知。哲学体系博大精深，典籍文献浩如烟海，我等凡夫俗子倾力学之，所得亦仅为沧海一粟、九牛一毛耳。

一个插曲：填报志愿后某天，招办一负责人传信，说我成绩不错，可以考虑调整志愿，去北京、上海的学校，父亲征询我的意见。当时信息闭塞，不懂学校之间的差异，单纯地认为都是国家一类高校，大同小异，何必舍近求远。当然还有一个因素，就是当时正在谈恋爱，没有做好“异地恋”的思想准备，于是婉拒。多年后还有朋友调侃：“当时你应当去北京读书并留下，京城发展空间多大！很可能你也早成了省部级。”我回答：“还有另一种可能，经不住考验，进去了。那样的话，我们兄弟们还怎能像今天一样，在一起痛快地喝酒呢。”

得知被山大录取的消息稍早于学校向考生单位统一发放录取通知书。没有想象中的激情庆祝，只是长舒了一口气，如释重负，当然内心还是充溢着小小的自豪和骄傲。

1978年2月28日上午，阳光灿烂。我身着当兵时穿过的旧军装，肩挎军用书包，骑一辆刚买不久的凤凰牌男式28全链盒转铃自行车，从家里出发，一路向东直奔山大新校（即现在的中心校区）报到，由此开启了我在山大哲学系四年的求学生涯。

2022年5月27日于泉城济南

我的大学同组同学

伊戈扬

山东大学哲学系 77 级就一个班，分为 6 个小组，我们是第二组，共 9 人（刚入校时 10 人，约一学期后刘志勇同学因病休学，后随 79 级学习毕业），其中女生 2 人，组长张景芬，副组长沈秀敏。小组是以男生宿舍为单位，加上一两位女生组成，主要负责组织日常课外的时事政治学习，协助班委做一些琐碎的事务性工作。入校第一年在食堂吃大锅饭，每个小组一张餐桌，一个盛菜的盆子放在中央，大家一起分食。朝夕相处，关系自然密切。

李晓群，1947 年元旦生人，是我们组也是我们班的老大哥，班级第一任党支部书记。晓群的父母都是抗战初期参加革命的老干部，他本人是青岛二中 1966 届高中毕业生，文化基础扎实，沉稳大气，为人正直。他博览群书，兴趣爱好广泛，天文地理三教九流似乎无所不知，有着近乎百科全书般的知识储备。为解开维纳斯雕塑“断臂之谜”,他曾连续几天在图书馆、资料室查找资料,据此写出新的见解投往一知名科普刊物。来自足球传统城市,他足球也踢得漂亮,经常在运动场上一秀球技。熟知各种音乐流派,刚听到李谷一《乡恋》的气声唱法,他用夸张的表情和语气说:“这才是真正的歌曲啊!”晓群毕业后回了青岛,我们一直保持联系,我去青岛出差空暇时经常聚聚。依然清晰地记得刚毕业不久我俩在青岛第一海水浴场,用随身携带的小刀剥开附着在礁石上的海蛎子即时生吃的情景;也忘不了盛夏时节在啤酒街“哈啤酒、吃蛤蜊”所带来的快感。

张景芬,来自烟台,曾就读于烟台名校一中和二中,也是“文革”前的老高三。他人很聪明,思维敏捷,反应迅速,干净利落。入学时即有考研志向,为此苦学英语,每天晚上都要学到熄灯很久后才蹑手蹑脚地回到宿舍,果然大学一毕业就考取了北大研究生。景芬爱较真,与人辩论常常引经据典,有时会争得面红耳赤。他乒乓球打得好,上大学前在烟台就拿过名次,大学期间更是佼佼者;同时对戏曲尤其是京剧颇有研究,是京剧名票。前年我在烟台疗休期间,与景芬和刘国强、刘兴章同学欢乐相聚,受到他们的热情款待。景芬为此在班群里抒发感慨,在引用王安石《示长安君》诗后写道:“有同窗自远方来,亦惊亦喜,感慨系之。草草杯盘,迎戈扬于海曲;昏昏灯火,有所盼于诸公。”我回复:“一俟重逢,倍觉亲切,海阔天空,相谈甚欢,且陡生‘一声大笑能几回,斗酒相逢须醉倒’之豪气,怡悦在胸,痛快淋漓。”同学之情,跃然屏上。

刘强,是77级招考中学校按照国家出台的扩招政策招收的少数家住济南的“走读生”,晚入校不到一个月,但很快就转为住读。他作风稳健,认真踏实,待人友善,幽默机智,又不锋芒毕露,人缘挺好。刘强个子不高,篮球打得还不错。我和他因为都是家在济南,他的一位表姐是我原单位熟识的同事,他父亲和我父亲彼此知道对方且有共同的战友或熟人,一些人和事可以对上号,因此无形中拉近了关系,交往多一些。每周六上午上完最后一节课,我俩会一同骑车回家,途径山大路附近的菜市场往往顺便进行采购。他谈女朋友时要我帮着参谋,我也见过对方。近些年刘强好像身体不太好,同学聚会参加的也不多。回忆往事,真是挺想念的。

刘国强，我大学四年的上下铺同学，毕业后我去了省总工会，他则曾任所在单位工会主席，又和我进了同一战壕。国强文登人，比较典型的胶东农家子弟形象，红润的脸庞，腼腆的笑容，眼睛有神，带着聪明，同时也隐隐透出一丝狡黠。他到校报到的第一个星期天，就专程去了北关火车站看火车。原来以前从没见过，来山大报到又是晚上乘车第二天天不亮抵济，随即被学校接站车拉走，没来得及看清火车啥样。看完火车后，他的兴奋喜悦溢于言表，甚是淳朴可爱。国强很要强，学习、锻炼、参加活动样样积极，不甘人后。不时冒出几个新观点、新词语，有时让人觉得新颖，有时则莫测高深，有点“神叨”。有件事带点“传奇”色彩，上学期间他本不会打乒乓球，毕业后不知啥时却突然入迷，并且和当年的徐寅生一样以辩证法指导打球，野路子竟然练出了名堂，据说景芬兄早已不是他的对手，在烟台高校系统的乒乓球比赛中拿奖拿到手软。

刘敬鲁，沂蒙山区走出来的文弱书生，衣着简朴，身材单薄，脸色微黄，给人有点营养不良的感觉。他有个习惯，喜欢早晨开水冲鸡蛋喝，我曾从营养卫生角度予以劝阻，他不以为然地笑笑说：“我们那里都是这样。”他性格内向，不善交际，话语不多，但在探讨学术问题时可以激情四射，滔滔不绝。学习上非常自律，他用不太标准的发音大声朗读英语课文的情景给我留下深刻印象。大学毕业后，他在学术研究道路上高歌猛进，成果甚丰，成为中国人民大学二级教授、博导、国内某新兴学科的领军人物。

翟志玲，我和大多数同学一样，称呼她小翟，一直到现在。小翟是同学里年龄较小的，刚入校时瘦瘦小小，还没有完全长开的样子，在我们一些“老江湖”眼里还是个稚气未脱的黄毛丫头。上学时与女同学接触不多，和小翟因在一个小组自然接触要多些，又因她的姨妈是和我家一个楼的邻居，而多了点学习以外的话题。小翟性格开朗，思想活跃，善于接受新事物，探讨理论和社会问题时观点犀利、执着。1980 年，遇罗锦《一个冬天的神话》引起社会热议，我们小组在一次课外学习时谈到这个话题。小翟以恩格斯“没有爱情的婚姻是不道德的”观点为依据，慷慨陈词，同情、支持遇；我则强调支撑婚姻的不仅是爱情，更有责任和义务，讨论热烈有趣。毕业十多年后的一个晚上，在省妇联的活动中心参加省直单位的一场舞会，休息时突然有人叫我，但见小翟身着一袭白裙，款款而来，恍惚间竟有惊艳之感，不禁感叹成熟女性的独特魅力。

沈秀敏、王平，我们班唯一一对携手走进婚姻殿堂的金童玉女、才子佳人。小沈（称呼如小翟）端庄文雅，秀外慧中，说话不疾不徐，脸上常常挂着微笑，让人如沐春风。王平阳光帅气，热情奔放，好学上进，坦诚率真，还是篮球场上的骁将。他们俩的恋情一直处于地下状态，直到临近毕业，涉及分配去向时才公开。身为青岛人的小沈如愿回到了青岛，王平在没有其他青岛名额的情况下，只好选择了距离青岛较近的潍坊。四年后，小沈告别美丽的岛城，去潍坊与王平团聚，结束了两地分居。一个令人感动的爱情故事。后来两人都在高校工作，事业成功，家庭美满。大学毕业十周年聚会时，他们带来了宝贝儿子，同学们亲切地称呼他“我们班的孩子”。

2022年5月27日于泉城济南

底层跋涉行

——山大读书与毕业后状况小记

刘国强

自从山东大学哲学系毕业，转眼已经过去40多年了，2024年9月我就70周岁了。看到同学们那些优秀的回忆录，个人感到很敬佩与仰视，在此也把自己上学和毕业后工作的情况跟大家汇报一下。

我是1954年出生的，那时新中国刚成立不久，一穷二白，所以注定父辈和我们都是为了国家发展艰辛奋斗生存打拼的命运。很多问题是历史造成的，但不同人有不同认知解析，很难达到一致。感谢山大，让我较好地认识问题；感谢山大，让我结识了这么多优秀的同学。

复习一个月考进山东大学

高中毕业后，我在村里生产队劳动了两年，担任记工分的会计员。我的体力推小车的确不行，在一起劳动的人中属于下游，那时只能咬牙跟着干活。后来村里推荐我到文登县文登营供销社干了两年多售货员，那时一边卖货，晚上还写一些表扬社会好人好事的稿子，文登县广播站经常采用，由此被领导欣赏，后来被安排到文登营供销社当文书。再后来1977年下半年社会开始报名高考，镇上高中领导那时很负责任，把报名的年轻人统一组织起来初选考试，挑出一批人由高中老师组织辅导。离高考就剩一个月时间了，我由于时间太紧张来不及复习物理、化学就选择了报考文科。复习资料都是镇高中老师刻钢板油印的，历史、地理就靠死记硬背，在供销社白天干文书，晚上宿舍背考试资料。高考结束，在文登一中考场出来后终于松了一口气。后来填志愿，是文登营高中教导处邓主任给我填的，他后来告诉我给我填的山东大学哲学系，好在终于被山大哲学系录取了。当时公社领导很高兴，党委毕书记亲自告诉我说我被录取了，要我到县教育局拿通知书。县里把考上的人召集起来统一到县里领通知书，教育局局长还集中讲话。这是"文革"后第一届大学生享有的一次特殊待遇。

大学四年平淡求学

我来自农村，1978 年初上大学时已经 24 周岁了，乡音难改，带着一口浓重的文登腔坐火车到了济南。乡村人见识少、格局小，深感自己的不足。我是第一次坐火车，报到后周末又特地坐公交车到火车站仔细地看了一下火车站和黄河。在军训期间学校安排我担任班级的生活委员，负责发饭票等事务，这项工作一直持续到毕业。

在读书学习上，我看到了同学们如饥似渴的学习精神，图书馆、教室、宿舍人人都在拼搏学习，更看到了班上学霸同学们的"天才超能"。同宿舍的张景芬那时能够让人随便翻英汉词典找单词提问，不少同学花大量时间攻读外语，他们的能力、水平真是令人仰视！

在生活上，一个宿舍上下铺那么多人，夏天热得睡不好，冬天冷得难受。特别我来自农村，有很多不好的生活习惯，感谢我下铺的伊戈扬同学和其他同学四年的包涵。

在旅游上，我见识很少，在济南主要是随班里组织的活动到过大明湖、千佛山、灵岩寺等地。目前能找到的也是这些地方的旅游图片，都是珍贵的具有历史价值的图片。感谢当年给拍照的同学！

1981年下半学期实习，和同学们一起到了胜利油田，度过了大概一个月左右的实习时光。那时的油田还一片荒芜。

总体来看，大学四年我在班级的存在感小，不像其他同学那么优秀，也没有什么突出的表现。但四年大学学到了不同课程的知识，见识了不同老师的讲课风格，学到了不同的看问题方法，从同学们的身上学会了处理问题的技巧，奠定了自己人生的理念，是人生重要的里程碑。

我查找了一下，保存的有毕业时发的学生成绩登记表，当年表是老师手写的，看得出来这个老师的钢笔字写得很好。翻找保存的物品，还发现大学期间我还有一张优秀学生干部的证书，感谢山大对我的鼓励。

毕业后的底层跋涉

由于未上大学之前在农村老家确定了一个对象，上大学后也没有放弃，毕业分配只好申请回到文登。当时，和刘兴章同学住在烟台市教育局招待所等分配，后来拿到烟台市人事局再分配通知回到文登县人事局，安排到文登县委党校。在党校当了一年理论教师，后来调到文登县委宣传部任理论干事。这期间写了一些小的理论稿子，得到在省广播电台工作的翟志玲同学的帮助，省广播电台多次播出我写的小文章。我写的文登县委如何组织学习《邓小平文选》的文章，也在《烟台日报》头版头条发表。在文登期间，因患病改到78级的刘志勇同学（在省政协工作）出差时还来看过我。

在文登县委宣传部工作一年后，调到烟台市纪律检查委员会理论研究室工作，在市纪委工作了接近五年。这期间与中纪委张立勇同学联系过，他回我的信至今保存完好。再后来，因市纪委无法解决我的住房问题，于是经个人申请调到烟台外贸中专学校（一年后学校改名为山东省对外经济学校）。山东省对外经济学校归山东省外经贸厅管理，我先后担任过学校的副校长、党委书记。

由于这个学校经费实行差额拨款，不足部分需要自筹，所以招生就成为非常重要的工作。在党校，除了党务我还负责招生工作，这期间去济南拜见过许多同学，如当时在省厅任处长的刘强，省总工会山东工人报社工作的伊戈扬，省国际信托投资公司工作的卢阿青，省人大常委会工作的李宏祥、赵瑞林，母校工作的周向军、傅有德、方宏建、刘玉安，还有王毅平、李金蓉等同学。到各地市招生拜访过的同学有：袁玉骝、苑吉红、毕玉奎、孙恒志、王平、沈秀敏、黄仕军、李敏、李晓群、张盛忠等。非常感谢大家对我工作的帮助支持。

2002年，我们学校合并到烟台职业学院，我先后任过学校组织人事处长和工会主席、党委委员（享受学校副职待遇），获评为山东省优秀工会干部。

退二线和退休后返聘民办高校教学科研

2010年底，当时有关规定处级干部56岁退二线（不上班工资福利照发），我就从工会主席职务上退下来。2011年4月1日到烟台南山学院组织宣传部工作后，先后干过组织宣传部和党群工作部副部长、网络监管中心主任，我写的《烟台南山学院办学八大优势》文章在《大众日报》发表后，人民网、凤凰网等十多家媒体网站全文转载，烟台南山学院对此发了通报表扬。我还获评过“山东省高校优秀宣传工作者”。

2014年底在原单位退休后，烟台南山学院安排我到教学部门任教师。我尽管从事不同层次教育多年，但教学一线没有多少实践。到社科部（后来改名马克思主义学院）当教授，同时兼任烟台南山学院督导委员会副主任，每周除了上课，还要督导听课检查其他老师上课情况。授课以来，我历年被评为学校优秀教师，2021年被评为优秀教师标兵，2022年被烟台南山学院授予“十大卓越贡献奖”。2022年12月底，在烟台南山学院马克思主义学院的50多名教师业绩考核中，我排名第一。

除教学与督导之外，在科研方面我还取得了如下成绩。

1.2015年，主持立项了教育部课题“中国梦语境下民办高校大学生社会主义核心价值观培育与践行研究”（15JDSZ2084）。

2.2016年1月，主持立项了教育部思政重点难点问题专项课题“思想政治理论课对当代大学生的价值在哪里”（15JDSZK079）。

3.课题团队论文《中国梦语境下民办高校大学生社会主义核心价值观践行研究》在中宣部《党建》(CSSCI 来源期刊)发表,光明网、党建网、国务院中国干部学习网等 20 多家网站全文转载,获山东省第四届社科普及与应用优秀成果论文类一等奖。

4.2021 年 8 月 20 日,教育部社科司公布了 2021 年度教育部人文社会科学研究一般项目立项的通知,烟台南山学院由我主持申报的"集体主义的政治哲学分析与教育创新研究"(21YJA710021)成功获批规划基金项目,课题经费 10 万元,烟台南山学院为此奖励 5 万元。该年度教育部规划基金、青年基金、自筹经费项目共立项 2362 项,山东高校有 37 所高校获准立项 156 项,烟台南山学院是唯一一所获准规划基金立项的山东民办本科高校。

5.2022 年 8 月 25 日,山东省社会科学办公室公布 2022 年度山东省社科规划项目,烟台南山学院马克思主义学院由我主持的"全人类共同价值与构建人类命运共同体研究"(22CZTJ13)获得立项,课题经费 3 万元。

6.2020 年,山东省高等学校本科教学改革研究项目"提升民办高校学生思政课获得感教学改革创新研究"(M2020246)获得立项。

总的来说,本人有一个感觉,即退休后在烟台南山学院工作的这八年间,得到了学校和部门领导以及老师们的大力支持,发展比较顺利,是人生的一个亮点。

当然,我的这些科研教研项目在其他公办重点院校可能不值一提,但对于民办高校却有举足轻重的作用。目前全国公办民办高校 3000 多所,烟台南山学院在全国民办高校中属于排名在前的高校,学生有 3 万多人,老师 1200 多人,这样一个平台,在科学研究方面必须有国家级、部级课题支撑。烟台南山学院办学以来到 2022 年底 30 多年来教育部人文社科课题共立项四个,其中三个是由我立项的。

2024 年 9 月,我就 70 周岁了,该回家休息了。这个岁数返聘出来,不仅仅是为了挣点钱补贴家用,更重要的是与年轻老师与学生在一起,有点事情做,心态也年轻,感觉自己还有比较充足的生命活力。

回忆走过的底层跋涉行程,这一生从乡村走出来,感谢山大的哲学教诲,感谢各位同学的友谊帮扶,同学友谊是我前行的动力,是我一生最重要的财富。期望以后各位同学如果路过烟台,如果有时间联系一下,到烟台职业学院家属楼区坐一下,能打乒乓球的就打球,不能打的就聚聚餐。

我的乒乓球水平，属于业余中的高手。打法很不正规，属于打着玩。得过山东省高校校长杯第七名，得过烟台高校校长杯第一名，得过烟台老年体协乒乓球友谊赛团体第二名，得过烟台高新区乒乓球团体友谊赛第一名，得过高新区乒乓球男子单打第二名。多年来一直是烟台南山学院男子单打第一名。当然年纪大了，体力跟不上了，近年来参加比赛少了。

祝愿各位同学健康长寿，幸福美满！

2022 年 12 月 28 日于烟台职业学院

莫忘记山大　不辜负大学

魏金陵

2022 年 8 月 22 日是邓小平 118 周年诞辰，恰值此时草就拙文，也是巧合。想到邓小平，自然最多的联想就是影响中国命运的改革开放。我们的命运与国家命运紧密相连，其中一个重要节点，就是 1977 年恢复高考。社会上曾流传一种说法，77 级大学生是一个特殊群体。所谓“特殊”，其含义有三：一是这些人进入大学的时代背景。如果不是邓小平高瞻远瞩提出并大力推动改革开放，就不会有高考的恢复，我们 77 级大学生的命运也不会有如此大的改变。说恢复高考是中国改革开放的前奏，并不为过。因此，我们是时代的幸运儿，也是改革开放的首批受益者之一。二是这些人进入大学的时间和方式。1977 年，全国的大学已经 11 年没有认真规范地招生了，我们是 11 年以来首次通过正规考试筛选入学的。长期没有规范招生，势必在社会上积淀一大批本应入大学的优秀青年。刚刚恢复高考，不可能一下子吸收那么多大学生。所以，77 级就像是浓缩了的适龄青年群体，这也是特殊性所在。三是这些人入学前的经历。我们中间的大多数人是从各行业一线工作岗位上考入大学的，具有丰富的社会经历和实践经验，在大学里系统的理论学习中有更深的理解力，学习效率可能更高一些，思路也可能更广阔一些。当我们完成学业再回到实践中时，适应也更快。

当然，那时还处于时代交替的过渡期，粉碎“四人帮”刚刚一年，百废待兴，整个社会在政治、经济、文化等各个方面，难免留有较深的原时代痕迹。随着党的十一届三中全会的召开，这些痕迹很快就淡化了。

在我退休前夕，我们国家的改革开放已经走过30多年，祖国的发展和人民生活发生了翻天覆地的变化，国家从来没有如此强大繁荣，人民从来没有这么充满自信和希望。我们这一代大学生，既是这个伟大时代的见证者，也是实际参与者，我们为成长在这个时代而倍觉幸运，也为能在改革开放中贡献一己之力而深感自豪。

我于1969年初下乡，年底参军，复员后当了几年地质勘探工人，1977年恢复高考后考入山大。说起上大学，我还有一段有趣的经历。1973年夏天，我正在部队服役，突然接到通知，让我参加大学入学考试。我虽然平时比较喜欢看书，但实际文化水平也就是小学毕业。我向军营家属孩子借了几本中学课本，就开始复习功课。也就一周左右，便参加了师里组织的考试，正儿八经的闭卷考试，而且成绩不公布，只是参考，名曰推荐加考试。我名落孙山，郁郁寡欢。不久就爆出张铁生白卷事件，这段“考试”经历终成插曲。我有幸参加了两次高考，两次截然不同的高考。

1977年得知恢复高考的消息，彼时我正在枣庄十里泉发电厂工程地质勘探现场。由于施工任务紧急，上级不允许欲参加高考的青工回济复习功课，我们只得利用夜班后的休息时间，甚至在工地上抽空看书。伴随着轰鸣的钻机声在工地上看书，真需要有足够定力。有趣的是我们这个工程队的三个负责人年龄差不多，都是部队复员兵，并且在其后不同时间相继考入山东大学，我们是战友加同事，又成了校友。临近考试时领导终于同意我们回济南复习。我的文化底子实在太浅，对数理化等课程倒是能听懂，但是放下就忘。我大姐和姐夫都是哈军工毕业的老五届大学生，他们提议让我改学文科并一直辅导我，鼓励我。为了在有限的时间里尽可能多地复习功课，我早上从四里山下的家里骑车赶到山大附近的工作单位，下班后直奔长途汽车站附近的姐姐家，学习到晚上十点多再回自己的家，每天就是一个大三角的轨迹，真够累的。大姐和姐夫拥有扎实的文化基础和极高的表达水平，对我的辅导卓有成效。没有他们的帮助我是不可能考上大学的。其间，我还遇到一段曲折。当时我们单位的党委书记郑重其事地告诉我，虽然有了大学录取通知，但是党委还要研究，能否批准我去上学还未知。我紧张得不得了，生怕不能获批。好在我遇到的是几位开明领导，同意我上学，而且是带着工资，不转行政关系上学。后来我才知道，这些是国家给的好政策。

其实我入学前的工作单位山东省电力设计院就在山大旁边，我和同事经常进山大校园打球、散步，十分羡慕那些学生，做梦也没有想到有一天我也会成为山大的学生。报到那天，我是骑着自行车驮着背包进的山大校园，班里同学大多没有到，时任辅导员郑仲孝老师拉着我一起迎接同学，跟着他忙里忙外。后来郑老师做了山东体育学院的党委副书记，我们曾经谈起这段经历，他仍然记忆犹新。

让我们感到幸运的不仅是获取了进入大学的机会，更是因为融入高等教育时的历史背景。“文革”刚刚结束，人们正处在新旧时代交替的回顾反思中，无论是思想还是学术正在重新构建，以往的大师正在复出，校园里又充满活跃的学术空气。此时进入大学学习，身处这样的环境之中，岂不是太幸运难得了。

那时山东大学哲学系的讲台上，皆是拔尖的老师，可谓群星璀璨，交相辉映。讲授哲学原理课的樊瑞平、许学圣老师，讲授马列原著的杨贵昌、王蝉、邢业金、杨俊启、肖效武老师，讲授马哲史的王复三、西敬亭老师，讲授欧哲史的龚兴、李武林老师，讲授现代西方哲学的周以宁老师，讲授中哲史的周立升、李传明、张季平、张平老师，讲授逻辑学的于惠棠老师，讲授心理学的严崇孝老师，讲授伦理学的臧乐源、李树军老师，开设讲座的有李庆臻、刘大钧、张颖清等老师，还有其他课程以及外系的一些老师，都是最优秀的。

记得潘承洞、郭大钧等一些著名学者都给我们上过课。还有系里分管学生工作的汤光森副书记，组织员纪温玉老师，历任辅导员郑仲孝、徐根义、张平等老师也一直教育、关心、帮助我们。在如此浓郁的学习氛围中，我们得以日渐成熟，以致受益终身。难忘入学第一课，臧乐源先生那一句振聋发聩的大吼：“什么是哲学？哲学是世界观、方法论，我们辩证唯物主义的基本观点，用一句话来说，就是世界上除了运动着的物质以外，什么都没有！”每一位老师都有闪闪发光的思想火花、箴言警句，风格迥异，在我们头脑里镌刻下不朽的记忆，衷心感谢恩师们。我毕业留校后曾经听一位校领导说，77 级学生入学，对学校是一件大事，甚至是一个大的转机，学校认真设计教学体系和课程体系，精心选配了最优秀的师资上讲台，决心把他们培养成最优秀的毕业生。我听了之后非常感动。

20 世纪 70 年代末的校园是探索和追寻真理的绝佳场所。系里鼓励支持学生自办学术刊物，我们系的小小刊物叫《纵横谈》，记得是方宏建、于炳贵，还有其他同学经办的，每一期都被大家争相传阅，广受欢迎。同时期经济学系的《基石》、中文系的《沃野》等都在学生中具有较大影响。我们宿舍有个习惯，熄灯后会有一段时间夜谈，内容包罗万象，有人生体验，有学术讨论，有观点争鸣，甚至有故事会。有争论，有玩笑，也有新闻轶事的传递，不知不觉中学习了很多知识与方法，我觉得这是我们的第二课堂。

学校还不定期举办吸收学生参加的学术研讨会，请来国内的大师名家来开设讲座，校门口的海报栏上经常是层层叠叠的学术报告通知，校园里学术氛围十分浓郁。记得在1978年春天，学校邀请中国人民大学教师李秀林先生来做关于真理标准讨论的讲座，大阶梯教室里坐得满满的，过道上也是听众，其中相当一部分是学生。李先生的报告令我耳目一新，就像在心中推开了一扇窗户，感觉豁然开朗。他讲的主题是“实践是检验真理的唯一标准”，其实这个命题我们在哲学原理课上已经接触到了，但是经他深入浅出的诠释，对“实践是检验真理的唯一标准”的科学内涵和深远意义，尤其是当时的现实意义有了更深刻认识。真理标准大讨论是催生新时期的极其重要的思想和理论准备，具有划时代意义。在此基础上召开的党的十一届三中全会，开启了改革开放的新时代，中国社会的发展走进了重要的新时期。所以，这是足以影响我后半生的一次学术报告。这个报告具有一定典型性，折射了当时母校弘扬学术精神，支持学术探讨，鼓励百家争鸣的办学理念和治学宗旨。此类报告听了很多，收获颇丰。

大学学习环境的重要组成部分是同学群。我有幸在山大学习期间与50多位优秀的同学共同生活，朝夕相处，结下了深厚友谊。同学们刻苦学习的执着，探索学问的严谨，人际交往的豁达，甚至丰富的人生阅历，都给了我极大帮助和影响。尤其是我们小组和宿舍的袁玉骝、于炳贵、刘仲明、刘兴章、李金蓉、李培林、傅有德、张立勇、吴溪清、庄超英诸同学既是我的亲密同窗，亦是我的良师益友，使我在四年大学生活中受益匪浅。包括这一次组织毕业40年纪念活动的曹晓武等同学，踊跃倡导，积极推进，做了大量琐碎而艰苦的工作，非常感谢他们，感谢所有同学。

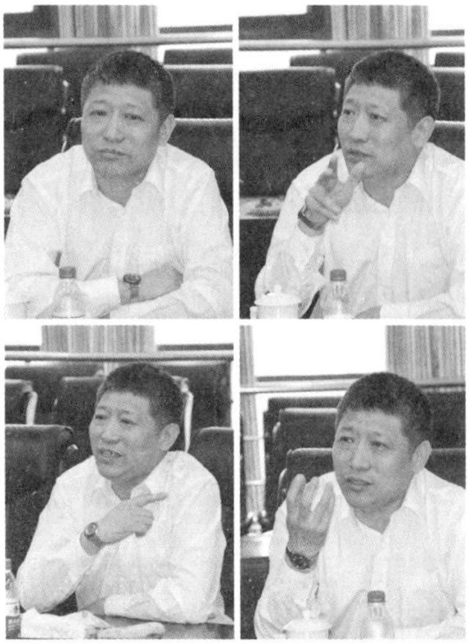

自毕业留校到退休，我基本是在大学和与大学密切相关的单位工作。1982年1月，我与庄平、李芹、周向军、马士岭、赵瑞林、吴溪清、方宏建、徐向红等同学一起留校，赵瑞林、徐向红去了校机关，我和吴溪清留在系里做辅导员，其他同学任教。之后赵瑞林、吴溪清等离开学校去省直机关工作，都有很好的发展。方宏建后来也去了校机关，他经过自己努力，凭才能和人品，竞争考试上岗，做到母校的副校长、党委副书记，值得我们引以为豪。我毕业后先是给78级同学任辅导员，后来是带79级学生，又带了84级的学生。昨天还是同学，一个寒假回来，被称为“老师”，挺别扭的。过去若干年之后，这些同学还习惯叫我“老师”，有的年龄比我还大，我也感觉亲切。我从系里调到校机关，先后在团委、组织部、宣传部工作，1991年离开母校到省委高校工委，其后又到山东政法学院和山东工商学院工作。

在长达30余年的高等教育工作中，我对大学的认识在不断深化。我常常想到一个问题：大学的本质是什么？

其实到现在我也不敢说对这个问题已经有解，只能说有些体会。有人把大学的功能归为人才培养、科学研究、社会服务、文化传承四个方面，我赞同这个说法。我认为其中最重要的是人才培养。比较直观地说，大学培养人，赋予学生知识，教会学生掌握认识事物的方法，提高学生的思想境界，等等。深一步说，大学培育学生的人文精神、科学精神、批判精神和理性思维，引导学生追求真善美，塑造学生正确的世界观、人生观、价值观。一所优秀大学的成功既体现于其独特的风格、深邃的理念、丰富的研究成果，更体现于其毕业生。能够培养出既有鲜明个性又能全面发展的、优秀的、有益于社会的毕业生，这是对大学的最高褒奖。我认为母校山东大学做到了这一点，而且做得很好。也许我们未曾熟记学过的每一门课程的内容，但是在学习中，在老师的教诲中开阔了视野，掌握了方法，陶冶了情操，完善了人格，也坚定了追求真理的信念，在这一过程中我们逐渐在各方面成熟了。当毕业离开母校时，我们更睿智、更自信、更宽容，有了更多的独立思考与见解。母校教给了我们学习、认知、判断、协同的本领，我们得以奉献自己的才华，成为一个对社会有用的人，这是我们人生的最大收获，也是我们最应该感谢母校的啊。

记得我在大学工作时，有毕业学生希望我给他们留言，我思索再三，写下了这样一段感言："大学生活是我一生中最值得怀念的岁月，因为在这里得到的启迪给我后半生以不可磨灭的巨大影响。永远不要忘记母校，永远不要辜负大学。"

现在我还要加上一句话：感恩山东大学，我的母校，感谢我的老师、我的同学们！

2022年8月23日写于济南

感恩高考　感恩山大

方宏建

2017年10月14日，山东大学77、78、79级的校友，通过网络联系起来，在学校中心校区举办了一场大型联谊活动"梦圆山大——纪念恢复高考40周年"，160多位来自世界各地、当年各个系的校友代表参加了活动。我作为组织者之一，参加了这个活动的全过程。活动交流中大家最为感慨的，也是共同的心声：高考改变了我们的命运！高考确实改变了我的命运。

一

我于1973年1月毕业于济南第六中学（现济南回民中学），命运不济，济南市我们这一届中学生毕业后没有分配工作，在家待业了近两年（前两届毕业生都直接分配了工作）。这两年期间，我在父母的支持下，借来了"文革"前初中、高中的数理化和语文课本，似懂非懂地自学了一遍，算是补了一下中学的课（我们初、高中共四年，其中学工、学农、学军等活动还占用了相当多的时间）。

1974年12月，我随济南铁路局组织的上山下乡知识青年队伍，到农村插队落户。我在农村两个知青点共待了一年的时间，先是在兖州县颜店公社的颜店村，后又转到费县薛庄公社的黄泥崖村。

1975 年 12 月，济南铁路局到费县招工，我成为一名铁路工人。大门进“正”了（当时铁路行业被称之为“铁老大”），但是二门进“歪”了，我被分配到济南工务段，成为一名铁路养路工人。养路工一年四季露天作业在铁道线路上，从事重体力劳动（粮食定量 52 斤/月），工作条件艰苦，劳动强度很大。这期间，我充分发挥了自己写写画画的小专长。起初，在我们养路工区办办黑板报、宣传栏等；后来，工务段政治处经常借调我去帮忙，写写宣传报道稿件，办办宣传专栏、油印小报等。最长的一次借调 3 个月，代理宣传干事工作（原干事外出培训），这 3 个月里我表现比较突出，在各级报刊和电台上发表的稿件（我写的或组织别人写的）创了段上的历史新高。我当时的想法简单而明确：好好表现，争取能脱离施工一线调到段机关工作，这样既能发挥个人的小专长，工作环境又比较好。

1977 年恢复高考的消息是从广播里听到的，得到父母的积极支持后，我就投入到紧张的备考之中。白天上班利用工间休息和午休时间，抓紧查看复习材料（后来工友们谈及当时说：“一休息你就躺在路基上看小本本，原来是在准备高考啊。”当时我没请假也没告诉工友要参加高考）。晚上下班以后学习到半夜。终于，我考入了山东大学哲学系。到段机关辞行时，分管政工的党委副书记对我说“小方，你不走，在段上也行了”，言外之意是已准备把我调入段机关了。

二

山大哲学系是我报的第一志愿。之所以把哲学作为第一志愿，一方面是受到当时全民学哲学、用哲学浓厚氛围的影响；另一方面，我查阅过一些资料，再加上自己的望文生义，把哲学看得非常高大上，是自然科学与社会科学的总汇与概括，是科学之科学。

入学以后不久，在班里组织的一次活动中，我朗诵了一首自己写的打油诗："哲学领域有高峰，哥德巴赫待攀登。苍苍茫茫大宇宙，奥'逻各斯'寓其中"，这反映了我当时对待哲学学习的心态。但是，当看到课程表的安排后，我却很有些失望，因为里面几乎没有自然科学方面的课程，虽然有一门自然科学概论课，并且有大专家（如数学家潘承洞教授）讲过课，但感觉只是数理化的一般科普。按我当时的认识，如果不能比较深入地学习一些自然科学专业知识作支撑，我们学的哲学理论就比较空洞。我与有同感的肖连生同学曾经去找哲学系分管教学的王复三副主任，期望能给我们开设高等数学或普通物理学课，但未能如愿。只好硬着头皮学吧，在大学四年里，我的基本学习态度是，对于愿学的课程，就使劲学，对于不感兴趣的课程，就应付着学。我最感兴趣的课程是逻辑学，我也有幸担任了逻辑学课代表，这使我与任课老师于惠棠教授有了较多的接触（我与于老师一直保持联系至 2022 年 6 月初他去世）。当时，我把校内外（济南市）各图书馆里能借到的逻辑学书籍全部借到手，认真研读，下足了功夫。我的毕业论文就是逻辑学方面的，题目是《试论逻辑矛盾与辩证矛盾》，内容主要是针对当时的一种观点：形式逻辑规则只适用于普通思维，而不适用于辩证思维。我在论文中详细论证了形式逻辑同样适用于辩证思维，形式逻辑中的"不矛盾律"与辩证法的"对立统一规律"并不矛盾，并用一个符号公式来表现矛盾的对立统一。于惠棠老师肯定了我的论文并认为用符号公式表述问题是一个创造。这篇论文后来在《山东大学文科论文集刊》1982 年第 2 期上发表了。

三

大学毕业以后，我留校在哲学系做教学工作，讲授逻辑学。1983 年 9 月至 1984 年 7 月，我参加了北京师范大学哲学系举办的高校逻辑学教师进修班，系统学习了形式逻辑、辩证逻辑、数理逻辑、中国逻辑史和西方逻辑史等5门课程，还阅读了一些英文版的逻辑学教材。系统的逻辑学学习，一方面使我的专业知识进一步扎实，开阔了眼界，在进修班结业考试中，我的总成绩名列第一；另一方面也看到了自己的明显不足，即国际上现代逻辑学是建立在数学基础之上的，而这恰是自己的知识弱项。这使我把对逻辑学作为自己研究方向的想法，开始打折扣了，加之当时教育部出台文件，要求大学教师要有硕士及以上学位，这促使我于1985年9月考取了本校哲学系哲学原理专业在职攻读硕士学位，师从徐经泽教授学习社会学（当时社会学在中国刚恢复，硕士专业设在历史唯物主义方向框架内），并于1988年获得哲学硕士学位。

1990年，我被调入山大党委宣传部从事理论教育与宣传工作，由教学岗位转为党政管理岗位。在学校党政管理岗位上，我先后担任过党委宣传部副部长、学生工作部（处）长，党委（校长）办公室主任、机关党总支书记，学校副校长，党委副书记、纪委书记，三级职员，校务委员会常务副主任等职务。岗位转换了，但在哲学与逻辑学的学习与研究中所形成的思维方式与方法却使我在党政管理工作中受益无穷，可以我经历的两项工作为例。

一是哲学的思维方式常常使自己能在繁杂头绪中抓住问题的关键。2005年9月，我由副校长转任学校党委副书记分管学生工作。在调研中发现，学生辅导员队伍中存在的许多问题与我10年前当学工部长时面临的问题几乎一样。如何破解呢？我在学习2004年颁发的中央16号文件时，看到要鼓励和支持一批学生辅导员骨干向职业化、专业化方向发展的内容，豁然开朗。在调研学习的基础上，我组织起草了加强辅导员队伍职业化、专业化建设的文件，并在校党委书记朱正昌同志的大力支持下于学校党委常委会上通过并实施。2006年5月，在上海召开了由时任国务委员陈至立同志召集，中宣部、教育部、团中央联合承办的，新中国成立以来唯一一次全国高校辅导员队伍建设工作会议。山东大学党委书记朱正昌同志作为10个典型单位代表之一，做了题为《以职业化专业化为方向，建设高水平辅导员队伍》的发言。可以说，辅导员队伍职业化、专业化建设的提法，是由山东大学最早呼应并喊响的。随后，教育部组织成立了全国高校辅导员工作研究会，会长单位和秘书处设在山东大学，由校党委书记朱正昌担任会长，我任秘书长。全国性的学会设在北京、上海以外高校的情况是不多见的，这表明了教育部对山东大学这方面工作的认可。研究会成立以后，教育部以此为平台开展了许多工作与活动，如全国高校辅导员年度人物评选、职业技能大赛、出国进修培训，全国高校学生工作优秀论文评选、思想政治教育研究文库评选等。2008年，我们又成功申办了研究会会刊《高校辅导员》杂志（国家正式刊号），我曾担任主编。研究会开展的工作与活动、会刊杂志的发行等，使全国高校辅导员工作研究会和山东大学的学生工作在全国高教系统产生了积极的影响。

二是逻辑学的分析方法能够帮助自己厘清事物之间的逻辑关系。要做好学生辅导员队伍的职业化、专业化建设，一个重要方面是要有学生工作的一套理论体系，而建立理论体系首先要有明晰的基本概念分析。传统上，人们往往用思想政治教育来指称学生工作，这一方面不符合丰富的高校学生工作的实际；另一方面，也很容易让人产生误解，似乎学生工作只是板着面孔的思想政治教育，以偏概全。我在多年学生工作经验基础上，运用逻辑学的概念分析方法，创新并阐明了学生工作的框架体系，把学生工作系统划分为三个子系统并明确了各自在大系统中的地位与功能。三个子系统，一个是大学生的思想政治教育，这是学生工作的核心性工作；一个是大学生的发展指导，这是学生工作的主体性工作；一个是大学生的事务管理，这是学生工作的基础性工作。在此基础上，构建了学生工作的理论体系框架，并组织全校160多位学生工作者参加研究与写作，形成了学生工作学科理论体系著作《大学生思想政治教育学》《大学生发展指导学》和《大学生事务管理学》，连同以我的博士论文（我于2006年师从天津大学管理学院时任院长齐二石教授在职攻读博士学位，并于2010年获天津大学管理学博士学位）为基础形成的《大学生人格培育学》，一并于2014年7月由人民出版社以《高校学生工作的理论与实务研究书系》（思想政治教育研究文库）之名出版发行，这在全国高校学生工作系统尚属首创。我也因在学生工作理论研究等方面的成果被学校评聘为博士生导师，在学校马克思主义学院思想政治教育专业带硕士、博士研究生。

四

待业青年—上山下乡知识青年—铁路养路工人（重体力劳动者）—77级大学生—大学教师—校中层党政管理干部—校领导班子成员—博士生导师，回首自己的社会职业经历，有两点令我十分感慨。

一是我的人生命运转折点，是中国历史上具有特殊意义的1977年高考。在本文开篇提到的山东大学77、78、79三级校友自发举办的“梦圆山大——纪念恢复高考40周年”联谊活动中，大家的共同心声是：高考改变了我们的命运，我们感恩时代、感恩改革、感恩山大！

二是我的职业生涯良好发展是在山东大学。我有幸在山东大学读书，有幸与哲学系 77 级优秀的同学们同窗，有幸在山东大学获得良好的职业发展。在“山大永在我心中——山东大学哲学系 77 级校友献给母校 120 年华诞的祝福”美篇中，我的留言的确是发自肺腑：“我的个人成长与职场发展主要根植于山东大学这片沃土，我深深地感恩山东大学，深深地感谢培养、引导、帮助与支持过我的老师、领导、同学、同事、学生、朋友和家人们。”

五

现在，我们大学毕业已经 40 年了，哲学系 77 级的大多数同学已步入老年离开职场，也有同学仍以各种方式继续为社会服务。

我于 2015 年 8 月卸任学校领导职务，转入学校马克思主义学院任博士生指导教师，于 2019 年底从教师岗位退休。自 2017 年至今，我担任山东省老年学与老年医学学会（省老龄办与省卫健委先后为主管部门）会长（法人代表）一职，这个学会是研究老年人问题与老龄社会问题的学术组织。通过学习与研究，我体会一个现代的老年人应努力做到三点：一个是健康，即身体生理上无大病，功能正常；一个是快乐，即精神心理上乐观、大度、宽容；一个是积极，即行为上不要脱离社会，要多多参与社会活动，以各种方式继续为社会作贡献，而要达到健康、快乐、积极的状态，最有效的途径是做自己最愿意做的事情。我除了担任一些社会工作和继续指导博士研究生外，还积极发展自己的爱好：唱歌与健身。

在唱歌方面，一是拜名师指导。我拜著名声乐教育家、男中音歌唱家、山东艺术学院张庆朗教授为师学习声乐，并经常得到著名男中音歌唱家、山东歌舞剧院原院长雷岩等一些歌唱家的指教，大大提高了自己的声乐演唱水平。同时参加省老年大学声乐班的学习与活动。2022 年 5 月，山东老年大学联合济南老年人大学组织排演大型民族歌剧《江姐》（全国老年大学系统首次），我经过考试入选并担任重要角色（男一号沈养斋）。通过歌剧排练，我在唱、说、演等多方面的

技能上了一个台阶,受益匪浅。该剧于2023年5月12日成功演出,受到社会各界的广泛好评,我在剧中的表演也得到不少业内外人士的积极评价。二是参加校内外的一些歌唱、朗诵组织和歌唱、朗诵主持等演出活动。通过与声乐、朗诵爱好者们的相互学习与交流,参加各种形式的歌唱、朗诵演出活动,丰富了自己的歌唱、朗诵演出实践并积累了宝贵的舞台表演经验。而至今连续十多年参加山东大学的学生迎新与毕业文艺晚会的演出活动,则使我能与学校、学生始终相连。2017年,我参与组建了山东大学校友合唱团并担任合唱团艺术总监,合唱团成立6年来取得了不菲的成绩,产生了积极的社会影响。三是继续歌曲创作活动。至今已主持创作并演唱了反映社会人生、弘扬真善美的歌曲9首,其中几首如《父母的爱》《期待重逢那一天》《青春山大》等,我经常在山大校园里为学生们演唱,而《老年时光》这首歌,已开始在全国的歌唱爱好者中引起关注与学唱。

在健身方面,我主要进行力量锻炼。在朋友的引导下,我于2017年开始进行力量锻炼,通过6年来的系统锻炼,身体状况与精神面貌都发生了积极变化。基于力量锻炼的切身体会和老年学会会长的责任使然,在济南市体育局的资助下,由我担任主编,学会内的几位专家任副主编,完成了书稿《中老年人需要适度力量锻炼》,该书由山东大学出版社于2023年5月出版发行。

山东大学哲学系77级的同学们,我们有幸同窗,当时大家风华正茂,勤奋学习,快乐生活,深入交流,结下了深厚情谊;毕业后虽各奔东西,但大家仍以各种形式互动,相互鼓励支持,也都获得了良好的发展,为社会进步作出了贡献。在今后的日子里,期望我们能够继续保持、巩固、发展同学友谊,携手并肩,健康、快乐、积极地走在人生第二春的大道上。最后,以我主持创作的歌曲《老年时光》中的一段歌词作为本文的结束语并与同学们共勉:“老年时光快乐安康,每一段人生都有美丽风光……老年时光老当益壮,不老的雄心还是那样滚烫,夕阳自有夕阳的光芒,依旧把一片天空照亮。”

2023年5月30日于济南

大学毕业四十年感想

沈秀敏　王平

今年是我们大学毕业40年，同学发起了写纪念文章的活动，感觉也是一种很有意义的事情。毕业40年，再回首大学生活，模糊了当时的一些人和事，强化了对大学经历的一些感想。

首先感慨我们赶上了改革开放的好年代，赶上了1977年的恢复高考。

我（注：沈秀敏，后同）是1972年初中毕业，当时青岛有个政策是，出生于1955年的学生不能就业，但可以上高中，毕业后直接考大学。当时和我同届的姐姐已分配进工厂做工，班主任老师就毫不犹豫地给我报了高中。高中两年也确实学到了知识，为我后来的高考奠定了基础。但是高中毕业后，并没有考大学的机会，而是要求知识青年上山下乡，我又毫不犹豫地来到了山东寿光农村，接受贫下中农的再教育。农村两年，接触了土地，接触了农活，经受了锻炼，入了党，丰富了我的人生阅历。后来，下乡知青开始回城就工，因为我是高中毕业生，分配时就被留在了当地的中学，在学校教务处工作，也兼着政治课和团的工作。再后来，知道了高考的消息，经过再三申请，校长请示县教育局，同意了我可以参加高考，但要求只能考文科，考师范院校。直到填报志愿时，学校领导说："你报个综合大学文科吧。"所以，我就在第一志愿填写了山大哲学系。其实当时很想报北京大学的图书馆系，但名额太少，怕录不上，没敢报。高考时，作文的题目是《难忘的一天》，我写的是参加毛主席逝世纪念大会的一天，应该是很切题的。当年的数学我考得应该也不错，这都得益于高中的学习。王平从小在乳山、鱼台等地读书，也是老师最喜爱的学生，学习成绩一直很好，虽然当时已经就业，在鱼台的一个乡镇干税务工作，但还是选择了考大学。

大学四年，我和王平同属二组，我们同桌吃饭，同组讨论，从相识、相知到相互有了好感，我喜欢他的爽朗与聪明，他喜欢我的随和与温雅，我们从同学关系、姐弟关系发展到恋人关系，毕业一年后结为连理。那时，总觉得谈恋爱是不务正业，所以也不好意思张扬，只是偶尔地看看电影，逛逛街，大明湖是我们常去的地方。

大学毕业时，我报了青岛的高校，王平为了离我近点，选择了潍坊。婚后，我们曾联系过青岛的高校，解决两地分居问题。但潍坊市最后以留住人才为由不发档案，我就只好从青岛又调到了潍坊，也算是与潍坊有缘吧。潍坊虽属中等城市，但生活方便，环境宽敞，气候舒适，居住宜人。

所以，回想起来，我们和大家一样，从内心感谢邓公，感谢恢复高考，感谢改革开放带给我们的命运改变。

第二感恩大学里结下的老师情和同学情。

大学四年，有 20 多位老师给我们授过课，涉及文史哲和一些自然科学学科。虽然老师们授课各有特点，但大都是省内各学科的顶尖人才，给我们传授的是他们对本学科知识的深入研究和理解，是他们思考问题的方法，是他们做学问的态度。这些东西是影响我们一生的，是我们后来学习和遵循的样板。记得在学校时曾与同学讨论大学毕业后的志向，那时感觉能到大学里当个讲师就是最高理想了。结果到我们毕业时，有较多的大学岗位，也让我实现了自己的理想。

毕业后，接触最多的是潍坊籍的臧乐源老师，他有时回来讲学，有时回来参加一些学术活动，每次会带给我们一些他的新作品，如报纸杂志上发的文章、新出的书等，我一直收藏着。有时去参加一些省里的学会活动，也能碰到老师参加。会议期间，可以聆听老师的报告和发言，可以与老师坐在一起吃饭聊天，继续聆听老师的教诲，感受老师的人格和魅力，充实着我们生活的精神粮仓。

老师们的榜样作用也让我在学校里能够认真教学，善待学生，成为受学生欢迎的老师。后来，我在学校的学科建设中，被推上了行政管理岗位，从人文社科学院到图书馆，再到外语系，无论在哪个岗位，都能够兢兢业业，尽力做好工作。这些都是与山大老师对我的影响分不开的。王平毕业来到潍坊，分配到了潍坊市委宣传部，后来调到潍坊艺术学校干校长，一干10年，再后来因学校合并到了潍坊学院。我们殊途同归，最后都在教育战线工作到退休，为潍坊的教育事业作出了贡献。

大学时班里有五十几名同学，年龄相差十几岁，就像一个家庭的兄弟姐妹，年长的同学关心和照顾着年小的同学，年小的同学信任和尊崇着年长的同学。同学之间在学习、生活等方面能够相互交流，相互提示，相互帮助，亲如家人。我们班曾获得过学校的先进集体。

毕业后，我们同学仍延续着这种宝贵关系，如尽可能地组织一些聚会。大学毕业11周年的聚会，我还带着我们的儿子，留下了与同学们的宝贵合影。感谢同学们把他称为山大哲学系77级正宗的后代。我们也曾经相约牟平，带着孩子与家人一起调研、游览，延续着我们的同学情。李芹女儿、毅平女儿小时候的可爱模样还依然清晰。

同学们也一直惦念着我们，来到潍坊总是找时间与我们见一见，或者到家里坐一坐，或者打个电话，有的同学还专程来看我们，都给我们带来了温暖和快乐。

我们也找同学帮忙解决过一些工作中的难题。所以说，四年大学生活结下的同学情是我们生活中的重要人力资源，使我们受益匪浅。在此，也要向一切关心和帮助过我们的老师和同学们表示衷心的感谢。

第三感谢我们生逢盛世，有一个安定富裕的晚年生活。

我们现在退休了，有足够的社会保障和时间，只要身体许可，可以干自己想干的事，可以弥补以前的一些缺失。我们常感叹，我们是有福之人，一定要知福惜福。我和王平现在过上了真正的二人世界生活，我们相依相伴，每天除了做各自喜欢做的事，还经常一起骑骑车，遛遛弯，吃个美食，看个光景，感觉生活很幸福。在此，也衷心希望我们的同学都能够开心快乐，健康长寿。希望在毕业50年、60年的时候，我们同学还能够相互交流，相互陪伴，把我们的同学情延续下去，延续得久一点，再久一点。

2022年12月于潍坊

感恩相遇，一九七七

——毕业四十周年杂忆

黄仕军

1977年，对于我们每一个同学来说，都是一种永远抹不掉的历史记忆。因为这一年国家高考招生的恢复，让我们这些已经步入社会多年的青年获得了一次择优录取、公平竞争的宝贵机会，能够考大学和上大学，使我们的人生平添了许多的感触，也有了更多的选择和希冀。

我是1973年1月高中毕业的，由于从初中到高中学习成绩一直都很好，是班级第一名，所以毕业时班主任老师特别找我散步谈心，说按过去的招生考试，我的成绩考大学肯定没有问题，但现在是推荐选拔，不一定会轮到我，嘱咐我一定不要忘记学习，将来有机会一定去考大学。事实上毕业后的几年内不但没能被推荐上大学，而且当时管区（人民公社下面的片区派驻机构）学点领导到村里指名要我去联办中学（初中）教学，由于大队支部里没有人，也被别人代替了，于是村里安排我当了一名小学老师。教了三年小学，1976年春才上调到联中。

至于如何得到的高考消息现在已经记不清了，反正在中学教书，学校有报纸，知道的应该不会很晚。但遗憾的是，当时社会上并没有现在这样重视高考、为高考让路的氛围，学校领导对你参加高考也不是很重视，没有给予必要的支持，只能是靠自己挤时间去复习。记得那段时间我们自己动手修缮教室，休息时间多看了一会儿书，没有及时出来干活，校领导就很不高兴马上过来喊你。不过，还是非常感谢这两年的教学经历，它为我考入山大插上了一双隐形的翅膀。因为那时我教初中语文，偶尔还替学点主任上政治课读读报纸上的时政要闻，所以语文知识和政治相对会更熟悉一些，据说当时的高考内容就是以初中为基础的。还有，当年我曾担任联中团支部书记，毛泽东主席逝世参与组织追悼会的一些情形也历历在目，作文《难忘的一天》选取9月9日毛主席逝世，写起来可谓得心应手。记得文章开头是这样写的："同志，记得你最难忘的是哪一天吗？你可能想到……然而对我来说，最难忘的一天莫过于9月9日毛泽东主席的逝世。"文中什么"大河呜咽，高山低泣""继承毛主席遗志，化悲痛为力量"等等，凡是报纸上见过或能想起的能表达悲痛和决心的内容基本上都用上了，就是现在看起来也还多少有点煽情。语文考试时，公社教育组组长巡考就站在我旁边看，考后到处说我的作文写得好，肯定能得高分。前些年听我弟弟说，有人接触过高考档案，说我是全县文科前三甲，此话真假与否没有深入求证，但是能入山大就学，成绩肯定也不会很差。之所以要报考文科，如上所述一是当时就教语文，复习起来比较顺手，二是我的语文课目初中高中成绩本来就好，每次作文老师评阅后都会作为范文在班里读，尤其是在高中阶段还得到语文老师的偏爱，那时提倡"兵教兵"，老师指导我备好课上讲台给全班同学讲解毛泽东诗词《七律·人民解放军占领南京》，还带领我采访写通讯报道，为县人民广播站投稿，这些都使我的语文水平得到很大提高。高考后的入学志愿，为了保险我是从专科填起的。那时觉得上个师专再当个公办教师能吃上国家粮就不错了，况且专科毕业工资定级每月能拿43.5元，与我们民办教师相比也是天壤之别(当时中学民办教师报酬每天记10分工，每月大概补助8元钱)，所以我的第一志愿报的是泰安师专，第二志愿是山东师范学院，第三志愿才是山东大学，没想到竟然被省内最高学府录取，毕业后又当了大学老师，这些都是始料未及的。

说到这里，有两个插曲不能不提一下。一个是当年我们常庄公社一共考上了5个大学生(其中两个为回乡插队青年)，我们山后那一片两个管理区近20个大队只有我一个，所以是一件很轰动的事情，以致有一天一辆不知哪来的吉普车停在我们学校门口，很多人以为是来接我上学的。还有一个就是大学毕业后当老师，庄里乡亲很不理解。有一次回家路上见到村委主任，问我现在干什么，我说当老师，他说上了大学不是当国家干部吗，怎么现在还是老师？没上大学时不就是老师吗？家里兄弟们对此也不以为然，因为大学老师无权无势，家里什么光也沾不上，一点用处也没有。不过这也没办法，考大学时就没想过要当官，觉得当个老师教学轻车熟路，还是挺好的。

下面简单说说上大学和大学毕业之后的事吧。

入学后，由于我缺乏远大的理想和目标，既不像有些同学一开始就奔着考研，也不像有些同学带着弄通马克思主义的理论渴求，更多的是满足于学好每一门课，能考个好成绩顺利毕业就行，所以在学习上不能说不勤奋，但也说不上十分刻苦，不过各门课的基本知识和马克思主义哲学的一些基本理论、基本观点掌握得还是比较扎实的。所以分配到山东矿业学院马列主义教研室之后，经过半年助课（一般是一年助课）一次试讲就顺利通过，单位领导当时也没有想到会讲得这么好。当年下半年开始独立讲授“马克思主义哲学”，72 学时的课程我从头到尾贯通到底，讲课也是比较受学生欢迎的。当然，这些都应当归功于母校和老师们四年的辛勤教育和培养。关于大学的学习生活，同学们已经回忆了很多，不再重复，我想最大的教益还是辩证唯物主义和历史唯物主义的学习培育了我们的科学世界观和方法论，它使我们终身受益。再有一点，由于没有考研的压力和得益于图书馆丰富的馆藏，在四年大学生活中阅读了大量中外小说，如《战争与和平》《安娜·卡列尼娜》《百万英镑》《欧也妮·葛朗台》《静静的顿河》等，这些虽然冲淡了对专业课程的深入钻研，但对于丰富自己的外国文学知识、提高文学欣赏能力还是有一些帮助的。毕业分配的时候，兰州大学哲学系好像向学校要人，党总支书记汤光森可能觉得我能做点学问曾动员我去，因为“新西兰”（新疆、西藏、甘肃兰州当时的简称）地区地理位置偏远、传说风沙很大，就没有去，刚好山东矿业学院（后来更名山东科技大学）有名额离家又近，于是就直接到矿院报到了，从那之后一直在科大工作直到退休。

我们学校原来在泰安，2004 年搬入青岛新校区，地址在青岛经济技术开发区（黄岛），现在叫青岛西海岸新区。在山东科技大学工作生活 40 年，大体可以分为两个阶段：2000 年前 18 年主要给大学生上政治课，讲授“马克思主义哲学”，宣传马列主义；后面到现在这 20 多年，主要从事高等教育理论与政策研究和编辑期刊。一生成果不多、成就不大，自认为做得有点价值和拿得出手的东西，一是主编的《山东科技大学学报（社会科学版）》自认为办得还不错。学报社科版 1999 年创刊，2000 年我就到编辑部负责。经过努力尽管办刊水平与期刊层次跟全国那些大刊名刊相比还有较大差距，但在高校文科学报界还是享有一定声誉，多次被评为“全国优秀文科学报”和“华东地区优秀期刊”“山东省优秀期刊”，是“人大复印报刊资料重要转载来源期刊”和“RCCSE 中国核心学术期刊”。学报在全国自然辩证法（科技哲学）界也有一定影响，我们的《科学·技术·工程跨学科研究》是全国文科学报研究会的“特色栏目”，很多著名专家学者如何祚庥、李醒民、刘大椿等都给我们撰过稿，该栏目文章经常被《新华文摘》和《人大复印报刊资料·科技哲学》全文转载。说到学报，不能不说说老师和同学们对我们办刊的支持和帮助。学报第一任主编周建发教授曾在咱们哲学系进修过，与谭鑫田老师关系较好，创办过程中曾得到谭老师的很多指导和帮助。另外臧乐源、谭鑫田、何中华等老师，周向军、刘敬鲁、唐少杰、张景芬、王毅平、李金蓉、袁玉骝等同学也都慷慨解囊不吝赐稿，这些都使我们学报增色不少。其次就是 2010 年以来参与了学校的文化建设，帮助学校总结提炼了“科大精神”“科大传统”“科大教风”和“科大学风”，使之与校风一起构成了一个系统、完整的校园文化体系。还有就是，在学校喜迎 70 周年校庆之际，受学校有关部门委托，主持编写了《砥砺前行七十年——山东科技大学校史（1951—2021）》，并由山东人民出版社出版发行。

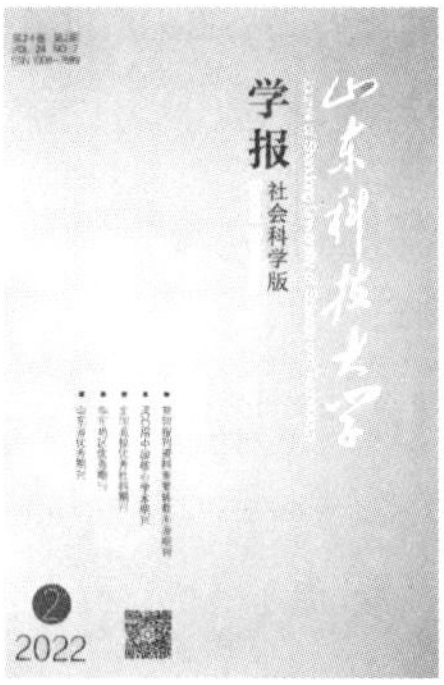

校史的编写是一个费力不讨好的事情，不仅大家的意见很难统一，众说纷纭，需要反复讨论反复修改，更重要的是，要从纷繁复杂的史料中梳理出学校的发展脉络，总结出学校的发展规律和办学启示，非常费脑费神，有时真是吃不好饭睡不好觉，真正体会到了“昨夜西风凋碧树。独上高楼，望尽天涯路”和“衣带

渐宽终不悔，为伊消得人憔悴”的滋味。不过，能够得到大家的信任为学校修史编志，也是一件非常荣幸的事情，吃点苦受点累也值得。通过反复思考，我把学校 70 年的历史凝练为四句话十六个字，即“两个源头，一条主线，三次融合，四个阶段”，发掘出“三个黄金时期”，总结出“五点办学启示”，力争通过校史的编写，使全校师生学史明理、学史增信、学史崇德、学史力行，发挥好资助育人的作用。校史的编写感慨良多，在校史出版发布会上，我曾以《咏科大史》为题赋诗直抒胸怀：

一本科大史，耗时整两年；
四编十五章，字数五十万。
两个源头起，一条主轴线；
三次大融合，四个时间段。
一路风和雨，奋进七十年；
自强不停息，谋求大发展。
决战新时代，挥写新史篇；
目标冲一流，指日可破关。

生活如歌，岁月如诗，人生中有许多美好的事情值得我们去回忆。我常想，在求学与职业成长的道路上，有几段阅历是值得我特别感恩的。一是两年的高中学习，尤其是语文老师的厚爱和提携，为我奠定了比较扎实的语言文字基础。二是两年的联中教学经历，无形中为我搭建了一座通过高考顺利进入山东大学的桥梁。三是，当然也是最重要的，1977 年的高考以及进入山大四年的哲学学习，因为这是我们这一批人命运的一次重大转折，从此改变了我们的人生轨迹，使我们的生命具有了新的高度和厚度。

1977 年的高考恢复是一个永远说不完、道不尽的话题。因为高考，我们走进了山东大学哲学系，又因为四年的大学生活，我们结识了那么多好的老师和好的同学，不仅收获了知识也收获了友谊，无论是求学期间还是工作之后的职业生涯中，大家都在关心你、爱护你、帮助你、支持你。尽管我们毕业后各奔天涯，但大家始终没有忘记你，一直在与你同行。不管是老师还是同学，他们到科大讲学或是指导工作，或是邀你相陪，或是到家中看看，让你倍觉温暖。臧乐源老师到科大作报告时曾到家中作客，席间还作诗相赠；王复三老师给科大干部培训班讲授马克思主义哲学史，于是很多人知道了我在上大学时还是青年黑格尔分子（自己心里清楚，什么青年黑格尔分子，不过是老师为学生宣传造势罢了)；有许多同学在我前行的道路上给予过各种各样的帮助，这些都使我永志不忘，在此也向你们致以诚挚的谢意！因此，在毕业40周年之际，我们感恩1977，就不仅仅是感恩与那个恢复高考的重大历史事件相遇，更重要的是感恩与哲学系相遇，与老师和同学们相遇。

最后，让我们永远记住这美好的相遇，长相忆，勿相忘。愿我们的友谊天长地久，祝大家的身体健健康康！

2022年5月21日于青岛

附录

关于《杂忆》的一点补充和说明

《杂忆》一文提交同学群后，群主晓武同学建议对校史的框架体系作些解释和说明作为附录，以便大家更好地了解山东科大，对科大也是一种宣传。考虑到前文有些话想说而没有说完，索性再写个补充和说明，大家如果有兴趣就看，没有兴趣就算。

文中说自己初中高中学习成绩一直很好，但这并不意味着掌握的知识就多，好与不好只是在班里比较而言。我们那个地方地处莱芜东北部山区(俗称莱芜边边上，与淄博搭界)，那时生活很贫穷，教育也很落后，村里没有固定的学堂，四年小学全是借用农户闲置的房子，黑屋子、土台子，还不断地换地方。小学上完四年级(初小)然后就爆发了“文革”，后来初中、高中就改成了两年制，所以满打满算总共上了8年学，所以到了大学以后，和多数同学相比顿时觉得很无知。那时的农村就是文化沙漠，根本没看过多少书，记忆中好像只读过《林海雪原》《苦菜花》三部曲和《金光大道》等有限的几本小说，所以到了大学见到外国文学才会一个劲地阅读。

说到人生理想和目标，由于生长在落后山区，一来贫穷落后限制了想象力，二来从根子上就具有一种小农意识，很容易自我满足。高考时觉得师专毕业当个公办老师就不错，上了大学觉得能顺利毕业就不错，到了工作单位觉得教个马列主义政治课，吃四年哲学专业的老本就够了，所以拼搏进取的精神一直不足，以至于在读了安徽大学哲学助教进修班后，有个老师动员我报考他的伦理学硕士研究生都没有去。当然，到了后来从事高教研究和学报社科版的编辑，便感觉到理论功底太浅、学术训练不足。

至于对生活的感恩，正像高考作文《难忘的一天》一样有很多。如果说，在人生的转折点上，最值得感恩的是1977年高考与四年的大学学习，那么在职业生涯的经历中，尤其感恩从教学转向学校高教研究所和学报编辑部任职的这15年。由于多次参与学校十年、五年发展规划的起草以及为迎接全国本科教学评估撰写办学特色报告，得以了解学校的发展历程和发展思路，也由于长期从事学报的编辑工作，编辑素养和能力也得到了显著提升。正是因为有了这些相遇，才奠定了参与学校文化建设和成功主编科大校史的扎实基础。

最后说说参与学校文化建设和编写校史的有关事情吧。

学校的文化建设启于2000年之后。山东科技大学成立后，校领导先是觉得学校应该有自己的校训，于是开始征集训词。我曾先后撰写过好几条，尽管都没有被采纳，但有两条还是发挥了一定的作用。一条是“必仁且智，拔新领异”。该条分别取自《春秋繁露》与《世说新语》，此条被刻于校庆55周年校友赠送的大鼎上，并立于学校泰山广场一侧，此即玉骝兄微信群中所指的巨石题词。一条是“能成其大”。此条主要取义于《道德经》“天下难事，必作于易……”与秦李斯《上书秦王》“太山不让土壤，故能成其大”之说，民国人士曾刻石于泰山南麓以示泰山包容万物、胸怀博大之气象。作为校训，则是用以盛赞山东科技大学历经沧桑、自强不息，由小到大、刚健有为的办学历史，和在新的起点上努力建设高水平科技大学、把学校做大做强的雄心壮志,激励全校师生涵养跬步千里、终成大事的精神气质。有两个校领导对此非常赞赏,觉得所有征稿就是这一条能使人眼前一亮,其中一人还鼓动我找个工匠把它刻在主教学楼前墨水河旁耸立的一块巨石上,使其造成既成事实,时间一长大家就认了。由于时任学校主要领导比较欣赏"创新",所以最终教代会通过的是"惟真求新"。关于"科大精神",我曾在《山东科大报》上写过一篇文章,提出山东科大有两种精神:一种是以创新创业为核心的奋发图强精神,一种是以爱校荣校为核心的敬业奉献精神。后来就是以这两种精神为基础形成了我们的科大精神"坚韧不拔,发奋图强"与科大传统"爱校奉献,敬业实干"。我们的科大教风是"尚德尚学,严谨严格",科大学风是"勤学笃行"。这些内容看起来似乎平淡无奇,但都是从煤炭院校的办学实际提炼出来的,突出强调了"严""实"和科大人锲而不舍、奋进图强的精神。

关于科大校史的源头问题一直有争论,1998 年的校史把 1956 年成立的济南煤校作为源头,2006 年的校史把 1951 年成立的淄博煤校作为源头。新编校史则提出"两个源头"说,把两所煤校都看作源头,但同时指出两个源头历史地位并不相同,其中济南煤校为正源。这样,就在正题、反题之后形成了一个合题,由肯定到否定,再到否定之否定,从而扬弃了前两本校史各自的片面性,既把校史推进到了 1951 年,又维护了济南煤校的正统地位,两全其美。"一条主线",即济南煤矿学校→山东煤矿学院→山东矿业学院→山东科技大学。"三次融合",是指淮南矿业学院撤销并入山东煤矿学院、泰安煤校与山东煤矿学院组建山东矿业学院以及山东煤炭教育学院与山东矿业学院合并组建山东科技大学。"四个时期",即"两源并立及融合时期""山东煤矿学院时期""山东矿业学院时期"和"山东科技大学时期"。以前的校史都以国家重大事件如"文革"时期、"改革开放"时期等来叙事,新校史则以学校自身发展的自然历史进程为依据来讲述。"三大黄金时期":一是 1963 年 8 月至"文革"爆发。这一时期,淮南矿业学院并入山东煤矿学院,学校实力大增,各项工作蓬勃发展,二是 1984 年至 1995 年。这一时期,学校开展全面改革,学科专业、科学研究、人才队伍建设等方面取得了令人瞩目的成绩,诞生了煤炭系统第一个学部委员(院士),获批了博士学位授予单位和部级重点学科,还有国家自然科学基金重点项目的突破等,这些都使学校走在了全国煤炭高校的前列。三是青岛校区建成搬迁之后的这十几年间,科大人乘合并组建和校区搬迁之东风,激情飞扬、高歌奋进,抓住机遇把学校做大变强,成为山东省"应用基础型特色名校"和"冲一流"高水平大学,走在了省属高校前列，这是学校历史上最好的一个时期。“五点办学启示”：一是唯有努力奋斗，才能创造美好未来；二是善于抓住机遇，才能更好更快地发展壮大自己；三是坚强有力的领导集体是学校实现跨越式发展的根本保证；四是高素质的人才队伍是建设“双一流”的强力支撑；五是先进的校园文化是推进学校持续发展的强大动力。

以上对学校历史发展脉络的基本把握以及对办学启示的总结，自我感觉还是比较满意的。本人以为，写校史就是为了让大家明理增信、崇德力行，这就要求史中首先要有理、有信、有德，这个“理”就是办学规律和办学启示，这个“信”就是信心和力量，这个“德”就是学校的优良传统和校风。编写的指导思想明确了，学校发展的历史线索和办学成就捋清楚了，办学经验和启示也就呼之欲出，这时心里才豁然开朗，突然有一种“众里寻他千百度，蓦然回首，那人却在灯火阑珊处”的感觉。当然，能够做到这些，一是奠基于40年来一直在山东科大工作，对学校有一种感情和责任，二是要归功于四年的哲学学习与思维训练，养成了善于高度概括的基本功，因为学哲学就是要把握住事物背后那些本质和规律性的东西。

最后还想说，写这些事完全不是为了标榜宣扬自己，因为班里同学做大学问、干大事的人多的是，与大家相比，不足挂齿。今天写出来，一是完成群主交代的作业，二是权作毕业40周年对班集体和母校的一次汇报。

再次谢谢山大，谢谢哲学，谢谢我们的班集体，也谢谢我们的山东科技大学！

学术追求和富民情怀是我的毕生志趣

李培林

我1972年秋从山东师范大学附属中学高中毕业。那时候正值“文革”期间。我是家中孩子中的“老末”，姐姐哥哥都下乡或当兵了，按规定我可以留城，但留下也没工作干，父母那时下放到聊城，怕我在社会上没人管学坏了，就托我们家邻居——师大的图书馆馆长照管我。那时候书都不开放，很多书被禁，但他是馆长，有权力，我就偷偷跟他借，他也网开一面，算是拯救青少年。每周换一大摞书，所以那一年我读了很多书。

那时读书还记了很多笔记，至今还保留着。我读得很杂，大都是文学作品。因为不知道要看的书的书名，就找一本中国文学史，一本外国文学史，按照人家在上面写的那些名著一本本看。印象比较深刻的有托尔斯泰的《安娜·卡列尼娜》、法捷耶夫的《毁灭》，雨果的《九三年》《巴黎圣母院》《悲惨世界》，巴尔扎克的《欧也妮·葛朗台》《高老头》《幻灭》等。那时候看这些书很入迷，因为故事性比较强，似乎徜徉在另外一个世界里。

另外看得比较多的是《鲁迅全集》。我父亲有一次生病，回来养病时看《鲁迅全集》，所以我也跟着一本一本地看。鲁迅写的有些文章有点半文半白，当时父亲觉得我看不懂，实际上看多了也看懂了，还很上瘾。鲁迅的作品，特别是他那种犀利的批判精神，对我影响很大，我高考的时候也曾特别想读文学。

到“文革”后期，我父亲官复原职。当时最大的一个印象就是摆脱了“黑七类”子弟的身份，恢复了正常人的地位。我高中毕业后在家待了一年，其间曾被借调到济南市历下区解放路街道办事处帮助工作，让我这个一直生活在“单位制”空间的人，有机会接触到“街居社会”。我的几个哥哥下乡几年就当兵去了，“文革”的时候当兵很热门，那时候觉得是很好的出路。到我们那一年，没有正常的招兵，好不容易来了一个，招的是消防兵。消防兵也是兵，所以我就报名去了。家里面那时候很不愿意，一个是觉得危险，另外觉得家里应该留一个孩子。但留在城市里面，那时也没有什么好工作，所以我就报名去当消防兵，被分配到山东济宁市消防队。

那时候觉得当消防兵也挺好。我哥哥他们当兵，说是坦克兵，实际上多数日常时间在种水稻。消防兵在城市里面，收入和军籍跟一般兵是一样的，但我们穿得好：普通士兵扎帆布腰带，穿两个口袋军装上衣，我们消防兵的士兵和军官一样，扎人造革的腰带，穿四个口袋军装上衣，头上戴的是国徽，不是五角星。因为消防兵体力消耗大，伙食也比较好，而且消防车需要随时能发动，冬天要保暖，所以我们住的是有暖气的楼房，这在当时是很罕见的。

我是 1973 年 12 月参军的，在消防队待了两三年，确实得到极大锻炼。因为我在中学的时候又高又瘦，也没劲儿，但是消防队需要很强的身体素质。有几个基本的训练：一个是要过障碍板。障碍板大概有两米半高，需要你在几米外助跑，助跑以后抓住障碍板上面一下子甩腿翻过去。一开始我这么大个，抓住板以后，翻都翻不上去，很难看。队里大部分都是农村兵，我们城市兵没人家身体好，但是又不能让人家看不起，就使劲地练。练到后来，我助跑后抓住那个板上沿，一个翻越就过去了。另一个是单杠。一开始拉三个引体向上就累死了，后来可以在上头做大循环，我自己都惊讶是怎么做到的。另外就是爬楼，它是用铁架子做的六层楼，一面用木板做了六层窗子。这边给你掐着秒表，两个人一组，我先用肩膀把伙伴托上去，然后他把我提上来，接着我再把他托上去，他再把我提上来，一直到六楼。到了上面以后，顺着安全绳，自己控制好，“哗”一下就下来了。我后来回家给我母亲炫耀说：“你看看，我现在多厉害！”结果把她吓坏了。

在消防队的时候，我们救过无数次火，有的时候一天就好几次。因为县一级没有消防队，所以我们要救整个济宁地区发生的火灾。我们住在二楼，半夜警报一响，从睡梦中惊醒，顺着房间里的滑竿就滑到下面一层的车库，穿上摆好的消防服，几分钟消防车就要开出去。这个过程平时经常练，是课程之一。实际上，就是两把大火改变了我的命运。

一把火是火柴厂大火。炸得整个厂房顶都翻了，幸好是在夜间，没有人在厂房里，没有死人。那时救火的水龙枪，只能打二三十米，拿水龙枪的消防员需要站得离火场很近，但那时候似乎没有"危险"概念，也不知害怕。幸亏带我们的那个队长比较有经验，不让我们太靠近，所以救火也没死人。

还有一把火是炼油厂大火。十几个油罐挨着，有一个油罐着火了。那时候消防队来了个新装备叫泡沫车，打出来的是二氧化碳泡沫。我们先用水龙给油罐壁降温，再用二氧化碳泡沫打上去把空气隔绝，熄灭以后也没有蔓延，保障了其他油罐安全。

这两次大火事件处理完了以后，省里说这是非常成功的案例，要编入成功案例教材。我那时候是高中文化，在消防队里就是文化水平高的了，加上那时我在消防队里已经负责工厂防火，整天骑个自行车到工厂检查防火，就让我写这两个案例。全省 10 个案例，我们占两个。

写完案例以后我就带着材料到省里去汇报，然后一遍遍地修改。案例修改其实我很快就弄完了，但是那些人有一套管理体制，副科长看了科长看，上面还有人继续看。我弄了两天就有点不耐烦了，闯进处长办公室说："我都写好了，不能老让我待着。"处长说："那你留下稿子我看看吧。"看完以后他改了几处，就画圈了。因为处长已经批示了，所以别人都不敢动了，就说："那行，你回去吧。"其他人还在那修改，我就回去了。回去以后他们一想这小子不错，两个案例这么快就弄完了。过了大概没几个月，就说把这个小伙子调上来帮助工作。这样我就借调到省公安厅去了，但人事关系转到济南的武警。

借调的好处就是有了时间，我可以天天晚上骑自行车回家了，得到高考消息以后有时间复习。我哥哥姐姐和我一块考，他们都是"老高三""老高二"，基础好，随便复习复习就考了。我们初中、高中少上两年学，课程也不系统。那时候没有补习班，就是把中学的数学、英语等课本拿出来，在家里自己背。相对来说，我们比在外头人家当兵的、下乡的还是要好多了。下乡的有一些人请病假回来复习，有一些想回来也不行，根本来不及复习，甚至找不到复习材料。

高考现在看来还是一个改变命运的、当时最好的出路。1977 年，停止高考后积累了 10 年的考生，在同一个平台上竞争，570 万考生只录取了 27.8 万人。考上的是一条路，没考上的是另一条路，"77 级、78 级"成为一个时代的符号。

我没敢报太好的学校，觉得能上个山大已经很不错了。我最早想选文学，但是担心分不够，文学那时候好像是最热的。所以我报了好几个文科的系，哲学、经济、历史,这个不行就那一个呗,考理工科那时觉得复习来不及。

我和姐姐、哥哥同时考上大学,我姐姐是老高三的,但那时候刚生了孩子,我们家本来不想让她考,她自己非要报,也考上了。我俩报的都是山大文科,学校说我俩不能在一个系,给两个系选,一个经济系,一个哲学系。我爸爸就说,好像没听说过有什么女哲学家,就让我去学哲学。那时候哲学倒是比经济学火,《哲学研究》一篇文章了不得,全国人民都知道了。

当时大家确实都觉得上学的机会来之不易,整个77级、78级的学习气氛很好,大家从来没想过玩,下棋、打牌几乎都没有!一直学到晚上10点、11点,周末也不休息,大家还是很拼的。我那时候是班里的学习委员,但大学四年几乎一半精力放在学英语上了。大学期间,我们都有个小本本记英语单词,每天给自己规定必须记住多少个单词,忘了再重复弄,下了很大的功夫。我当时自学的水平已经比学校的要求高很多,大学四年级就开始看英语小说了。那时候就有这个念头,觉得特别想读书,要把英语学好了,要考研究生,要出国去读。1978年就开始恢复招研究生了。我们77级的有的上一年大学就直接考研究生了。那时候考研究生其实关键的就是外语,外语能过关,就比较容易考上研究生。1982年毕业后,我考取出国留学生,到北京语言学院集中学法语。

1983年6月,我去了法国。暑假时先在波尔多继续学了三个月法语,然后就分到各个学校去了。当时国内已经轰轰烈烈地搞改革了,不断有人给我们传来一些消息,感觉国内日新月异。到选专业的时候,我觉得社会学是从哲学里分出去的,但比哲学好读多了,也比较实用,就转了专业。那个时候改革开放,有往实务上转的趋向，大家内心都觉得要干点实事，所以多数人从理论往应用方面转专业，我的留法同学也有的从研究艺术史转去学导演，也很有成就。

我们拿的奖学金是法国政府出一半，中国政府出一半，记得最初是每月2000多法郎，比法国自己的全额奖学金要低一些。学理工的很多在实验室工作，导师还另给一份津贴。学文科的都没有，要改善生活的话，大家要利用假期和课余打工。一开始大家最常想到的就是去中餐馆刷盘子，于是我们一块去应聘，其他几个选上了，我落选了，老板觉得我个头大，笨手笨脚的，干活不像利索的人，担心我把盘子给摔了。

我同学的老师认识塞纳河游船的老板，就介绍我们去游船上收票。他们要求收票的会好几种语言，我们会英语、法语还有中文，也还行。因为有很多人从东南亚、新加坡、日本来，老板觉得都是亚洲人，语言相近，所以比较喜欢用我们亚洲留学生。再就是老板喜欢用北欧的学生，北欧的学生通常都会五六种语言。

我一周有两个晚上去打工，从下午5点多钟一直干到晚上大概11点。那时候觉得国外打工挣钱容易，国内工资很低，在那里一天的工资就相当于国内好几个月的工资。实际上奖学金给的钱生活基本上够了，但如果想旅游，想买个高级相机，还是需要打工。第一年打工挣的钱，我暑假一下花光了。那一笔打工的钱，我和朋友们暑期游了13个国家。我们可能属于第一批在国外旅游的中国大陆学生，到哪里人家都把我们当成日本人。

我在法国的学习还比较顺利，那时中国学生可能是最拼命学习的，1987年底我就拿到了博士学位，是比较早的。国内那时改革开放搞得轰轰烈烈，我们这代人心灵都受到很大触动，1988年我下决心回国了。

回国以后，我不愿意去大学。我们家到我爷爷辈，几辈人在农村教私塾。父亲很长时间也在学校工作。我看过很多知名大学教授被批判的场景，心理上留有阴影，就很想改变一下，去个研究机构专门做研究。这时有人给我介绍了中国社会科学院社会学研究所的著名农村问题专家陆学艺，他当时是副所长，传闻很快要当所长，在积极招兵买马。他说在中国做学问中国社会科学院就是最好的地方，我觉得也是，就答应了，这样我就进了中国社会科学院社会学研究所。在所里大家都叫陆学艺为老陆，我也跟着这样叫。

老陆当时还在山东陵县挂职当县委副书记。他原来是搞哲学的，但是在大学时就喜欢搞农村调查。老陆当时在全院都挺有名，大家都知道哲学所有这么一个人，整天在下头搞农村调查，发表了一些引起注意甚至争议的农村调查文章。他是比较早进行“包产到户”“包干到户”调查的，那时这问题还争议很大，但他一直呼吁为“包产到户”正名。早在1983年他就游说院里，要建一个农村长期调查点。请示到院长马洪那里，院长批示说，咱们社科院要搞的话要得到中央相关机构的支持。领导批示传到中央农村政策研究室那里，研究室认为陵县有特点。山东陵县搞了农业联产承包责任制以后，农民有了种植的选择自由，以前全都“以粮为纲”，必须种粮食，现在可以种别的了。陵县过去是古黄河泛区，土壤含碱性比较大，种粮食产量很低，现在他们改种棉花。两年之内，棉花丰收了，这一个县的棉产量占了当时全国棉花产量的大概十分之一。不得了！这一下子成为轰动性的消息，杜润生认为这说明改革开放政策正确，让农民有了选择自由，一下子改变了这个地方，所以中央农村研究室选了这个点作为调查观察点，由中国社会科学院负责。

我去了以后，一开始和他的想法有点冲突。我那时刚回国，急着想发表点东西，但是那时也不清楚发表途径，就想找个突破口，结果碰上在法国就有联系的《读书》编辑。那时候《读书》杂志在国内知识界特别火，赵一凡在《读书》上开了个专栏“哈佛读书札记”，影响挺大。编辑就让我也仿照开了专栏，叫“巴黎读书札记”，一口气大概发了有六七篇吧，通过这个渠道与知识界不少人熟悉了。但老陆说：“你这样搞学问不行，我引进你是希望你参与农村调查。”我当时思想上有抵触，因为我从小没在农村生活过，不熟悉。他说“那你得锻炼”，让我马上就下去。正好那时候社科院也没给我房子，他说：“陵县有房子，你就住那里去吧。”

我在陵县住了将近一年。他让我带领一个调查组，主要是一批新进所的研究人员，有七八个人，但这些人学术取向不一样，在陵县也待不住，调查一段时间就回北京了，就我自己在那儿了。老陆给我一个任务：把这一个县像解剖麻雀一样全部搞清楚。他说我弄清一个县的运转就知道国家的运转了。这与老一辈社会学家以村为单位进行社区调查的思路不同，村落调查更多的是弄清很多人不熟悉的乡土社会的内部关系，而县域调查更多涉及很多人知道但并不深知的国家与社会的关系。调查的条件当时算很好了：调查点有十几间平房，有个存了很多调查报告的资料室，每年有约四万元的经费，那时候算是很多了，调查点还有一部下乡的破面包车，一个村一个村地跑，一个局一个局地跑。经过一年，我跑遍了约三分之一的乡村，50多个县局也都熟悉了，详细了解了基层统计数据的统计口径以及怎么汇总上来的，真实不真实。

这一年农村蹲点调查应该说对我锻炼很大，刺激也很大。一开始心里很纠结，觉得很多调查是浪费时间，在陵县的生活与在巴黎的生活反差也很大。那时候农村，包括县城，都没暖气，冬天靠烧煤炉子取暖，晚上要封炉子。封炉子是个技术活：把煤面儿弄湿了，糊在炉火上，然后用铁钎子插一个眼，第二天起来它正好还燃着。若煤面层太薄了、孔插大了，次日煤就烧没了；若煤面层太厚了、孔插小了，火就憋死了。我就经常把炉子憋死。憋死以后，第二天生炉子麻烦了：先要用报纸点着，加木头烧，然后放煤……满屋子全是烟，熏得睁不开眼。

吃饭倒没问题，不用自己做饭。县委招待所有人每天给你准备，而且有的时候县领导要表示对你的关心，还陪你吃顿饭。好处是就我一个人，很清净，一大排平房有十几间，还有乒乓球室、资料室。过一段时间就有人来，跟着我一块调查，再过一个月调查结束又都走了。

那时候很多人认为我们这些国外回来的不懂国情，所以我还是下了很大功夫进行深入调查。陵县调查让我终身受用，自此去农村调查从不说外行话，算是补了接地气的一课。（陵县调查培养了农村研究的基本功，下图是 2004 年在西南农村调查）

基于在陵县的调查研究，我写了两篇文章。一篇是《评价农民生活水平的综合指标体系及其应用》，发表在《社会学研究》1990 年第 2 期。那时候农民的收入统计还很不规范，因为农民收益的很大一部分是实物，用市场价还是计划价计算差异很大，我就从口粮、收入、消费结构、食品结构、营养水平等几个方面对农民生活实际水平进行综合估计，在那时候还是让人耳目一新的。另一篇是《我国县社会的职业群体结构》，发表在《管理世界》1990 年第 2 期，代表着我的一种新的学术生涯的开始。

有时人生也靠机遇，我的一篇文章《另一只看不见的手：社会结构转型》，发表在《中国社会科学》1992 年第 5 期，并被列为头篇文章，影响挺大。1995 年，这篇文章获得“全国首届青年优秀社会科学成果奖”一等奖，全国就评了三个一等奖：经济学获奖的是刘伟的《所有权的经济性质、形式及权能结构》，法学获奖的是徐显明的《生存权论》，社会学就是我。因为全国的一等奖很少，从此在学界有了点小名气。刚回国那个时候虽然很艰苦，但是说句实话挺兴奋的，就觉得中国是一艘破浪的巨轮，每一天好像都有新的太阳。

邓小平南方讲话之后，我和老陆两个人，从老陆的家乡无锡出发，在浙江调查了将近一个月，沿杭州、萧山、绍兴、宁波、台州、温州、丽水、金华……转了一大圈做调研。那时候确实是这个感觉：地方上真是活力无限，当然原始积累的过程也很艰辛。浙江有的村都拆电机挣钱，家家户户门口废电机零件堆积如山，就是把收购来的废电机可以卖钱的不同部分分拆开来；还有的村家家户户做皮鞋，自己家人住在楼房二、三层，一层就是厂房。当时吉利汽车的老板刚开始在台州路桥生产摩托车，他之前干过照相、在废物里提炼银、冰箱零部件制作等，转到做摩托车后快速扩张，我那时很难想到这泥腿企业能发展到今天的模样。

我们爬格子的打工族，磨的是时间。闲在家里的时候，我翻译了孟德拉斯的《农民的终结》。2003 年“非典”时期，我基于在广州“城中村”的调查写了一本《村落的终结》，费孝通先生还为这本书题写了书名。

岁月如梭，我们 77、78 级这一代人，现在多数都已过上颐养天年的退休生活。但干我们这一行的，学术追求和富民情怀又是毕生志趣，难以割舍。如果说我们这一代学者还有什么学术责任和社会责任的话，那就是让年轻一代尽早走上舞台，展示他们的才华，让我国仍普遍处于低收入状态广大农民家庭逐步富裕起来，跟上现代化的时代步伐。

记忆中的大学食堂

李金蓉

有幸成为77级的一名大学生，四年的大学生活有许多值得回忆的东西，其中就包括学校食堂。食堂是除了教室、宿舍以外我们进出最多的地方，特别是在那个年代，食堂实在是承载了太多的东西，它不仅仅是一日三餐的去处，也是学生社会活动的一个重要场所。在有关食堂的记忆片段中，还可以寻觅到时代变迁的痕迹。

我印象最深的就是小组打饭、女生窗口、拉票竞选。

记得入校很长一段时间里，山大新校只有一个学生食堂。学生花多少钱用于吃饭、吃什么饭、怎样买饭，个人都无权选择。吃饭的标准是国家根据不同地区的分类统一规定的，而食堂里供应的饭菜和打饭的方式也别无二致。

众所周知，20世纪70年代末80年代初，我国仍然处于计划经济的票证时代，对于大学生来说，最重要的票证是粮票、饭票。大学生每月的粮食定量大约是30斤，还有10多元钱的伙食费。这样的待遇在当时的条件下，是很不错的。经过多年的"文革"动乱，突然之间有了上大学的机会，不仅无须缴纳学费，吃饭问题也不用自己操心。家庭经济困难的同学，学校还给予不同额度的补助。像我这样来自农村的同学基本都有份儿。我们对国家的关照由衷地感激。当然，由于饭菜油水少，副食也不多，就饭菜质量与数量相比，后者也许更受重视。当时，济南各院校的学生们私下里有一个传说，说是山大食堂的饭菜最实惠。

除了伙食标准的统一，大学一年级的时候，打饭的方式也是一样的。小组既

是学习的单位，也是生活的单位，每个小组都有两个饭盆，一个是用来盛放主食的，一个是用来盛菜的。食堂窗口只向小组集体发放饭菜，不面对个体学生，且大家吃的是一样的饭菜，只有一种情况是例外的，那就是生病的时候。当时校方有规定，如果哪位同学生病了，生活委员就可以向食堂方面报告申请病号饭，得到特殊关照。既然是小组买饭，那么固定的小组饭桌就是必需的，这可是我们那个年代的大学生所享有的特权。学校按照不同的系分区，系里又按照班级、小组分配饭桌。每个小组都安排了值日表，下课后值日生要早早地去食堂排队打饭，公平地分配饭菜。另外，早点排上队，还可以为大家领到较实惠的饭菜，创造点意外的福利。吃饭的时候，小组围站在一起，边吃边聊，很是温馨。饭后，自己清洗餐具，然后规矩地摆放在桌子上，值日生要负责把饭桌擦干净。

小组制吃饭大约持续了一年，后来变为个人买饭，食堂的饭菜花样逐渐多了起来。个人有了一定的挑选余地，烦恼也随之而来。下课以后，大家争先恐后地奔向食堂，食堂大厅很快就变成了一个“竞争”的场所，特别是受欢迎的包子、饺子之类的窗口，不挤出一身汗很难买到，女同学经常知难而退。即便是在普通窗口，也不轻松，大家你推我拥，菜汤洒到身上并不稀奇。这种情况下，不愉快的事情也就时有发生，最为严重的一次是发生在外系的男生之间。好像是晚饭时间，先是两个男生之间的争吵，接着就是两个系男生之间的群体冲突，吓得我们赶紧跑出食堂。当然，这种冲突也仅此一次，在学校的干预下，影响很快就消除了。

面对食堂的混乱局面，学校采取了一系列措施。例如，凡是有饺子供应的时候，就专门为女生开一个窗口，男同学自然不好意思抢占，女同学也没有违反规定为男同学代买的。为了维持秩序，学生会开始组织成员轮流值班、监督排队。在井然有序的队伍中，还可见到不少同学拿着小本本背单词。学校后勤部门又开了夜宵店,同学们下了晚自习,可以买到热腾腾的饭菜。同时,学校周围的小店也逐渐多了起来。随着副食品的逐渐增多,很多同学的粮票都有剩余,节余的粮票在市场上可以当钱用。

食堂也是一个集体展示的地方。上课的时候,不同的班级特别是各系之间的同学联系不多。在食堂里,大家互相观察与评价,特别是外系那些有特点的同学,无论是长相还是行为方面,都可能成为宿舍里的谈资。记得当时外系有一个男生因为老是习惯近距离地盯着女生的脸看,没少挨骂。后来听他们班级的女生说,其实那个男生老实厚道,人不错,只是因为高度近视,才引起大家的误解。为此,我们还真有些内疚。

食堂还是社会活动的场所。刚入校时,校学生会组织成员的产生是按照班级再到系为单位逐级推选出来的,后来据说是可以打破这个模式,公开竞选产生。于是,食堂大厅内外就出现了各种形式的竞选活动,有的在食堂必经之路的台阶上演讲,有的在食堂大厅里演讲,非常热闹。印象最深的是一天中午,我们正要离开的时候,突然被剧烈的饭盒敲击声吸引,抬眼望去,一位外系的男生正站在饭桌上,手舞足蹈地高声演讲着,至于他都说了些什么,我们压根儿就没听见。不过大家都知道的一点就是,他在为争取进入学生会努力,至于是否如愿以偿,不得而知。

总之,食堂里不仅有喧闹、拥挤、冲突,也有温馨、乐趣、友谊。这就是我们的大学食堂。

我的山大哲学之路及其影响

刘敬鲁

进入山大哲学系学习，是我人生的一大荣幸和一个重要转折点。山大哲学系的纯正精神特质和深厚学术积淀，大大开阔了我的心灵视野，培养了我不断追问哲学问题的努力精神，真正开启了我的哲学人生。

大学之前的哲学兴趣

我出生在山东费县方城公社朱岭庄村。先说一下我的名字。在我接到山东大学录取通知书后，到村大队部办理户口迁移手续时，发现姓名处写的是刘敬儒，但上面用钢笔划掉了，在旁边写着刘敬鲁。当时，我没有问过我爸，什么时间改的这个名字，为什么要这么改。估计应该是在我上小学之前的那些年改的，可能他觉得“儒”这一字不太合乎形势发展要求。

1963年，我八岁，先在村里念小学到四年级，然后到三里路之外的石灰埠完小念五年级。1971年2月到1973年2月，我在离家八九里路远的费县第五中学上高中，当时是“文革”时期，学制两年。正是这期间政治课的哲学学习，不仅使我增加了新的知识，而且使我产生了对哲学的兴趣。

那时候，我觉得物理学有点机械，化学需要具体操作，都不太好学，而政治课、数学、语文有意思，所以学得相对较好。

数学是我最喜爱的课程之一。数学老师赵庆贞把课讲得妙趣横生，引人入胜。他经常引用古诗词。例如，当一种数学解题方法行不通时他会说："此路不通，是不是就无路可走了呢？不！山重水复疑无路，柳暗花明又一村。"如此具有吸引力的讲授使我对数学入迷，成绩在班上名列前茅。一次数学课，是半个小时的小测验时间，我迟到了约 15 分钟，三道题答了一道半，但都答对了。当时全班 50 人，只有两个人全答对，赵老师把我算作半个全对，并幽默地说："这次测验成绩全班有两个半'布尔什维克'，刘敬鲁是那半个。"

我在语文课上用的时间不是太多，成绩不算突出，一般考试都是 80 多分。但是有一次，语文老师王光金看到我的一篇作文词汇比较丰富，在卷面上先打了 87 分，之后又改成 90 分，从此引起他的重视。在一次学校安排的示范讲课中，他讲完一篇新课文后提了一个关于主题的问题，点名让坐在第一排的我来回答，我回答得很简单，也就一两句话，他说对，就是这样。自此之后，我慢慢地也对语文产生了兴趣。

使我萌发哲学兴趣的课程是政治课。任课老师范友岚主要是讲《实践论》和《矛盾论》的内容，他讲课的最大特点是举很多例子，把哲学观点谈论得非常生动有趣。记得他在讲普遍联系的观点时，除了借助天文学、物理学的知识外，还举了一个笑话式的例子："你说万事万物都是相互联系的，那请问，住在山下的老大爷留着长胡子，他的长胡子和上山半路上旁边的一块大石头有什么联系呢？答曰：'有一天，老大爷上山砍柴，走到那个地方时，一不小心摔倒了，他的长胡子实实在在地碰到了那块石头上。'"这个例子当然无法表明事物之间的普遍联系，却使得我们全班同学哈哈大笑，留下了深刻印象。对我来说，哲学实在太有意思了。

顺便说一句，由于我高中学习比较用功，表现突出，上述三门课取得优良成绩，使我得到了包括学校教导主任张冠甲在内的多位老师的肯定和赞赏。记得有一学期刚开学，我和另一位同学到数学老师那里去拜访，当时恰巧教导主任、政治老师、语文老师都在那里聚会。张冠甲主任曾经做过我初中时期的语文老师，经常把我叫作"刘敬山东"，这次还是如此，而且说起我的学习来，他概括了一句"刘敬鲁是个小天才"。他的这一高度赞赏，至今使我记忆犹新。

1973 年 1 月高中毕业后到 1975 年 8 月，我主要在村试验队劳动，并担任会计。出于对知识的渴望，我在这段时间还是想方设法学习，除了时时做一些数学题和练习作文之外，还经常到我们村小学一位老师家里看《人民日报》《光明日报》等报纸(报纸是订给村小学的,邮递员先送到他那里)。特别值得一提的是,我忘记了从村里谁家借到了马克思的《共产党宣言》、列宁的《国家与革命》,我当时很认真地全部通读了它们,感觉很深刻,是一种全新的思想境界。

1975 年上半年,经过召开全村五个生产队社员代表大会讨论和以生产队为单位进行表决,推荐我上"大学",结果是被公社确定为到中专层次的学校——费县师范学校学习,并且是"社来社去"。我虽然很不情愿,但想到上学毕竟比不上好,所以从 1975 年 9 月至 1977 年 6 月,去学习了近两年,在这期间,我得到了具有初步系统意义的教育。第二学年,学校实行文理分班,在我的执意坚持下,去了文科班,主要是学习中文和政治。中文课包括古代文选,由王复伦老师授课,他讲课丰富深入,让我收获很大。政治课除了学习马克思主义哲学基本观点外,主要是以比较系统理论化的方式学习《矛盾论》《实践论》。在这段时间,我阅读了《马克思恩格斯选集》的哲学名篇,也翻阅过《资本论》第一卷。有一次,我写了一篇关于马克思的阶级斗争和暴力革命思想的心得体会,在班上组织的学习讨论课上发言,同学们感觉很有新意,连连称赞。

师范学习时期,对我后来的人生成长影响最大的,是讲授政治课的张元宾老师,他的人格魅力和知识学养令我十分敬佩,他讲课娴熟,很有理论深度。尤其是,他看到我学习很用功,就特别关心和提携我,想把我留校当老师,改变我的"社来社去"身份。有一次,全县初中老师在暑假进行政治课集中培训,总共安排四次讲课,他坚持让还是学生的我讲了一次,其他三次课是他和另外两位老师讲的。另外,我正是从他那里得知山东大学是全省的最高学府,是全国重点大学。师范毕业后,我被分配到本公社义山联中当老师,但不属于公办编制。

回顾这些经历,可以说,中学时期萌发的哲学兴趣与师范时期对马克思主义哲学的初步学习,是恢复高考后我选择学习哲学的决定性原因。

考上山大哲学系

1977 年国家恢复高考具有划时代的意义。我因为当时已经教书,一开始并不打算报考,但由于热烈的社会氛围的催动,以及想到自己还不是公办老师,最后还是决定报考。校长考虑到我有较多课程任务,给我一周时间进行复习准备。考试结果出来后,有人看到县里张榜公布名次,我是全县文科第三名,据说,全临沂地区，我是文科 20 多名，这着实令我感到兴奋。回想起来，应是我在师范时期受到的初步教育，才使我考出这样的成绩。

记得是公社教育组组长寻京典老师到我家告知考试名次，并帮助完成填写大学志愿表的。当时，我自己不清楚这样的高考结果能上什么学校，只是根据自己的感觉和已经形成的兴趣，第一志愿填的是山东大学哲学系，第二志愿是山东师范学院政治系，第三志愿是临沂师范专科学校政治系。十分幸运，我的第一志愿成为现实。录取通知书也是教育组组长专门送到我家的。

一个农村出生的孩子，能在十年“文革”结束后的第一年考上大学，而且是全国重点大学和山东省最高学府，真是一件大喜事，可谓轰动四邻八方。从村里到公社，到整个县和周围的一些县，都知道朱岭庄刘家考上了一名大学生。我们村里人更是热情赞扬，几乎天天都有人到我家贺喜，村干部们更是三天两头到我家聚会祝贺(因为我父亲是村干部)。

快到了学校报到日期，因为是第一次出远门，而且这件事又这么重大，我和父母亲商量，决定提前一天出发。当时在县上工作的我姑父说不用提前，按录取通知书上的报到日期就可，但我没有听他的话。我除了带上行李和一些食品外，还从他那里借了《马克思恩格斯选集》四卷，从兖州乘火车，在太阳将要落山的时候到达济南火车站。结果在出站口转了两圈，没有看到学校有人接站。这时，看到有一个学生也背着行李，上前一问，他是菏泽地区的，考上的是山大中文系，也是提前一天出发。我们俩在站前的大街上寻找去山东大学的汽车站牌，转了好几个来回也没有找到。这时，天已经黑了下来。我们问了几个拉三轮车的，都说太远，天黑，不去那里。最后，那位菏泽同学决定到车站候车室的连椅上凑合一晚。我因感觉那里会经常有民警检查，可能被赶来赶去，就自己叫了一辆三轮车，到了大约有两站路远的一个旅馆住下，第二天一大早赶到火车站出口前，等了一会儿，山大的接站车就到了。

山大哲学培养和青年黑格尔派

到大城市生活和学习，于我是一种全新的经历，做人做事都是如此。

在学习方面，山大哲学系的完整课程体系和老师们的深入浅出、富有启发的讲解，使我初步把握了哲学的各门学科，包括“辩证唯物主义和历史唯物主义”“马克思主义哲学史和原著”“中国哲学史”“欧洲哲学史”“伦理学”“美学”“自然辩证法”“周易”等课程，了解到哲学智慧的深邃和包罗万象。

同样重要的是在人生品格上的进步。我不仅自觉不自觉地从同学们的优秀素质那里学到了很多，而且从老师们对教学工作的认真态度和高度负责精神那里获得极大教益。透过老师们的精彩讲课可以想见，他们对教学工作都极其认真，兢兢业业，力求把他们所掌握的知识精华和理论成果全都传授给我们，这使得我对他们肃然起敬。记得王复三老师讲了一学期的马哲史课，花费大量时间和精力准备课程，讲得非常充分和深入，也非常辛苦和疲劳。当我和班上几个同学在教室里问他下学期是否还接着讲马哲史的剩余时段时，他说不讲了，实在太累了。他的这种辛勤劳动和认真负责的园丁精神，使大家深为感动。

在学习哲学的过程中，我逐步感觉到阅读哲学原著对于培养哲学思维的重要性，用了较多时间尽可能多地去阅读，包括北京大学哲学系编译的欧洲哲学主要内容系列读本，还有德国古典哲学的一些原著等。这可能影响了我的考试成绩(各门课优良各半)。当然，回想起来，我的复习考试方法也过于机械，主要是硬背每一门教材的内容。夏季期末的一天，我在离宿舍不远的学校大操场南侧路边大杨树底下复习中国哲学史的考试，这时王国庆同学路过，问我是怎样复习的。他问了一个问题，我就开始背教材上的内容，他说我这样复习太笨太累了，然后用自己的话语简明流利地回答了那个问题，他的灵活学习方法令我赞叹不已。

说到考试，最让我难忘的是哲学原理课考试。记得考试本来应从 8 点到 11 点，结果是多数同学按时交卷，而我还有几个同学好像是一直写到 12 点多。当时是主讲老师许学圣监考，到规定时间时，他没有要求和催促大家交卷。我是因为前面的概念题写得太多，结果后面的大题时间不够了，才一直拖延到最后，尽可能答得完整。我那次考试得了 90 分，心想也许是许老师觉得我的卷面写得太辛苦，才给了我这个分数。记得在我们组的宿舍里，伊戈扬学兄知道我考了这个分数时，说我会考试，既不多，也不少，整 90 分，优秀。

对于后来我的哲学思考之路影响最大的，是我逐渐形成了对欧洲哲学史特别是德国古典哲学辩证法的爱好。我阅读了黑格尔的《小逻辑》《法哲学》《哲学史讲演录》等著作。黑格尔的思想太抽象，我有太多的地方弄不懂，也是硬着头皮看下去，尽管如此，在思考辩证法方面还是有很多收获。巧合的是，黄仕军、徐向红、王志功等同学也对黑格尔哲学有浓厚兴趣，我们经常一起讨论相关问题，有时候也会辩论得非常热烈，这无意中形成了一种非自觉的黑格尔哲学学习团组，周向军同学(一开始他也经常参加)幽默地把我们称为"青年黑格尔派"。我自认为这是一种很高的赞赏，一种自豪感油然而生。

除此之外，我也读了不少文学作品，包括国外的雨果、巴尔扎克、哈代、奥斯汀和国内风靡一时的刘心武等作家的小说，以及山大中文系萧涤非教授对李白和杜甫的评判文章等。有一次，矫学柏学兄把图书馆新进的雨果的四卷本《悲惨世界》借到手，我排上号，等他看完后我第一个接着看，集中时间，几天就看完了，感觉雨果的小说思想深刻，情节跌宕起伏，语言生动优美，让人爱不释手。

回头来看，山大哲学系所给予我的这种哲学机遇和优秀培养，真正奠定了我后来一直从事哲学工作的基础，成为我踏上哲学之路的实质开端。从 1990 年到 1996 年，从硕士到博士，我选择的论文方向都是德国哲学，之后也是在哲学领域的交叉学科——经济哲学和管理哲学领域进行探索。

胜利油田实习报告

1981 年 11 月，班上分三个组到外地毕业实习。我在胜利油田实习组，这个组的领队是西敬亭老师，组长是李晓群学兄。到达胜利油田后，接待单位对油田开发建设情况作了介绍，并带领我们进行了实地参观考察。之后，小组全体会议商议撰写胜利油田实习报告事宜。说到谁来主笔这一问题，我建议由伊戈扬学兄来承担，因为我和他是同一个小组，住一个宿舍，知道他思想活跃，而且有很好的文学功底和才华，以往我也曾经几次建议他毕业后从事文学创作（在去胜利油田的火车上，我还再次和他说起），但他坚持要我主笔。最后，小组确定由我来主笔，并成立了写作组：我、伊戈扬、黄仕军、王平。实习报告的写作在参考并部分采纳了其他同学的意见建议后，最终由我花费了几天时间完成，其间油田方面安排的聚餐，我因怕影响写作进度没有参加。报告落款我没有注明我是主笔，而是把写作组成员一并列为执笔人。

记得实习报告的内容是关于“胜利油田开发实践的认识论和辩证法”，报告的题目也大致如此。内容有地层结构的凹凸状况与是否存在石油之间的辩证关系，对油田开采实践规律的认识从不完整到不断完整的提升过程等。当时自己对报告比较满意，认为写得比较深入、充实和生动。在小组全体会上，我把整个稿子念了一遍，大家认为可以，没有提出大的修改意见。回到学校后，由李晓群学兄代表实习组在全班实习汇报会议上宣读了这份报告，之后交到了哲学系。

这时已临近毕业，此前我报考了本校哲学系的硕士研究生，没有成功，正在等待分配。当时，国家提供的工作岗位稍稍多于毕业生数量，学生可以在限定范围内作出选择。我当时有一个观念，是思想家比政治家对世界的影响更大，所以决定选择高校，而重点大学只有山东大学和兰州大学，其他是省内或外省的二类院校。由于没有条件留校，所以在和有着同样想法的王志功多次商量后，两人决定去有 3 个分配名额的兰州大学工作。

毕业离校之前，因为忙碌，实习报告的事情已经淡出我的脑海。一些同学到老师们家里话别，据到过系副主任、教马哲史课的王复三老师家里的同学说，王老师谈起胜利油田实习报告，说写得不错，有才华，问是谁主笔写的，当得知是我时，他说很惋惜以往不了解我。

兰州大学：寻求出国研修哲学和报考研究生

1982 年春节刚过，我就奔赴兰州了，一直到 1990 年 8 月，我在兰州大学工作八年半之久，我后来经常开玩笑地说这是“八年抗战”。这段时间，国家对外开放步伐加快，出国留学迅速升温。我也被这种氛围感染，投入大量时间学习英语，考过托福和当时国家统一出国英语考试 EPT。也许是方法不当，英语听力一直提高较慢，没有达到一听就全懂的程度。通过了 EPT 后，我有两次出国机会，但没有选择接受。第一次，教育部给兰州大学的出国指标是保加利亚，中级访问学者，研究方向是在经济学领域，因为当时保加利亚正在进行经济体制改革。我觉得自己学的是哲学，去研究经济问题实在是太偏了，而且我认为，留学研修哲学还是去美国或英国。尽管师资科很希望我去，我还是决定放弃。第二次是可以去埃及的机会，由于我执着于赴英美进修哲学的想法，也由于当时埃及以及周边经常有冲突事件，形势不太安全，所以也放弃了。回想起来，这两次实际上都是很好的机会，很值得去尝试，因为它们肯定会更早地开阔我的思维视野，增加我对不同社会制度和文化观念的理解，开启我新的成长历程。而如果去了保加利亚研究它的经济体制改革，回国后也可能会使我改变对哲学的偏爱，走上研究我国经济改革和发展的务实道路。

报考研究生继续学习深造，是我在兰州大学工作后期的一个努力方向。大学毕业后的三五年，我根本不打算报考研究生，因为我有一个看法，就是大学学历对于教学和科研已经足够了，以后可以靠自己学习成长，李泽厚等著名哲学家大多是大学毕业，都成就巨大。

观念随着人生的进展而改变。由于寻求出国进修哲学未能成功，而随着波澜壮阔的改革开放和现代化进程的加快，西部地区的发展明显落后于东部地区，作为甘肃省会的兰州，在经济文化方面与北京、上海等城市的差距也逐渐加大。就兰州大学来说，当时它的理科特别是有机化学、现代物理学、生物学等专业处于全国前列，而文科整体相对较弱，哲学也大体如此。这些因素促使我最终决定报考北京著名高校的研究生。1986 年，我报考了北京大学哲学系外国哲学专业，成绩接近过线，通知我可以上哲学研究生班，但需要自己联系在京工作单位，毕业后才能留京。我因感觉到北京联系工作比较麻烦，便没有接受。

在兰州大学期间，我也开始了独立进行哲学探索的过程。受到国内关于人性和人的本质问题的大讨论的影响，我写了一篇《论人的自然性和社会性的关系》论文，一万多字，寄到《中国社会科学》杂志，未被采用。后来，在读了威廉·詹姆士的《实用主义》之后，感觉他的观点基本能够成立，并不像国内研究者批判的那样，认为他的观点是主观主义或唯心主义，由此写了一篇《威廉·詹姆士的实用主义》，肯定和论证了他关于思想观点是否正确在于它是否能够取得实用成功这一根本观点。论文送到《兰州大学学报（社会科学版）》，经由上海方面的专家评审，认为论文观点新颖，国内还没有这样的探讨，在该学报 1990 年第 2 期发表。

1990 年，我报考了中国人民大学哲学系的研究生，这次获得录取，使我有了继续深造的良好机会。

中国人民大学：哲学事业的拓展

在 1993 年获得硕士学位、1996 年获得博士学位后，我留校工作。在中国人民大学，我继续致力于哲学事业，开拓了新的领域，取得了新的成绩。

一是继续进行哲学学术探索。除了继续研究海德格尔思想以外，也开始探讨社会现实生活的哲学问题。1998～1999 年，获中国—欧盟高等教育项目资助，赴英国做访问学者，研究欧盟的决策体制。之后，对经济和管理的哲学问题展开研究，近年来聚焦于当代国家治理的价值理论和价值实践。先后获得教育部人文社会科学项目“经济哲学的一般问题研究”，北京市社会科学重点项目“我国经济制度的正义完善研究”，国家社会科学基金一般项目“管理哲学的主要问题研究”、重点项目“西方管理哲学思想史”等。出版了《海德格尔人学思想研究》《现代管理重大问题哲学研究》《价值视野下的国家治理》《我国经济制度的正义完善研究》等学术著作，翻译了管理哲学创始人奥利弗·谢尔登的《管理哲学》（商务印书馆出版），在《新华文摘》《哲学研究》《哲学动态》《世界哲学》《人民日报》《光明日报》《中国人民大学学报》《复旦学报》《学术月刊》等重点刊物上发表论文 80 余篇。

二是作为学术带头人，从 2005 年开始，带领团队创立全国第一个管理哲学二级学科和专业博士点，长期担任教研室和中国人民大学管理哲学研究中心主任，搭建第一个全国管理哲学创新论坛，推动人才培养和科学研究取得重要进展，在这一新兴学科的发展中发挥了领军作用。从 2006 年开始，教研室招收管理哲学博士生和硕士生，到目前为止，已经招收和毕业 100 多人。

三是教书育人，致力于教学改进和人才塑造，培养硕士和博士 60 余名。在教学方面，我对自己的要求是，务必坚持认真的教学态度，自觉改进教学方式，不断更新教学内容。同时，在教材建设方面取得突破，出版了《经济哲学导论》、《经济哲学》(教育部“十一五”国家级规划教材)、《西方管理哲学》(北京市高等教育精品教材)，它们对于全国相关高校的经济哲学和管理哲学教学起到了基础作用，产生了重要影响。以 2008 年出版的《经济哲学》为例，这是一部学术性的教材，建构了几个原创性的内容，对国内相同方向的教学和研究起到重要促进作用。在 2012 年 8 月全国应用哲学学会举办的会议上，我的《论麦金太尔对管理的有效性主张的批判》的发言，受到学会会长和一些听众的高度评价，一位中年教师在提问题时顺便说，我的《经济哲学》对他启发很大，开阔了他的研究思路和视野。

回顾以往，可以毫不夸张地说，我的哲学探索之路，是山大哲学系对我的优秀培育开启的。能够长期执着于这条路，离不开山大哲学系的丰富思想滋养，离不开我们班集体所铸就的奋斗上进、团结友谊和强大激励，离不开同学们的长期关心、支持和帮助。

2022 年 6 月 6 日初稿

2023 年 5 月 29 日定稿

我考上了山东大学

张立勇

母亲养育了我，母校培育了我。每每看到母校的一草一木，当年考入山东大学的各种场景就会不断地在脑海里涌现。

那是一个风很大浪也很大的夜晚，我正和青岛海洋捕捞公司 247 号船的船员同事在南海海域捕鱼作业，大约夜里 10 点，船长把我叫过去，递给我一封电报，电文是："你公司张立勇同志被山东大学哲学系录取，请于 3 月 1 日前报到。"看完电文，我呆坐在甲板上。这些日子我整夜整夜睡不着觉，一直在期待着这份录取通知书。时间一天一天逼近大学开学的日子，但在远洋作业，无法与岸上联系，什么消息都没有，由希望到失望，最后要绝望的时候，突然传来了红色电波——我考上了山东大学！我想哭，我想笑，完全是一副范进中举的模样。我想吼，我想叫："让暴风雨来得更猛烈些吧！"

我 1955 年 10 月出生于山东省荣成市人和镇东刘家疃村，这是一个半农半渔的小村落。高中毕业后，我回村务农，还担任了村团支部书记。第二年，也就是 1974 年 1 月，光荣地加入了中国共产党，并当选为村党支部书记。70 年代农村还很落后，而且我们村子又小又穷，我的首要任务是领着全村父老乡亲种地捕鱼，让大家有饭吃。那时的农村党支部书记和现在不一样，我就是带着大伙干活的普通劳动力。我做了三年的村支部书记，每年参加劳动不少于 300 天，挑过大粪，扛过盐包，推过装载上千斤石头的独轮车，什么脏活累活都干过。

因为父亲的原因，1976年底，我成为青岛海洋捕捞公司捕鱼船上的一个小伙计，常年在东海南海的公海海域捕鱼作业，出海一次25天左右。刚上船的时候，晕船晕得厉害，吃什么吐什么，吐完还必须继续吃，不然就没东西可吐了。自己的肠胃整日都在晃来晃去，一连就是20多天，痛苦至极。当时能摆脱这种痛苦的唯一办法，就是跳到海里去。肉体的痛苦还在其次，更为痛苦的还是精神层面的，一出海，我们就几乎与世隔绝，唯一同陆地保持联系的是一台收发报机。船上整日整夜处在颠簸状态，你躺在床铺上，一个浪扑来人就被打坐起来了，书是根本看不成的。每次船收港有两天两晚停泊时间，这对我来说是最为宝贵的了，我除了干活外都用来看书，两个晚上都不睡觉，等船起航了我再补觉。

那是个令人难忘的晚上，船将要返上海港。靠近近海，船长室里的收音机可以收到陆地的信号了，船长一高兴，就把船上的喇叭打开了，和我们共享收音机收到的播报信息。这时，我突然听到一条关于恢复高考制度、可以通过考试上大学的信息。我开始没大在意，后来越想越兴奋，想自己是不是也可以去报名参加考试。当时还想，哪怕考不上也没关系，先去参加考试摸摸底，今年不行明年再考。正高兴时，又突然懊丧起来，因为我们的船员是一个萝卜一个坑，船收上海港，根本没有人能替换我，下不了船，一切都白搭，因为再出海，又是近一个月，考试早结束了。正在难受的时候，船长突然宣布，接到公司的通知我们的船改收青岛港。我一下子跳了起来，真是天助我也！船收港后，我找到中队的指导员，我记得他姓高，是个很阳光很爽朗的同志，我恳切地向他请求给我个机会，批准我下船准备参加考试，他痛快地答应了，我至今对他都非常感恩。我又请船上的王知恩师傅下船帮我找了中学的语文、历史、地理、数学等方面的复习资料，然后找了一间小屋子，买了一箱饼干，住下来复习。这时离考试只剩下不到半个月的时间了。我自认为政治、语文问题不大，一是基础还可以，二是经常参加公社的会议，相对比较熟悉，历史、地理靠死记硬背问题也不大，只是数学不行。拿起高中的数学书根本就看不懂，全忘光了，只好先看初中数学，再看高中数学。我们77级是考试前报志愿，那时又是学哲学用哲学热的时期，我想就报哲学吧。当时特别想去北大读书，但是又怕考不上，想还是保险一点，报了山东大学哲学系，却又不甘心，第二志愿报的是北大哲学系，后来想想也挺好笑的。

当时在青岛，除了几个船员师傅，我没有一个亲人，父亲也离开青岛回家乡工作了。考试前一天，我专门乘车去熟悉考点，以免耽误第二天的考试。上午考完一门，中午在路边买个火烧吃了，下午再考。政治、语文、历史、地理自己觉得考得都可以，特别是语文考试，作文题是《难忘的一天》，我把听到粉碎“四人帮”的广播和我捕鱼的场景结合起来，当广播里传来粉碎“四人帮”的消息，不仅全体船员兴高采烈，而且正是渔船上网的时候，一网鱼撒到甲板上，鱼蹦虾跳，船员忙碌地收鱼装箱，一幅丰收欢乐的景象。因为我描写的场面是别人写不出来的，估计应该得高分。只是数学考得很糟糕，很多题都不会，估计得不了多少分，直到现在我都不知道当年自己考了多少分。

考完试后我又上船出海了。出去近一个月回来，公司通知我去参加体检。这时我高兴得不行，通知体检说明分数过关了，政治审查肯定也没问题，所以觉得自己希望很大了。体检完毕又上船出海了。这是我最后一次出海，在船上收到了录取通知。当时我们的船还在远洋作业，无法返航，正好附近有一条准备返上海港的渔船，公司通知我乘那条船回上海港。因为浪很大，两个船靠近不了，大伙就用我们船的大吊钩把我吊到那条船上，然后把我的五件行李也吊过去。到上海港口，自己雇了一辆三轮车，背着五件行李到上海火车站乘车去济南。到济南站后，把行李存放在车站寄存处，又坐车到青岛公司总部办理入学手续。之后返回济南取回行李，就到山东大学报到，第二天就正式开学了，也就从此认识了一起相处四年的各位亲爱的学兄学弟学姐学妹。

当我走在校园两旁都是梧桐树的路上，自己的两只脚踏在土上、石上、水泥

地上,我感到是那样的踏实幸福。有一天夜里,我从睡梦中突然醒来,感觉船怎么不动了,是收港了吗?又醒醒后才想起来,自己是睡在学校的学生宿舍里。入学的第二天,我给家里写了一封信,告诉爸爸妈妈、弟弟妹妹,我已经是山东大学哲学系的一名大学生了。爸爸妈妈回信说,当时收到山东大学的来信,感到很奇怪,我们家没有山东大学的亲戚啊!

现在回忆这些,都还历历在目。是邓小平同志高瞻远瞩恢复高考的重大决策,让我们这些普通的工人、农民、知识分子,和像我一样的渔民有了平等进入大学的机会,从此改变了我们的人生命运。感谢这个伟大的时代,感谢母校的培养教育,也感谢同学们老师们多年来对我的关心和帮助!

2022 年 12 月 15 日于河南郑州

似水流年
——学涯职涯六十年掠影

傅有德

我是1963年下半年报名上小学的。学校就在我的家乡郎家庄，名曰“益都县张孟公社郎家小学”，是当时全公社最好的“中心完小”。

小学的前三年可谓一帆风顺。语文和算术考试每次都是满分，常常受到老师的表扬，还被评为“红旗手”。一年级下半年开始担任班长，三年级时还被选为全校少年先锋队大队委员（学习委员），臂章上有三道红杠。这些头衔给少不更事的我平添了些许荣誉感。

1966年“文革”开始时，我刚上四年级，赶上了停课闹革命。我停课近半年后，学校要求复课。语文课又恢复了，但课程内容成了《毛主席语录》《毛主席诗词》和英雄人物报道。代数、几何也讲了一些，但老师没有系统教，学生也没有认真学；后来在“联中”（联办中学）阶段开设了物理课，讲的是柴油内燃机原理。简单说，从1967年至1970年，我所在的小学和联中虽然恢复了教学秩序，但老师和学生都不在状态，故而所学甚少。那几年，由于功课无关紧要，我便趁机读了一些闲书，《三国演义》《水浒传》《西游记》《封神演义》《林海雪原》《保卫延安》等几十本古典与现代小说，都是在那个时期读的。

1971年早春，我升入高中，成了张孟中学四级一班的一员。高中期间，我一直担任副班长。在那个年代，我们这一级高中生算是比较幸运的，虽然时而被派去学校试验田参加劳动，也轮流干些磷肥制作等体力活，但没有像后来几级学生那样长期在农田干活，几至荒废了学业。教我们语文的汲宗增老师严肃认真，不仅系统地讲授了汉语语法，还详细讲解每篇课文。从他那里，我学会了汉语的“主谓宾定状补”，而且直到现在还能背诵课文中鲁迅的诗、《触龙说赵太后》等古文片段。教政治的任才老师很善于讲课，除了讲党史，还让我们大致了解了《实践论》《矛盾论》，记住了马克思、黑格尔、费尔巴哈的名字。我后来报考哲学系，和任老师的讲课是有关系的。总体而言，因为时代的局限，也因为没有高考的压力和动力，高中期间所学的知识缺乏应有的系统性和深度，但还是有一些收获，不能说完全虚度了两年的光阴。

我是1973年1月高中毕业的。毕业后没有回村，而是直接被选入了公社的毛泽东思想文艺宣传队。我从小爱好文娱活动，从小学到高中都是学校的文艺骨干。我在公社文艺宣传队整整一年的时间。1974年初，我所在的宣传队以亦工亦农身份整体转入公社农机具制修厂，我先在磷肥车间工作大半年，后干翻砂一年多，最后两年在厂部办公室做政工员，负责全厂的宣传工作。在车间时，工作虽然辛苦，但和工友们同吃同住同劳动，业余时间谈古论今，好不畅快。到厂部后，写报道、办壁报、写大字标语、办土广播，接待来访领导，虽然忙碌，但心少挂碍，和同事相处得又好，心境也颇为自得。现在回想起来，在农机厂工作的那四年，是我一生中最无忧无虑无压力的惬意时光。

1977年10月的某天，我从收音机里听到了恢复高考的消息，在征得厂领导同意后，便投入了紧张的备考。起初，我曾想报考理科，但由于初中和高中阶段都没有系统地学过物理学，在犹豫了数天后决定报文科。文科考生除了考语文、数学、政治外，还要考史地(历史和地理)，而史地我压根就没有学过，连教材也没有。于是，就从朋友那里借来历史和地理课本自学，“临阵磨枪”吧。高考考场设在益都二中，离家十五里。考试那两天(12月9日至10日)，我是和同伴一起骑自行车去考场的。高考的作文题目是《难忘的一天》，我记叙的是在翻砂车间的一次劳动经历。那天开火浇铸一个大型部件，工友们既兴奋又紧张地忙碌着，炉火通红，铁花飞溅，中间出现了火警，但最终化险为夷，顺利地完成了任务。

1978年春节前夕的某天，厂传达室的老师傅告诉我，他刚接到了县教育局的电话，让我去领通知书。我马上骑上自行车，在下班前赶到了县教育局，领到了山东大学的录取通知书。高考前，我报了三个志愿，其中第一个就是山东大学哲学系。考上了大学，而且志愿遂心，自然喜不自胜。入学前，许多同事表示祝贺，送我笔记本、毛巾之类的礼物，笔记本真不少，大学四年都没有用完。

1978年春节后的正月十六，空中飞舞着雪花，我带着行李，告别了欢送的亲友，登上了去济南的火车。下午到达济南站，然后乘坐学校接新生的大卡车来到山东大学新校（现在的中心校区）。在文史楼北侧的路边上，哲学系党总支郑仲孝副书记等接待了我，报名注册后被送到了六号宿舍楼。从此，山大成了我的家，济南成了我的第二故乡。

在过去的40多年里，最令人怀念的是1978～1982年初的本科阶段。同班的有57位同学，其中包括班长李宏祥等10多位老大哥同学，他们属于“老三届”，比我年长七八岁，个个都有丰富的经历和不同凡响的人生故事。大学期间，他们离开妻子儿女，在学校刻苦读书，专心致志地学习，颇为不易。我所在的第三组有10位同学。组长袁玉骝来自单县农村，当过多年大队支书，他知识面广，才思敏捷，常有高论和惊人之举。副组长魏金陵性格温良，下过乡、当过兵、进过厂，见多识广，业余喜爱军事，常看常讲《舰船知识》。李培林是班里的学习委员，身着消防兵制服，帅气十足，人极聪明，又非常刻苦，还是学校篮球队的队员。于炳贵是“老三届”，上大学前已经是临清县委党校的副校长了，理论素养好，思维条理，又颇健谈，我有不少哲学知识是从他那里学来的。刘兴章来自黄县，上山大前就受过专科教育，学养不一般，而且热心为同学服务，是全班的义务理发员，大学四年都是他为我理发的。吴溪清来自济南，是典型的大帅哥，特别喜爱唐诗宋词，经常听他谈论李白、杜甫、王安石、三苏和李清照，大学中后期，他是班里的体育委员。刘仲明是山大坐地户，父亲是校图书馆的馆长，他是“文革”前的初中毕业生，性格温和，平易近人，还领我到他家玩过，他老家北京，说的普通话带有浓郁的京味。我们组有两位女同学，分别是来自济南的庄超英和来自荣成的李金蓉。超英同学稳重大方，头脑清晰，说话含蓄得体，俨然大家闺秀，大学中后期她被选为副班长。金蓉同学是我们团小组的组长，她看上去多少有点腼腆，给人秀外慧中的感觉，说话家乡口音较重，轻声慢语，听起来像是柔美的歌声。还必须提到的是张立勇同学。他不属于我们第三组，但他“寄居”在三组的男生宿舍两年左右，与他交往之多不亚于同组的同学。立勇上大学前在渔船上做过大副，性格大胆泼辣，有很强的决断力和毅力，至今我还清楚地记得他为参加全校的演讲比赛，反复修改讲稿并认真演练的情景。

行文至此，全班每个人的音容笑貌相继呈现在脑海里，活灵活现，可亲可爱。遥想当年，同学们个个英姿勃发，充满了青春活力；个个才华出众，无愧为“时代骄子”。整个班级，可谓群英荟萃，置身其中，是何等有幸啊！那时，我和同学们一起早起跑步，在食堂共餐，在文史楼三层以及后来的公教楼305教室听课，在文史楼东侧的小树林复习功课，下午常常在文史楼北侧的小操场（现在是公园）或靠近校园北门的大操场打篮球。当然，印象最深的还是同学们争分夺秒、刻苦学习的拼搏劲头。在晚上静谧的教室里，在暗淡的路灯下，在炎热夏天的树荫里，在冰冷严冬的走廊中，随时可以看到有的同学在捧读书刊，有的在背诵英语单词，有的在听《英语900句》……虽然可以说，在过去几十年中，我都是比较勤奋的，可最用功最刻苦的岁月莫过于大学本科那四年。

大学毕业后，我考取了山大西方哲学史专业的研究生，三年后获得硕士学位，并于1984年12月留校任教。后来，又在职申请了北京大学的博士学位。我有机会先后在爱尔兰都柏林三一学院、英国牛津大学希伯来研究中心、伦敦犹太学院、伦敦大学以及美国、以色列、意大利、德国、加拿大、澳大利亚的多所高校学习或做访问学者，还到访过埃及的开罗大学和拉丁美洲的智利大学。海外经历开拓了我的学术视野，改变着我的研究方向，推进了我的研究广度和深度。

大致说来，在学术研究上，我做了两件事。一是加深了对西方近代哲学的认知，代表作是《巴克莱哲学研究》，这本书曾经被全国外国哲学学会理事长陈修斋先生誉为“敢于和西方一流学者相抗衡的力作”。二是参与开创了当代中国的犹太学研究，代表性成果是《汉译犹太文化名著丛书》《犹太哲学史》《犹太哲学与宗教研究》《他山之石：犹太之于中国》等著作，创办了全国唯一的犹太学刊物《犹太研究》，并一直担任主编。这些成果获得了多项教育部和省级优秀成果奖，也获得了包括长江学者特聘教授、泰山学者特聘教授、山东省教学名师、山东省高校十大师德标兵、山东省人文社会科学突出贡献奖在内的诸多称号和荣誉。

在学术组织和管理方面，我创办了山东大学犹太文化研究所，并一直担任该研究所(2004年成为教育部人文社会科学重点研究基地)的主任。我是(独立建制的)山大哲学系的"末代"主任(1998～1999年)和哲学与社会发展学院的首任院长(1999～2006年)。任院长期间，新建了宗教学和社会工作(高鉴国负责)两个本科专业，获得了除中国哲学之外哲学学科的所有博士点和一级学科硕士点。我曾任新山大第一届校学术委员会的副主任、人文学部学术委员会主任(2000～2005年)，还长期兼任教育部哲学教学指导委员会的委员、副主任委员(至2018年)，国家社科基金评审委员(2013年至今)，山东省哲学学会会长(1998年至今)，中国宗教学会副会长(2011年至今)，是《中国大百科全书·宗教学卷》副主编，《哲学研究》等多家学术期刊的编委。《光明日报》《山东画报》和以色列的《耶路撒冷邮报》、美国的《高等教育周报》，英国的《犹太周报》、BBC，澳大利亚、加拿大国家电台等国内外多家媒体对我做过专访或报道。

俱往矣！回忆起来，不由得感念求学时代的诸多恩师。小学老师王月菊是我的启蒙老师，是她的教导给我打下汉语基础，还唤起了我的人生梦想。高中老师汲宗增教学一丝不苟，举止端庄文雅，让我看到了知识人应有的样子。研究生导师谭鑫田不仅教我如何做研究，还无声地为我树立了做人的榜样。此外，在大学时期，李武林、臧乐源、樊瑞平、许学圣、周立升、王复三、于惠棠等老师的授课和教学风格也给我以深刻印象，潜移默化地影响了我的学术和人生。

大半生过去了，真是似水流年。难忘少年求学时，难忘在工厂的青葱岁月，更难忘改变命运的1977年高考和随后的大学生涯。思念同学，感恩师长，感恩山大，更感恩改革开放的伟大时代。

初稿草成于2023兔年春节前夕，时值首阳(初次感染新冠)

修改定稿于同年5月底二阳之际

校报和我的心灵踪迹

傅有德

纪念大学毕业40年之际，往事萦绕，感慨良多，与《山东大学报》的渊源就是一种挥之不去的情愫。2021年3月，我曾应校报之约，撰写并发表了一篇文章，今天读来仍倍觉亲切。现转录如下，一抒情怀。

前几天，《山东大学报》发来邀请函，邀我为其90周年生日撰文，以示纪念。一纸邀请，勾起了我对往事的绵绵回忆，其中包括了我与校报的缘分。

迄今，我在山东大学已经度过了43个春秋。在这期间，或主动投稿，或被约稿，我在校报先后发表过一些短文。回想起来，这几篇短文还真可以约略呈现过去40多年间我的心路历程。

1980年元旦，《山东大学报》发表了我的小文章《要把法制和道德教育结合起来》。这是我平生第一次正式发表的文字，之前不论是做学生还是当工人，我都写过不少的发言稿、新闻报道、墙报稿，油印过不少材料，可把自己写的稿子印成铅字，这还是“开天辟地头一回”。当时，虽然没有喜形于色，但心里还是有点小激动的。

要把法制和道德教育结合起来

我在文章中说，要实现“四个现代化”，中国必须加强社会主义法制建设（那时还不提“法治”）。但是，仅仅靠法制是不够的，必须把法制建设和道德教育结合起来，二者互为补充，才能维护安定团结的局面，保持良好的社会秩序。怎样把法制建设和道德教育结合起来呢？我认为应该做好三个方面的工作。首先，要从少年儿童的启蒙教育入手，教导孩子们什么是善恶、美丑、是非，应该爱什么，恨什么；其次，要充分利用各种宣传媒体，大张旗鼓地宣传新道德、新风尚，大力表扬好人好事，管控不良的电影、戏曲和其他文艺作品；最后，对于犯罪青年除了给予应有的惩罚，不要忘记对他们进行共产主义道德教育，使之知道应该做什么，怎样做好什么，防止未来再次走上犯罪道路。现在看来，40 年前的这篇小文无疑属于浅陋的“小儿科”，文字表达也明显带有那个时代的印记。但是，这确是一个大二学生的真情告白。

我出生于 20 世纪 50 年代，经历过“文革”，高中毕业工作 5 年后才考入了大学。中小学教育残缺不全，但从小就喊着“翻身牢记共产党，幸福不忘毛主席”“站在家门口，看到天安门”之类的口号。长期的教育和熏陶，培养了我和我的同代人共有的强烈的爱党爱国之心。大学期间，“振兴中华”“为中华崛起而读书”是校园中的主旋律，满腔的爱国热情激励着我们的生活，成为我们刻苦学习、奋力拼搏的无穷动力。十一届三中全会以后，经济建设已经成为中心任务，加强法制建设也提到中央的议事日程上来了。当时，社会上出现了许多乱象，“道德滑坡”初现端倪，对此我看在眼里，急在心中，于是就写了上面说到的小文章。今天再读该文，仍然可以感受到其中蕴含着的拳拳爱国心和家国情怀。

如果说 20 世纪 80 年代我的内心可以用“胸怀祖国”来表示，那么，90 年代以来的我，则演变为以“放眼世界”为主调了。我于 80 年代末 90 年代初两度赴英伦诸岛求学，先是在都柏林三一学院研习巴克莱哲学，后在牛津和伦敦大学学习犹太宗教与哲学。再后来，又数次赴英国、美国、以色列、加拿大、澳大利亚、意大利、德国等欧美高校做访问学者或客座教授，甚至还到过遥远的非洲（埃及大学）和拉丁美洲（智利大学）。在近 30 年的时间里，我几乎每年都有机会出国访学或开会，出访的时间或数月或数周不等。而且因为工作的需要，即便在国内，读书、教学、写作的内容也都是关于外国的。随着身体走出国门，心灵也向世界敞开了。这种“放眼世界”的经历和内在心境的变化，在《山东大学报》中也有所披露。

话说 2004 年元旦（又是元旦！），校报刊载了我的一篇文章，题目是《第 21 届世界哲学大会及其动向》。那届世界哲学大会是 2003 年 8 月在土耳其的伊斯坦布尔召开的。我作为正式代表参加了该会，并在一个分会场做了题为“Body and Soul：A Comparative Study”（身体与灵魂：一项比较研究）的发言。校报上我的文章介绍了大会的概况和哈贝马斯、辛格等哲学大家的全会演讲，以及一些分会研讨的内容。因为所学专业的缘故，我还用较多的文字特别介绍了以色列和巴勒斯坦哲学家以“巴以冲突：哲学对话”为主题的两场报告会。关于世界哲学发展的动向，我提出了两点感受。第一，纯粹哲学相对冷清，政治哲学、宗教哲学、伦理学、文化哲学、科学哲学等应用哲学学科空前繁荣。第二，中国哲学尤其是儒家哲学日益受到世界的重视。后来的世界哲学发展表明，我的这两点动向观察是符合实际的。参加此次世界哲学大会，对我而言，除了学术上的收获，更具有走出国门、放眼世界的象征意义。

近10年，我在从事犹太哲学与宗教的教学与研究的同时，逐渐产生了一些新的想法，这就是对人本身的思考。毫无疑问，我是一个中国人，有一颗中国心。同时，我又属于世界，理应成为世界公民。但是，现实中的人都处在一个个民族或国家里，没有一个世界共同体可供“世界公民”附丽。再往深处想，不论是国人还是世界公民，每一个人都首先必须是人。何以成为人？当然要知道“人是谁”。于是，我们又回到了苏格拉底“认识你自己”。认识自己，未必要从外在的自然或社会开始，而应该回到人自身。“万物皆备于我”啊！“我”，作为人生活在这个世界上，是因为“我”具有人所共有的人性，如物欲、情感、理智、意志、审美、信仰，诸如此类。人生在世，就是要把如此这般的人性活出来，岂有他哉？碰巧，2013年初夏，《山东大学报》的主编邀我为那届毕业生写一篇寄语，我便婉转地把上述想法表达出来。在那篇《人生如戏，戏如人生》的小文中，我借助对“我欲故我在”“我仁故我在”“我思故我在”“我信故我在”等命题的阐发，揭示出人所具有的多重本性和多方面需要，鼓励同学们在人生这个大戏台上全面发展自己，活出真实的自我，塑造健全的人格，尽力实现人的内在价值，演绎出绚丽多彩的一生。

从“胸怀祖国”，到“放眼世界”，再到“回归自身”，这是我求学和为学40年的心路历程，而这三步都可在《山东大学报》的小文中见到缩影。为此，我感恩《山东大学报》。

原文撰于2021年3月24日

2023年5月28日转录于《山东大学》报

难忘青葱岁月

——大学生活的记忆片段

赵瑞林

青春易逝，岁月无情。40年前的我们是那么的年轻，可谓血气方刚，壮志凌云。然而，转眼间，我们都变成退休老人，天天致力于养生养老了。唉！一声叹息，万般思绪。此刻，带着淡淡的忧伤，沉浸在对大学生活的追忆之中。

机会来之不易，必须刻苦学习

我是1974年夏季于原籍莱阳第四中学高中毕业的，与大多农村中学毕业生一样，只能回到原籍务农。那是一段失落无奈、郁郁寡欢、焦躁难安的岁月，身体生病，前途未卜，人生迷茫。这种郁闷的心情无处安放，无法排解，只能从千方百计淘来的一部部长篇小说的阅读中得到慰藉。好在这一灰暗的时日不长。半年后，在年底的一次近40名团员参加的团支部大会上，我突然被全票(除我本人)推选为大队团支部书记。一时间，激动，感动，失眠，既感到不知所措，又似乎信心满满。

突如其来的变化，使我仿佛看到了人生的曙光，从而唤醒了青春的活力。18岁的我，白天同社员们一起上山下地干农活，中午、晚上则经常组织团员青年开展各种义务劳动，召集团员开会学习文件，还开办了200多名青年参加的夜校，年底组织排演春节晚会，等等，轰轰烈烈，煞有介事。年纪虽小，却有着改天换地的志向与情怀，当时，决心扎根农村，把我们村建设成为“大寨大队”。如此一年半的经历，成为我一生中最难以忘怀的“火红的年代”。

后来，一个偶然的机会又改写了我的人生。鉴于我回乡后各方面表现突出，被公社选拔去参加了为期三个月的高中语文教师培训，后顺理成章地于1976年8月1日回到母校莱阳四中当了高中民办教师。当时，学校并没有安排我教语文，而是让我教政治课(两个年级八个班)，主要内容是《辩证唯物主义常识》和自己编写的时事政治。同时，还让我组建并分管学校文艺宣传队。一个不足20岁初出茅庐的年轻人，面对这些全新而艰巨的工作任务，没有捷径可走，只能靠火一样的激情、勤奋刻苦的学习和大胆敢闯的实践，可谓是初生之犊不畏虎。当然，尽管任务完成得不错，得到了校领导和老师同学们的好评，但内心并不自信。全校的教师队伍中，最低学历也是“社来社去”的师范毕业生。我这个高中毕业教高中的土法上马的杂牌军，无论如何无法比肩经过高楼深院熏陶过的正规部队。于是求学心切，上大学深造的念头与日俱增，而且寄希望于上天再一次眷顾自己，能有机会被推荐为工农兵学员。然而，我深知，在那个年代，此念不啻黄粱美梦。

多么感谢邓小平同志的英明决策，让我们这些原本上学无门的年轻人赶上了这样一个千载难逢的好机会，如愿以偿地实现了自己的大学梦想。

当我们以近乎百里挑一的录取率幸运地进入大学之后，可以说，每个人都十分珍惜这来之不易的宝贵机会。我当时千百遍地在心里告诫自己，能够有幸考上这颇负盛名的山东大学，必须竭尽全力刻苦攻读，使自己所学知识能与山大的学生相匹配。因而有必要丢弃一些与读书关系不大的东西，包括文艺活动，以便把浪费的时间补回来，把“文革”期间没有学到的历史、地理、文学等知识补上去。这种决心在日记里喋喋不休并信誓旦旦地保证过多次，以此来不断地勉励自己。彼时，国家的改革开放和经济建设虽然刚刚起步，但已显露出突飞猛进的发展势头。同学们都很励志，希望自己多学一点，学深一点，将来能够成为改革和建设的有用人才，贡献出才华和力量。和大家一样，我除了上课认真听讲，课下也不敢无端地浪费时间。我课外自习的方式是，去图书馆、阅览室、教室、宿舍、公共大教室等。像一个不安分的活跃电子，不屑于死靠在一个固定的场所而受到拘束，喜欢四处走动，不断获取新的信息而不使自己孤陋寡闻。当我每每看到校园里无论是理科生还是文科生，无论是大龄同学还是年轻学子，大家都像打了鸡血一样奋力拼搏、孜孜不倦地认真读书学习的景象时，身上就有了见贤思齐的无穷的动力。

每到寒暑假，我都会带一大堆专业的、中外名著等书籍回家，除了走亲访友、帮家里干活，就是专心致志地读书学习。并且几乎每次假期，都会给部分中、小学生补习政治、英语等课程。这未始不是一种很好的学习方法，既教了别人，又巩固了自己所学的知识，于人于己皆有益处。为了争分夺秒地读书学习，我曾学着许多同学的样子，晚上熄灯后在路灯下看书写作业。一共尝试过两次，每次一个周，每次的结果都是：最后像生了一场大病一样，昏昏沉沉，全身乏力，头重脚轻。这无疑是盲目模仿所付出的代价。直到有一天，偶然从《参考消息》上看到一则短文才恍然大悟，如梦初醒。文章说，睡眠时间存在着明显的个体差异。美国发明家爱迪生每天睡眠 4～5 个小时，而伟大的科学家爱因斯坦则每天都睡 10 个小时以上。呵呵！我拍案脱口道："原来我是爱因斯坦，不是爱迪生！"从此不再不切实际地胡乱尝试。直到如今，我每天的睡眠时间不得少于 8 个小时，哪怕是 7 个小时 59 分钟，次日也会感到困倦，精神不佳。

不过，老实说，这四年我实际上并没有把所有的精力全部用到学习上，文体活动占用了我太多的时间，确有舍本逐末之倾向，这是后话。所以，尽管看起来很努力，但各门课程的学习并不深入，浅尝辄止，不求甚解，往往只满足于懂了就行，完成作业即可。平日的作业和期中期末考试成绩，优秀等次只占微弱多数，不要说与班长的全优比起来相形见绌，即使和其他许多同学相比亦自愧弗如，这正是后来认为需要反思的地方。

演技水平一般，误入学校文工团

本来执意放弃文娱活动，集中精力读书，但后来却演变成我是山东大学文工团唯一的山东快书演员。令人费解吗？其实变化的脉络是这样的：我们上大学第一年，班里组织节庆会演，不记得是五一、国庆还是元旦，要求每个组出两三个节目。在组长的再三动员下，我好像唱了一支歌，从此后，每逢演出都要上场，不知不觉中成了“文艺骨干”。就在79级还没有入校的时候，学校筹备成立文工团。经组织上推荐，我稀里糊涂地去了老校接受面试，表演的是山东快书，结果一试便成。我心里清楚，不是我的演技多么高超，大概是由于没有竞争者并具有稀缺性吧。据说当时报名拉小提琴的竟有六七十个人，一直筛选到剩下30多个。后来才知道，我们学校这个文工团实际上是很牛的，绝大多数成员都是上大学前的专业演员。比如，女独唱演员王某，外文系日语专业78级的，是来自曲阜师范学院音乐系的教师；笛子独奏手许某，经济系78级的，是来自德州地区文工团的专业演员；相声逗哏演员王某，光学系78级的，是来自青岛北海舰队文工团的专业演员；乐团总指挥牟某，数学系77级的，是来自新疆建设兵团文工团的专业指挥；等等。

文工团的所有演员每次在学校或去其他高校演出之前，都要去老校排练或彩排，只有我个人是独立大队，从不参加排练，只要接到通知报个节目，然后在当天的演出前去化一下妆即可。有一次，文工团要在历城县委大礼堂演出，我没有接到通知，是从学校张贴的海报上看到消息的。据我判断，十有八九是通知的某个环节出了问题。于是我带着铜板(也叫阴阳板)去了后台。当负责人见到我之后，喜出望外，对我说：“很抱歉！没有通知到你，赶快报节目名！”并立马要求主持人把我的快书插编到节目中去。

那段时间我像着了魔一样，对山东快书这一表演艺术喜爱有加，经常从书本和杂志上寻找快书段子。济南的夏天从来都是热浪滚滚，当人们都还在午休的时候，我却一个人躲到大操场边上的树荫下无数遍地背台词，排练动作，乐此不疲，大有把所要表演的段子打磨成精品的劲头。为了提高演技，我还曾专门到山东艺术学校拜访了曲艺专业学山东快书的三个同学，虚心向他们求教，倒也受益匪浅。

班里有一次演出，我先用口和动作表演：“锵才！锵才！锵锵锵锵，咚不隆咚锵……”同学们不懂，纷纷说：“这是啥玩意儿？”学柏兄说：“这是他的家乡话。”实际上这是中国民乐的打击乐，我11岁就跟师傅学，练了整整一个冬天，单皮鼓、大锣、手锣、大钹、齐钹全会打，这也是我的最爱。直到现在，一听到锣鼓声响，顿时就会灵魂出窍，心神飞扬。终于有一天在公园里，硬是从人家手里要过大锣来敲了若干下，以满足痒痒的手。此事暂且不表，主要想说当时除了打击乐，我自编了一个山东快书小段，大概题目叫作“爱”，当然此爱非爱情之意，而是喜欢、喜爱的意思。我把班里的老大哥如何、女同学如何、青年黑格尔派如何，全编了进去，如今只记得一句：“立勇爱说普通话。”

比较经典的一次是，系里组织欢送77级毕业生演出。我当时想，在学校、系里和班里的每次演出中都表演山东快书，老生常谈，现在即将毕业，必须改变一下自己的滑稽形象，人家低年级同学不知道我的真实姓名，私下里都叫我段子里的名字“大老王”。于是，我向中文系谭好哲同学索取了一首有关毕业的朗诵诗，用蹩脚的普通话朗诵了一番。没承想，主持人于静悄悄告诉我，说台下观众递过来许多纸条，强烈要求我来一段山东快书，没办法，只好就范。故事到这里还没完。当哲学系的毕业晚会结束后，我们几个同学回宿舍的路上路过食堂，发现化学系也正在举行毕业晚会。这时，好像是周向军、王志功等同学说：“老赵，上！”我当然说不行，开玩笑呢。正在推搡之时，人家主持人已经报幕了：“下面有请哲学系77级赵瑞林同学为大家表演一段山东快书。”天哪！我脑子“轰”的一声，但转而一想，反正要毕业了，还不知道分配到新疆、西藏、天南海北的，就不要脸皮了吧。于是快步上台给大家表演了一段，像任何一次演出一样，又博得了台下热烈的掌声和欢呼声，我的虚荣心再一次得到满足。但至今也不知晓当年是我们班哪位同学上去报的信儿。

从决意不再与文艺活动沾边，到对山东快书如此痴迷，这中间到底发生了什么？我后来总结了三条。一是文工团成员对我的影响。如前所述，他们多半原来都是专业演员，老戏骨，有了这样一个平台，无疑如鱼得水，尽情释放，自然会把我们代入到那种氛围里。二是我对自身条件的误判。不错，从上小学一年级就当班长表演各类文艺节目，“文革”期间更是当“老头”，演“老两口学毛选”，与三四十岁的三个老师（我只有10岁左右）拿着长杆烟袋表演“四个老汉学毛选”等等，工厂、部队、学校到处巡演，一直到初中高中都是宣传队的骨干。身上有点文艺细胞，就以为将来可以吃文艺饭了。甚至曾一度幻想，毕业能分配到一个文艺团体，比如八一或长春电影制片厂，开始先做党团工作，后面可寻机扮演一个角色。嘿嘿，真是异想天开。三是虚荣心作怪。当你站在舞台中央进行表演的时候，面对台下上千或者数千名观众热烈的鼓掌与喝彩，那种自豪感、优越感会陡然在胸中升腾，使你飘飘然、昏昏然，如堕云里雾里。观众的掌声和同学们的啧啧赞叹，令人忘乎所以，忘了来时的路，忘了初心。

毕业留校后，全校组织文艺会演，机关队多次动员我拿出“老本行”，我坚辞不受。理由是，现在身为人民教师、革命干部，已经把山东快书扫进了历史垃圾堆，再不要那个类似反派的形象了。最后以担任合唱队指挥为条件蒙混过关。

身体条件有缺陷，当了山寨运动员

说身体有缺陷，是指我本不是运动员的料：腿短、平脚板、小腿肚子大、屁股大，关键是百米速度刚及格。但我却当了业余长跑运动员。因为练长跑需要的是毅力和意志。为了锻炼身体，也为了给系里和班里做点贡献，我苦练四年，参加了学校和系里所有大大小小的运动会，包括春季的和偶尔秋季的，还有越野赛等等。

我热爱健身和运动，由来已久。小时候自己长得矮小，为此很着急很苦恼。上高中时，体育老师的一次内堂课给予我莫大的启发。他说，运动对人的成长特别是骨骼的发育至关重要。老师的一席话，让我找到了救命稻草。从此以后，运动健身成了我生活中的第一需要。上高中时，学校离我家约五公里，一般不骑自行车，每天来回跑步。在学校运动会上还参加过五公里竞走项目。在村里务农时，只要生产队长说到哪里干活，我都是提前拿着扁担或锄头或镰刀等跑步前往。由于我担任生产队的保管员和记工员，那年秋天，队长让我在场院里干活，晚上则在场院里睡觉护院。每天早晨醒来后，我第一件事就是在附近水库大坝上跑几十个来回，把大坝假设为100米的距离。跑完后，面朝水库唱一首当时流行的歌曲，如《北京颂歌》《红星照我去战斗》等，抒发豪情，自得其乐，自我陶醉。

上了大学之后，我自知凡技术类的运动项目譬如篮球、排球、乒乓球等都是弱项，只能练长跑。在相当长的一段时间里，每天早晨我会跟随宏祥班长去操场跑十二三圈，即5000米左右，然后回到宿舍楼下和全班同学们一起做早操。当我看到许多同学睡眼惺忪、做操时随便比画几下了事的情景时，便忍俊不禁，心里很得意，似乎自己是个胜利者。每天的下午课外活动，我则跑上25～30个圈，因为我参加运动会的项目是3000、5000、10000米。体育老师要求，平日训练的运动量要大大超过运动项目所需。

刚开始练长跑时,由于不太明白和掌握训练技巧,经常出现肌肉拉伤、关节扭伤等情况,甚至前半年每周感冒一次,原因是跑完后没有及时穿上外套,在体能消耗殆尽、身体极度虚弱的情况下,不注意保暖,风一吹就会感冒。每当想到几十年前那种狂跑苦练的情况,我都会戏谑道:如果当年有现在这么好的生活水平,大鱼大肉的吃着,训练强度还可以再大些。按照那时的营养状况,没患上肝炎、肺结核之类的疾病已经是万幸了。

在系运动会上,我曾经几次拿过第一名。待 78 级的一个同学介入后,我只能屈居第二、第三了。在校运动会上,我取得过第四、第五、第六的名次,但也有若干次不得分。成绩平平的原因有许多,其中之一就是我后来患上了赛前紧张症,每到比赛前,非要把肚子拉空,上场后自然是力量不足。有一次,万米比赛,我看到自己到了十名以后,心里有些矛盾。想下来又怕人家说半路当逃兵,咱是个要面子的人啊。看看后面还有不少人仍在坚持,于是就慢腾腾踮着跑。每当我跑到老校操场西北方向时,外文系的男女同学们就给我奋力鼓掌,尖叫声阵阵,我便向他们招手致意。最有意思的是,我跑到东南方向沙坑的位置时,中文系王汉川同学在跑道外跟着我嬉皮笑脸地大声喊话:“小赵,来一段山东快书吧!”真是可笑至极,我当然不能回答,同样向他招手致意。多年后当我们有机会见面谈起此事时,大家都不禁哑然失笑。

年轻时那种跑步的爱好,现在想来似乎不可思议。恰似一个调皮的顽童,又像《阿甘正传》里那个小孩阿甘一样,动不动就跑起来。记得我们班因学习中国哲学史集体去灵岩寺参观,下了公交车后,离目的地还有一段距离,是我个人还是约了几个同学一起,竟跑步前往。那年我们在炳贵老兄的老家临清毕业实习,听说我们的住处与河北省的临西县相距只有 10 多公里,于是便选择了一个早晨,一口气跑到临清边界,过了河到临西县的集贸市场上转了一圈又折回来,跟闹着玩似的,轻松自如。那也是我第一次出省,颇有纪念意义。

四年中最好的成绩莫过于那年的元旦越野赛。从新校操场出发,跑到老校门外沿化纤路一路向东,绕过省监狱进入解放路,回到新校操场,约 12000 米,我得了第二名。几百号人参加,这个成绩多少还是可以炫耀一下的。比赛结束后,我满怀希望地去食堂,想好好吃一顿,庆祝一下。结果食堂即将关门,买了两个凉馒头,要点咸菜,回到宿舍用开水一泡,悻悻然下咽,过了一个清冷而苦涩的跨年节日。

大学期间的运动锻炼,虽然吃了一些苦,浪费了一些时间,但换取了我一个较好的身体基础，这对于日后应付繁重的工作任务和芜杂的家庭生活，应该是大有裨益的。

没有光可鉴人、值得称道的故事，所爆料的也不过是波澜不惊、清淡素雅之事，其中不乏笑料。如果今天这些故事还能博得大家一笑，我则心满意足了。因为虽不能引以为傲，却也的的确确是当年真实的自己。毕竟，那是人生旅程中的重要组成部分而非无足轻重。执着的追求、倾注的心血、洒下的汗水……无一不诠释着青春年华的美好、可爱与珍贵。

四年大学生活和毕业后与母校有关联（如留校工作、组建济南校友会等）的故事，说不尽，道不完，欲说还休。美好的大学时代已成过往，尽管那时年轻、幼稚、青涩，所作所为现在看来不无可笑之处，但是，丰富多彩的学生生活还是给我们留下了无尽的怀念和记忆。在这里，我要特别感谢感恩母校，感谢感恩老师们和同学们。尤其是在我成长和进步的过程中，班里书记、班长、组长、大龄同学等都给予我极大的关怀、爱护、帮助和支持，哪怕是一句话的点拨、一次谈心的教诲，甚至一些善意的批评，都如甘露滋润心田，成为我成长的养分和前行的力量，令我万分感动，终身受益，没齿难忘！

愿我亲爱的同学们各自珍重，愉快生活，健康身心，安度晚年，奔向茶寿！

2022 年 9 月 10 日于青岛

圆梦路上的感恩

王毅平

现已看到的同学们的26篇纪念文稿，真是精彩纷呈，生动感人。此前，虽然晓武和李芹不断地督促和鼓励我写稿，但我始终觉得和同学们相比，自己既没有什么建树，文笔也甚为平庸，所以一直没有勇气动笔。春节期间，每天在吃饱喝足之余，又更多地回想起了昔日难忘的大学时光，回想起了一路上那么多的需要感恩之人，遂下定决心，即便是滥竽充数，也要完成这个任务。

和所有同学一样，1977年的高考，将我送进了山大的校园，圆了我的大学之梦。圆梦路上，需要我真心感恩的人很多很多，但我首先要感恩的，还应是我的父母。我的父母都是从农村走出来的，文化水平不高。1948年，我的父亲高小还没有读完就参加了革命，他边工作边学习，不断提升自己。先是从掖县（现为莱州）县委宣传部到了大众日报社，后又选调到国家体育报社，成为一名高级记者。后因母亲和家庭不能随之调动，3年后又回到了大众日报社。父母深知文化水平对个人工作和发展的作用，因而特别重视子女的学习。尤其是我的母亲，她虽然从小就渴望读书，却因家境贫寒，没有上过一天的学，参加革命后才在妇女识字班里识了字。报社是知识分子如云的地方，既有高中生，也有很多大学生，母亲由于文化水平低，就一直做着文书的工作，既未能当编辑，也未能做记者。所以，母亲便把上学读书以至上大学深造的希望寄托在子女的身上。1957年，因为母亲生病导致我成为早产儿。当时母亲患的是结核性脑膜炎和粟粒性肺结核，国内没有特效药，报社的领导联系了上海文汇报社，专门为母亲从苏联弄来了药，治好了她的病。所以父母一直告诫我们，没有毛主席共产党，就没有我们的今天，一定要好好读书，报答党的恩情。十年“文革”期间，教育，特别是高等教育受到了严重破坏，“知识越多越反动”“读书无用论”甚嚣尘上，我们的学习也受到了极大的影响。但是，即便在那种环境下，甚至在“停课闹革命”期间，父母也一直在督促、鼓励我们兄妹学习，母亲更是利用在报社图书室工作之便，一次次批量地带图书回家给我们看。我所阅读过的国内外大量经典文学名著，大都是在此期间读到的。也正是在父母的鞭策下，我从小学到高中毕业各科成绩几乎全是100分，学习成绩每每都是全班第一。

其次，要感恩我不同学习阶段的老师。

我在山师附小和山师附中度过了我的小学和初中，虽然已经过去了半个多世纪，但许多老师的音容笑貌，至今仍栩栩如生。在山师附小，教导主任刘雅春老师讲话逻辑性很强，言简意赅，数学教得特别棒，后来调到解放路第一小学当了校长；李方荣老师富有艺术气息，语文教学很有激情，她也是山师附小宣传队的总负责人，在我的脑海里她几乎就是活着的林道静，由她带队，我们学校的合唱比赛几乎每次在济南市中学生比赛中都是第一名；谢淑玲老师毕业于山师大，我们在山师附小戴帽中学期间，她负责我们的数学和英语教学，讲得简单明了、通俗易懂，令人印象深刻。

我也庆幸高中时代遇到了好老师。毕业于上海外国语学院的英文老师薛月仪也是我们的班主任，不仅为我们的英语学习，也为班级的团结进步费尽了心思。政治老师王南勋毕业于北京师范大学，也曾教过我们语文。他特别反对死读书、读死书，强调要德智体全面发展。他的儿子是我们山师附中百米冠军，儿女双双考上大学。80年代他带过的一个班，最后一个不落地全部考上了大学。语文老师谢洪祥毕业于山东大学，讲课十分生动，引人入胜。他讲的《失街亭》诸葛亮挥泪斩马谡一课，讲完后全班同学都到处去借《三国演义》看，我也是在那期间读了这部名著。我大学毕业前，谢老师又回到了山大中文系任教。中学时期，我一直担任班级团支部书记，这个角色要求我身先士卒做表率，也让我的学习有了更大的动力。

1975年7月，我高中毕业，11月被分配到山东新华印刷厂，当了一名排字工人，还担任了车间团支部学习委员。作为工人理论队伍的成员，在厂期间曾多次被借调到宣传科和山东人民出版社帮忙。让我一直引以为傲的一件事是，在印刷厂期间，曾与蒋捷夫等多位山大教授一起合作撰写了列宁《再论工会、目前局势及托洛茨基和布哈林的错误》的学习辅导材料，这让我对大学有了更多的憧憬。

1977年9月，教育部在北京召开了全国高等学校招生工作会议，决定恢复已经停止了10年的高考制度，10月在各大媒体公布。我听到这个消息后，心情无比振奋，立刻设法筹集资料，争分夺秒地投入短暂紧张的复习。厂里工作很忙，记得当时正在印制《毛泽东选集》五卷，不但没有午休，还经常加班加点，白天根本没有时间复习，只有每天晚上10点到家后才能看点复习材料。12月，我和庄平在同一个考场完成了考试。接到入学通知书的那一天，我走路都感觉有点"飘"，周围的花鸟树木也都似乎在向我欢呼致意。后来听说，市中区录取的考生，我们印刷厂有9个人，是入学率最高的单位。我们家所在单元楼又是大众日报社入学率最高的，有6个人考上了大学，其中4人进入了山大。那一年，我哥哥也考入了大学，兄妹一起圆了梦寐以求的大学梦。

最后，当然要感恩大学时代的老师和同学们。

1978年2月，我踏入了山东大学哲学系。当时我填报的四个志愿都是山大，第一志愿就是哲学系。之所以选择哲学系，是因为我以往读书中曾看到"哲学使人睿智"，而我自知思想幼稚，处事太感情化，所以想通过学习哲学让自己变得更理性一些（遗憾的是，至今都退休六年了，却一直都未曾进阶到"睿智"）。入学第一课，就被臧乐源主任高亢嘹亮、激情澎湃的讲话所打动。教中国哲学史的周立升老师、教欧洲哲学史的龚兴老师和李武林老师、教自然辩证法的肖效武老师、教《反杜林论》的杨贵昌老师、教哲学原理的樊瑞平老师和徐学圣老师等，都给我留下了深刻的印象。记忆犹新的是，由于樊老师的提问常常让人猝不及防，所以我一直特别害怕被叫到。记得于炳贵师兄常常被叫到，但他的回答却总是那么成竹在胸，从容不迫，让我佩服

万分。另外还有李树军老师，热情大方，让我一直心存感念。他给我们上过伦理学的课，毕业前夕还曾带我们到文登张家埠实习，1998 年我去墨尔本探亲时曾得到他和家人的热情帮助和盛情款待。除了在本系听课，我和卢阿青、吕敏等还去中文系旁听周来祥等老师的美学课。由于陈之安和孔令仁老师的历史课也十分精彩，我们去历史系也听了不少课。老师们犹如辛勤的园丁，为我们的成长注入了丰富的营养。

“这世界有那么多人，多幸运，我有个我们。”大学期间，我有幸遇到了那么多的好老师，也有幸拥有了这么多的好同学。班长李宏祥严于律己，关心同学，永远是我们学习的好榜样、好大哥。中学时期，我的学习成绩在班级里基本一直无人超越，可进入大学后看到那么多同学非常出色，思想十分成熟，不少同学入学前就是单位的领导，尤其是讨论起学习中的问题，他们侃侃而谈，学识十分渊博。毕业后成为著名学者专家的同学不少，进入政界造福一方的同学也很多。跟他们相比，让我汗颜，真实地体会了什么是井底之蛙，什么是一山更比一山高。

从小到大不断有人问我：“你喜欢做什么？”说实话，到今天为止，我最大的痛苦就是不知道自己究竟喜欢什么。但是我们班的李培林、傅有德、刘玉安、周向军、唐少杰等同学，他们之所以取得如此大的学术成就，我觉得是因为他们在大学求学期间就有了自己的选择，并向着目标坚定地前进。还有庄平和李芹，她们学习都十分刻苦，每次晚自习，都是我们女生中最后离开教室的。还有的同学，像刘力言不顾自己血压高，为抢救系里的老师去献血，李涛、刘兴章、曹晓武、吴溪清等牺牲自己的时间，给同学理发、照相、买书、修表等，助人为乐。还有的同学在新的领域中发展，成绩卓越。方宏建，一直在我心中是温文尔雅的知识分子形象，我以为他以后会成为著名的逻辑学家，却没有想到最后却成了山大的副校长、党委副书记，更没有想到他还会赋词作曲，而且唱歌还那么好；马士岭和肖连生，他们和我一个小组，日常的印象是老实忠厚，未曾想现在的他们一个在股市低进高抛，成绩斐然，一个在学界和商界自由驰骋。

我感恩父母和老师为我的梦想筑基并教我如何做人，也感恩同学的现实榜样。正是他们的榜样和激励，让我在踏上工作岗位后一直不敢懈怠。我 1982 年 1 月入职于山东社会科学院，从事妇女学和社会学研究，承担过多项国家课题和省课题，多次获得山东省优秀成果二等奖和三等奖。2000 年被评为正高，2010 年升为三级岗。工作期间，任社会学研究所副所长、山东社会科学院妇女研究中心主任，兼任中国妇女研究会理事、山东妇女研究会副秘书长、山东省社会学会常务理事。2000 年首批入选“山东省理论人才百人工程”，2003 年入选山东省社会科学界联合会“山东社会科学人才库”。在女性研究领域，也小有成就，先后率队完成了中国妇女社会地位（山东域）1990 年、2000 年、2010 年三期的调查数据分析。作为山东社会科学院妇女研究中心主任，曾先后受邀率团访问了奥地利、日本和韩国，参加了在韩国举办的世界妇女人权大会。2009 年我们中心被山东省妇联授予“山东妇女性别研究/培训基地”，2010 年被山东省直机关授予“巾帼建功先进集体”，2010 年被山东省总工会评为“女职工建功立业标兵岗”，2012 年获得“全国三八红旗集体和全国妇女创先争优先进集体”荣誉称号。

我喜欢旅游，去过国内外许多地方，拍摄过无数景色艳丽的美照。但是，这些都没有青春飞扬的山大校园、山大老师和曾经朝夕相伴的同学给我的印象更深刻、更感人。这一切，都将留在我的梦田里，永远不散场！

2023 年 2 月 8 日于济南

逐 梦

吴溪清

每个人的心中，都有梦想。梦想，决定了努力的方向，产生了无穷的力量。人生的历程，就是一个不断追逐梦想、实现梦想的过程。在此过程中，视野不断扩展，精神世界得以升华，人生变得丰满厚重。同时代无数人梦想的实现，奏出的便是时代的乐章。

一

1975年初秋，我离开了生活18年的泉城济南，与成千上万名应届高中毕业生一起，奔赴农村插队落户。

我是家中的长子，按照当时的政策规定，完全可以留在城里，由政府安排工作。促使我作出上山下乡决定的有诸多因素，响应领袖号召无疑是重要的一个，让弟弟、妹妹有机会留在城里也是其中之一。但除此之外，应当还有一股巨大的力量，在推动着我作出这个足以影响我一生的决定，只是当年并没有意识到。多年后，当我重新思考这一问题时发现，年轻人带有理想主义色彩的冲动，在其中起到了重要的作用。说到这里，就不能不大致介绍一下我的成长经历。

我的父亲，“文革”前和“文革”结束后的很长一段时间里，在省纪委（“文革”前为省委监察委员会）工作。我的母亲，幼儿师范毕业后，一直从事幼儿教育工作。他们自我童年起就特别重视对我的教育。上小学之前，我已经认识许多字，具备了阅读能力，小学二年级时就读了《东周列国志》，并由此喜欢上历史。相对于文化教育，我的父母更重视教我如何做人。他们通过言传身教的方式，告诉我做人要正直、诚实、善良、宽容；做事要认真、严谨、踏实、勤奋；要努力学习，成为对国家有用的人才；劳动光荣，不劳而获可耻；要有精神追求，不要太看重物质的东西；等等。童年时所受的家庭教育，深刻地影响了我的一生。家庭教育之外，在省委机关幼儿园、济南市胜利大街小学、济南第二十二中学（山东省实验中学）接受的教育，也都对我人生观的形成起到了重要作用。我从小身体瘦弱，性格比较内向。刚上小学一年级时，老师曾有意让我担任班长，知道这个消息后我竟然紧张得不得了，让母亲出面坚决地推辞掉了。上中学一年级时，被班主任张崇禄老师使用激将法，安排当了副排长兼学习委员（刚入校时仿照军队的编制办法，年级称作“连”，各班称作“排”）。中学四年，我得到了很多锻炼，组织活动能力、口头表达能力都有了明显的提高。那时的作业很少，闲暇时间我大部分用在了阅读上面。中国历史，唐诗、宋词，明清小说，外国文学名著都是我喜爱的。中学后期，又对哲学产生了浓厚的兴趣。艾思奇主编的《辩证唯物主义历史唯物主义》读了不止一遍。就连苏联哲学家罗森塔尔、尤金合编的《简明哲学辞典》，也读得津津有味。我生活在一个崇尚英雄的年代，像许多同龄人一样，心中也有一个英雄梦。因此，介绍毛泽东同志早年求学、革命经历的书籍，中外文学作品中塑造的英雄人物形象，给我留下的印象尤为深刻。我渴望像书中的人物一样，过一种不平凡的生活，干一番轰轰烈烈的事业。为了强健体魄，我坚持清晨早起，跑步、登山；为了磨炼意志，在秋冬季节洗冷水浴。我还曾寻找机会，试图在机关宿舍租间小屋，脱离开父母的护佑，独立生活，锻炼成长。我做这一切，就是为了让自己在身、心两个方面都强大起来，成为一个对国家有用的人，将来造福社会、造福人民。了解了这些，也就不难理解，我为什么既不图名也不图利、义无反顾地报名上山下乡了。

我下乡的地方是曲阜县董庄公社，一个非常贫穷的地方。整劳力干一天，才挣 2 角 7 分钱。知青受到优待，整劳力一天可以挣到 4 角 2 分钱。知青点集体开伙，安排了一位社员专门给知青做饭。主食通常是煎饼。地瓜面、高粱面混合在一起摊的煎饼又干又硬、韧劲十足，常常把嘴角磨破。菜大多用清水煮，油很少，几乎看不见肉。于是，我体验到了什么叫“饭菜难以下咽”，也养成了不吃肥肉的生活习惯。及至后来发生了一件事，我才明白，知青的生活水平本不该是这个样子。那是一个早晨，我照例到伙房领取了早餐，边向宿舍走着边咬了一口馒头，随即又吐了出来。因为馒头已经严重变质，不能吃了。刚好路过猪圈，就把变质的馒头扔了进去。知青带队干部很快知道了这件事，立即召集全体知青调查。我心中坦然，就当众主动承认了此事，并试图说明原因。不料，带队干部根本不听解释，也不作进一步了解，劈头盖脸就给我扣上了几顶大帽子。这种招式，虽说在“文革”中常见，于我而言却是人生第一次。我感到委屈痛苦，也非常愤怒。当时，就在心里暗暗发誓：如果有一天我处在今天带队干部这样的位置，一定要关心属下、善待属下，决不能成为昏官。这是下乡生活给我上的第一课，也是刻骨铭心的一课。可能与此事有关，知青的伙食问题引起了上级重视，给知青做饭社员的经济问题也随之暴露。自那以后，改由知青轮流值班做饭，知青点的伙食水平随即有了质的提高。

我是自愿下乡的，劳动中自然不甘落后，处处争先。从一个细节便可以看出。初到农村时，我不会推独轮车，即使推空车也摇摇晃晃，走几步车子便倒。但仅仅经过几个月的劳动锻炼，我就能熟练地驾驭载重 600 斤的独轮车，并且一干就是一整天。综合我的劳动态度、劳动技能和劳动量，我被评为整劳力。

所有知青都被分配到生产队，随所在生产队参加劳动。刚到生产队没几天，队长就给我安排了一件差事，到曲阜县化肥厂拉 200 斤氨水。这趟差事虽然往返近 40 公里，但我并不打怵。因为中学拉练时，我最多曾一天走 50 公里，那年才 15 岁。可当我领出地排车和盛放氨水的汽油桶时，却不禁倒吸了一口凉气！这地排车能用吗？车上没有车襻，这意味着无法借助肩膀的力量，只能依靠双臂的力量。再看车把，一个长一个短，而且因经年累月地使用，已被磨得又细又光滑，像极了削尖的铅笔。握住车把向前拉几乎不可能，唯一的办法是人在车后，握住车把往前推。用这种车干活，有劲根本使不上。生产队长派活时安排了两个人。再看那位搭档，约莫有 50 多岁，身材瘦小，不像是能干体力活的人。路上聊天时得知，这人成分不好，是个地主，在那个年代属于监督改造对象。尽管如此，我还是不忍心把这么难驾驭的车交到他的手里。于是，一路上我独自推着车，他随后跟着，历尽艰辛赶到化肥厂。装好氨水往回走时我发现，真正的考验才刚刚开始。200 斤氨水装在汽油桶里只有半桶，车子一动，氨水就在桶里不停地晃，进而带动车子起伏晃动。那种感觉，就好像手里按着一个在不停运行的跷跷板，每前进一步，都要使出很大的气力，才能控制住车子的平衡。一路上，如果不是用红军爬雪山过草地的英雄事迹激励自己，那天很可能就回不去了。咬着牙走到半路时，太阳开始落山了。夕阳余晖本是一幅美丽的图景，可在当时的心境下,却让我联想到了元代戏曲家马致远所描绘的场景:古道西风瘦马,夕阳西下,断肠人在天涯。回到村里时,已是家家灯火,大地漆黑一片。我至今也没弄明白,让我们使用这样的工具劳动,究竟是为了磨炼知青,还是为了改造地主?抑或是一举两得?

1975 年,正是农业学大寨运动在全国热火朝天展开的时候。因此,农闲不闲,反而更忙。下乡后经历的三个冬季,几乎全是在野外度过的。头一年整修高标准大寨田,第二年疏浚拓宽河道,第三年开挖机井。劳动强度很大,劳动时间也特别长。以第一个冬季整修大寨田为例。早晨天不亮就要顶着凛冽的寒风出工,晚上还要"挑灯夜战"。因工地离村子较远,晚上就睡在搭建于旷野的窝棚里,真正实现了与贫下中农同吃、同住、同劳动。每天出工时间达到十几个小时,一天下来,身体像散了架一样;伙食谈不上营养,但可以填饱肚子;晚上睡在地铺上,窝棚里到处透风,好似睡在冰窖里一般。这段经历,我终生难忘!

最令我难忘的,则是 1976 年夏收。每天早晨 5 点多钟就下地干活,除了三顿饭的时间,几乎全天都在地里。割麦子本就是个苦差事,更要命的是,那个年代的麦子因种子质量、水、肥、麦田管理,都远不如现在,普遍长得非常矮小。我身高一米八,收割长势一点也不喜人的麦子,每弯一次腰都十分艰难。有的地块,一垄麦子长度可达一二百米,割到地头时,腰已经不属于自己了。麦收必须"抢",所以,每天晚上还要到麦场上给小麦脱粒,通常要干到 12 点甚至更晚。这样大的劳动强度,我仍然觉得不足以显示决心与干劲,就又向生产队长提出申请,希望夜里在麦场上看护麦子。生产队长很痛快地答应了。看场时,夜里允许睡觉,却睡不踏实。特别是夜里的露水,把毛巾被弄得湿漉漉的,像洒了水一样,浑身上下都不舒服,每天早晨醒来都感到疲惫不堪。麦收结束后,我整个人瘦得脱形了,还患上了关节炎和胃炎。

这种强度的劳动,足以把大多数人拖垮;即使身体不垮,也容易心生怨言。而我却觉得苦中有乐,一直干劲十足。因为,我心中有梦。我在农村时的梦想是:通过艰苦劳动的磨炼,成为一名优秀的知青,早日加入党组织。然后,就有机会被推荐上大学或参军入伍。这是我在艰苦环境中坚持下来的动力。我为此付出了真诚和努力,政治上积极上进,劳动中努力争先,农村中的各种脏活累活几乎都干过,而品尝到的却是苦涩。何时能实现梦想,看不到一丝希望。

有段时间,我内心极度苦闷、不解、彷徨,找不到答案,又无处诉说。于是,许多个夜晚,我只能站在夜幕下,遥望着满天繁星,与自己对话。思绪从茫茫宇宙到银河系，再到太阳系，最后落脚到地球，想象着在浩瀚的宇宙中地球是那么渺小，而就是在这个“渺小的地球”上，竟然生活着几十亿人。然后问自己：此时此刻，有多少人或饥寒交迫，或无家可归，或被病痛折磨，或生命受到威胁……与他们的遭遇相比，你遇到的那点事，又算得了什么？想到这里，便觉心中释然，又有了继续努力的信心和勇气。仰望星空之外，读书，也是我忘却烦恼、充实内心的一种方式。当年倡导阅读的《共产党宣言》《反杜林论》《国家与革命》等六本马列经典著作，就是在下乡期间通读的。

在我人生最苦闷的时候，传来了恢复高考的喜讯。邓公的英明决策，给无数年轻人带来了希望。根据个人兴趣爱好，我选择了文科。备考过程是艰难的，也是愉快的。不在此详述。

考试日期转眼就到。考场设在邻村的一所学校里。考前紧张通常是难免的，可高考那两天，我却出奇的平静。第一场考试开考前，站在考场院里的一棵树下，我一边打量着神色各异的考生，一边想着当时的传言：“文革”十年积累了大量应考人员，考试竞争会异常激烈，尤其是文科，有可能百里选一。粗略地估算了一下，我所在考场的院子里，大约有百名文科考生。我在心中暗想，如果这群人中只考中了一个，就应该是我！据说，那个考场果真就只考出来一个。全公社参加高考的知青中，通过录取线进入体检和政审环节的只有两人，另一位好像是理工科考生。遗憾的是，他最终落选了。

当年填报志愿时，既没有分数作参考，也没有任何经验，像是在押宝。家中长辈建议我填报曲阜师范学院，我却自作主张填报了山大和山师。三个志愿依次是：山东大学哲学系、山东大学历史系、山东师范学院政治系。

录取通知书是在知青点收到的。先前从别人口中获悉，那天是录取通知书发放的最后一天。那天，正好轮到我值班做饭。说来奇怪，尽管日期夜盼，一直未收到通知书的我，内心却没有丝毫焦虑。约莫下午4点钟光景，我正倚着知青点伙房的门框，望着远方出神，忽然看到一个身着邮政服装的男子骑车朝我驶来。我的心跳突然加快了！心里默默地念叨：应该是送录取通知书来了。当他把一个牛皮纸的信封递给我时，“山东大学”几个字赫然出现在眼前！我内心一阵狂喜！签收通知书后，我抬头看天，天是那么洁净；每一个路过的行人，都令我感到亲切；周围的景物还是原来的样子，却又好像不是原来的样子了。我想尽快把这个消息告诉亲人，我想放声歌唱，我想……当时的感觉，只要给我一对翅膀，立马就能飞起来。

二

在期待中，迎来了入学的日子。山东大学久负盛名，但77级入校时，因“文革”刚结束不久，山大正处在百废待兴的时期。记得新校的西墙，缺失了很大一块，一眼就能看到校外的麦田；午休时，卖豆腐的商贩竟能一路吆喝着进入校园，不免令人生出一丝丝怅然。好在学校深厚的底蕴仍在，有良好的校风，有一支优秀的教师队伍。拿哲学系来说，许多专业教师理论功底扎实，学养深厚，诲人不倦；行政管理教师则待人和蔼，做事认真负责，受到同学们的尊敬。我对大学生活充满期待。可开学不久我就发现，比较而言，我对历史和诗歌、散文的兴趣更浓。这着实让我苦恼了一阵子。尽管如此，我却并不后悔报考了哲学系。因为随着时光的流逝，我越来越强烈地感受到：山大哲学系77级，是一个可遇而不可求的、积极上进并且充满着温暖的集体。有坚强有力的党支部和倍受同学们尊敬的班长，有来自四面八方、年龄各异、经历不同，却又都好学上进的50多名优秀同学。这个集体温暖着我，也激励着我。着重说说我所在的三组吧。全组10个人，8男2女。袁玉骝、于炳贵是受到全组尊敬的老大哥，凡事给全组同学作出表率；魏金陵、李培林、刘兴章、刘仲明、傅有德也都比我年长，对我有着不小的影响；李金蓉、庄超英则是三组的两朵金花，在集体就餐的那段时间里，主动承担起了为全组服务的事项。后来，张立勇入住我们宿舍，也成了准三组成员。

他们中的每一个人身上都有着非常可贵的品质，让我受益匪浅。与三组同学朝夕相处的美好时光，至今回忆起来，仍十分温馨。在全组同学中，与我交往最多的是于炳贵同学。入校前，他就已经是临清县委党校副校长。他极富正义感却又待人宽厚谦和，理论功底扎实却又不骄不躁，兴趣广泛，学习刻苦，处事稳重，计划性强，乐于助人，严于律己，大事很清醒，小事不计较。首先是被他的这些品质和理论素养所吸引，继而发现他也爱好中国古典诗词，我们两个人就有了许多话题，经常晚饭后约在一起散步交流。后来，他又与张盛忠同学一起成为我的入党介绍人。可以想象，生活在这样的集体之中，你怎敢懈怠，又怎能不进步！

有件事，能从一个侧面反映出我对班集体的深厚感情。体育比赛，可以折射出集体的精神风貌，事关集体荣誉，在高等院校中普遍受到重视。山大也不例外。

入校不久，就赶上了山东大学春季田径运动会。班里动员大家报名参赛。记得那次我和李培林、赵瑞林、周向军等同学都报了名。结果，我参赛的跳远、三级跳远均没有进入前八名。在感叹山大体育人才济济的同时，也感到愧对哲学系、愧对推荐我参赛的哲学系 77 级。还在赛场上，我就暗下决心：下次运动会，一定要为哲学系、为哲学系 77 级争光。好像是在半年后的全校田径运动会上，我就拿到了跳远冠军，三级跳远也进入前几名。并因此入选了山东大学田径队。

在校田径队中，我是为数不多的、中学时代没有在业余体校接受过系统训练的队员。为了提高运动成绩，只能自我加压，练得比别人更多更苦。增强下肢力量，需要进行大运动量的负重深蹲练习。我在宿舍里睡上铺。有段时间，因为运动量太大，休息时我竟上不去床了。没办法，只能先把身体一点一点挪到摆在床前的书桌上，再扶着床慢慢地从书桌上站起来，最后借助双臂的力量撑起身体，完成上床的动作。

那个年代，学校的运动场地条件很差，跳远和三级跳远助跑跑道又硬又不平整，我在训练中常常脚踝受伤。田径训练，不仅苦，而且十分枯燥。如果仅以强身健体为目的，我完全可以选择更有趣味的运动项目。支撑我在四年中坚持下来的，主要是我对集体的深厚感情，以及对集体荣誉的强烈渴望。

在校读书期间，我代表班级、哲学系、山东大学参加过多次田径运动会，印象最深刻的是第二次代表山大参加的驻济高校田径运动会。时间是 1981 年深秋。当时，已临近毕业，我正在临清参加班里统一组织的毕业社会调查。调查期间，接到通知，让我返校参加田径运动会。我非常珍惜这次机会，渴望为山大再做一次贡献，同时也在人生中留下一个美好的记忆。

备战依旧是艰辛的。在训练中我不慎感冒，接着又重感。那时还不懂得感冒后需要休息的道理，以为出出汗会有利于治愈感冒。于是，一直带病坚持训练，以至于感冒反反复复持续了许多天，始终未愈。转眼就到了运动会开幕的日子。记忆中，那是一个阴天，整个天空像是被一块巨大的灰布笼罩着。参加入场式的时候，我的两条腿像灌了铅一样，异常沉重。我的心也随之变得沉重了起来。跳跃项目靠的就是双腿，如果连走路都感到步伐沉重，怎么参赛？而那天恰恰有我的跳远比赛项目。思来想去，没有办法，只能打一针封闭试试了。以前听说过专业运动员在带伤参赛时，常常会选择打封闭。打后会不会影响健康？我并不知道，也顾不上了。打完封闭，双腿的沉重感似乎轻了一些，心中的压力也小了一些。

跳远比赛时，正好赶上逆风。那天，像中了邪一样，我一向都很自信的助跑，竟然跑得一塌糊涂。前五跳，好像有三次因助跑踏板犯规，没有成绩；另外两次，也因步点不准未跑出节奏，导致成绩不佳。顷刻间，巨大的压力袭遍全身，失意、自责、无助、不甘，各种情绪齐上心头。我在心里默默地对自己说：这是你代表山大参加的最后一次比赛。平时训练，流了多少汗、受过多少次伤，你自己最清楚！不能辜负学校的培养！不要给自己留下遗憾！最后一次机会，必须把握住！要相信自己！我迅速调整好情绪，重新丈量了助跑距离，把助跑的起始点大胆地向后挪了足足有半米。最后一跳，我追求的是全力助跑，跑出节奏，踏板后的空中动作协调舒展，即使踏板时吃亏也在所不惜。裁判举旗示意后，我深吸一口气，脚下随即启动，步伐坚定有力，速度越来越快，起跳腾空的一瞬间，身体完全舒展开来。落进沙坑的一瞬间，我清晰地听到了一阵惊呼声。裁判举旗示意，成绩有效。丈量人员报告：6.35 米。喜悦，涌上了心头。这是我跳得最远的一次，距山东大学已多年未被打破的男子跳远校纪录只差 3 厘米，并且夺得了这次比赛的冠军。比赛中还有一个小插曲。我最后一跳的成绩刚刚报完，就走过来一个素不相识的人，抓住我的手把我拽到了踏板跟前，指着我起跳后留下的鞋印对我说："看看有多悬！再往前 1 厘米就踩线犯规了！"回顾这次比赛，从赛前训练到比赛过程，困难重重，最后一跳又如走钢丝般惊险。好在结果令人满意。难道这就是天意？让我有机会在毕业前，再一次回馈山大。

三

毕业后，我留校担任了哲学系 81 级辅导员。接手前，系里向我介绍了 81 级的情况；开学后，我又作了一番调研，感到压力不小。接手 81 级时，他们已入校半年，在打基础的阶段却没有打好基础，突出表现在：纪律松弛，作风涣散，有令不行，有禁不止，并已形成习惯。工作千头万绪，该从何处入手？一番思考后，决定三管齐下。其一，在思想感情上融入 81 级这个集体，成为学生的贴心人。在

日常工作中，广泛地与同学们谈心交流，了解他们所思所想，关心他们的进步成长，帮助他们解决遇到的问题。在担任辅导员期间，我几乎没有睡过完整的午觉。其二，提前改选班委会，形成坚强有力的学生工作领导集体。为确保选举达到预期目的，在选举的程序、方式等方面又不留下瑕疵，我事先制订了一个周密的工作方案，并向哲学系党总支副书记汤光森老师作了汇报，得到了他的支持。改选结果非常圆满。其三，立规矩。抓住关键的人和有影响力的事，下大气力整顿纪律作风，努力形成“令出必行”“有禁必止”的良好风气。经过一个学期的不懈努力，81级的精神面貌焕然一新，两个班的班委会和团支部工作也都运转良好，在学生中发挥了应有的引领带头作用。留校一年多后，我调入省直机关。走时，与81级的90多名同学依依惜别。这段工作经历，虽时间不长，却对我后来的职业生涯产生了深刻的影响。我在处、厅两级岗位上，特别是在分管干部人事工作期间，抓班子、带队伍，解决难题、扭转困局的许多灵感，就源自这段工作经历。

或许是因为有着上山下乡和在基层挂职锻炼的经历，我对基层群众怀有深厚的感情，被他们的命运所牵动，愿意为他们多做一些事情。我离开山东大学后，先后在几个省直单位任过职，既从事过文字材料、干部人事、装备财务等综合部门的工作，也从事过业务工作，但缺少直接服务于基层群众的机会。这不能不说是一个缺憾。好在临近退休时，得到了一个机会。2015年，我在省司法厅领导班子工作分工调整时，接手了法律援助工作。这项工作，在中央层面受到高度重视，专门发过文件。因为它是依法治国的一个重要环节，是实现社会公平正义的内在要求，有利于构建和谐社会，进而巩固党的执政地位。

为了做好这项工作，我在分管后的第一年，跑了34个县(市、区)。每到一地，不听汇报(汇报材料带回)，直接检查工作卷宗，掌握工作发展、经费发放的第一手数据，了解机构设置、人员编制、队伍建设、办公场所和经费保障等方面存在的突出问题，与当地领导面对面交换意见，现场解决问题。多次召开法律援助律师座谈会，了解法援律师的苦衷，听取他们的建议。与此同时，连续约谈了几个局的局长和分管局长，针对这些局工作中存在的主要问题，提出整改要求；就法律援助经费使用情况，在全系统组织自查、检查活动，堵塞漏洞；建章立制，规范工作；积极寻求省财政和业务上级的支持，提高全省法律援助经费保障水平。经过一年努力，许多长期困扰基层的问题得到解决，全省法律援助工作水平有了大幅度的提高，得到上级业务主管部门的充分肯定。在我退休那年召开的全省法律援助工作会议上，我脱稿讲了很长一段话，谈到了我对这项工作的理解与期盼，倾诉了我对生活在社会底层、需要得到法律援助的弱势群体发自内心的感情。会后，一些代表主动找到我说："你脱稿讲的那段话，我是含着眼泪听完的。"

回顾大学毕业后 30 多年的工作经历，我感到十分欣慰。因为我没有辜负父母对我的教诲和期望，没有辜负学校师长对我的培育，没有忘记站在党旗下宣读的誓词。同时，我也清楚地知道，自己成长中迈出的每一步，都离不开哲学理论的滋养。唯物辩证法，帮助我在复杂的局面中抓住主要的矛盾和矛盾的主要方面；让我学会以发展的眼光看人、看事；带队伍时不仅有普遍要求，更注重对干部的差异化管理。以人为本的思想使我懂得，人是第一位的，在任何情况下都不能只见事不见人，应当及时了解干部所思所求，如果能公平公正地对待每一个下属，工作中的许多复杂问题往往会迎刃而解。慎独的思想，使我始终牢记初心，洁身自好，守住底线，不触红线。若要在几十年工作中挑出一个最难忘的时刻，我会挑选 1997 年 6 月 30 日，在香港会展中心度过的那个夜晚。在中英香港政权交接仪式现场，我见证了香港回归祖国的历史性时刻。那一刻，令我心潮澎湃，热血沸腾，终生难忘！

转眼间，我已过了花甲之年。曾经的岁月，有两段常常进入我的回忆。一段是上山下乡。如前所述，我是带着梦想下乡的，而生活却让我品尝到了许多苦涩。我并非苦行僧。这样的生活，为什么常被我忆起，而且并没有让人痛悔的感觉？我怀念什么，追忆什么？在很长的一段时间里，找不到答案。现在我明白了：那段生活常被我忆起，是因为它与我的青春紧紧相连，让我魂牵梦绕，割舍不下。在农村，我奋斗了，虽历经磨难，却没有沉沦，而是不断成长，日渐成熟。那段经历，让我初步了解了社会，懂得了从社会实践中学到的东西远比从书本上学到的，更真实，更有用。了解了底层群众生活的艰辛，这为我走上领导岗位后，带着感情为群众解难题、办实事，奠定了基础。艰苦的劳动，则磨炼了我的意志，培养了我乐观主义的精神。那段生活，是我人生中的一次洗礼。时隔这么多年，却让我始终割舍不下的，其实是我曾经拥有的一段青春以及带有鲜明青春印记的奋斗历程。

另一段常被忆起的，则是在山大的生活经历。我们这代人大多历经坎坷，却又赶上了美好的时代。考上山大，成就了我人生的一个梦想；在山大求学、工作的经历，又使山大成为孕育我新的人生梦想的摇篮。毕业后，我多次回到母校，每一次都倍感亲切，随便一个场景，都能勾起我美好的回忆。不论身在何处，想起母校，都让我生出深深的眷恋。这种情感，恰似我在一首小诗中对母校所倾诉的：

你，是一张照片，虽已泛黄，却留住了我们青春的容颜；
你，是一只琴拨，常在不经意间，拨动我内心最深处的那根琴弦；
你，是一碗老酒，只需轻轻一抿，便感到周身温暖；
你，是一首恋歌，纵使已两鬓染霜，我还想再唱一百年！

行文至此，我要深情地发出自己的心声：我爱你，山大！我爱你们，同窗四年的同学！

2023 年立春夜于济南

难忘的一天

曹晓武

山大毕业后,从1982年3月至2017年8月退休,我在山东省台办工作共三十五年半,经历了两岸关系发展的不同阶段。其间,曾31次赴台湾考察参访,参与了在鲁台两地举办的经贸、文化、教育、旅游、科技、农业、青少年等交流活动,结识了许多台湾朋友,创立了“鲁台青年交流季”“台资企业走访季”等品牌活动,推动了山东省对台交流、经贸、台胞投诉协调服务和高校合作等工作体系、机制的形成和完善,为促进鲁台合作和两岸关系和平发展作出了应有的贡献。工作中我不断总结经验,努力践行“服务中管理,管理中服务”和“三用三多”(“三用”,即做台湾人民的工作要用心、用情、用智慧;“三多”,即作为一名对台工作干部要做到多学、多干、多合作)的工作理念,2011年被中央台办、国务院台办授予“对台工作特别奉献奖”,2012年被山东省人民政府给予记一等功奖励。

毕业后,因工作关系和同学聚会,我曾经数十次回到母校,虽然每次停留时间不长,但都感到非常亲切。2021年母校建校120周年校庆日,从清晨到夜晚,我作为嘉宾参加了全部活动,成为毕业40来在学

校逗留时间最长、活动最多、最难忘的一天。现在把当时写的《难忘的一天》略加修改,作为“山东大学哲学系77级毕业40周年纪念文稿”呈献出来,与各位同学一起共享母校的荣光。

2021年10月15日,是母校山东大学建校120周年校庆日。记得我们44年前1977年参加高考时,作文题目就是《难忘的一天》,这次返校参加校庆日的活动,则让我更加难忘,故也用《难忘的一天》记之。

下面,按照时间顺序把当日活动和参与过程作一介绍,以飨大家。

早上6点多我从家里出门,到达山东大学中心校区南校门时刚过7点钟,到南门对面的山大邮局看了看,工作人员正紧张地在即将发行的《山东大学建校一百二十周年》纪念邮票首日封上加盖纪念邮戳。

百廿芳华,沧桑砥砺;山魂海韵,薪火相传。校内喷泉高歌、彩旗飘飘,“百廿山大 强校兴国”的校庆主题随处可见。

从南校门进入校园,从刻有“为天下储人才 为国家图富强”的校规石旁通过来到大成广场,正赶上“百廿山大 强校兴国”120周年校庆升国旗主题团日活动正在进行。在活动现场,看到我在省委党校学习时中青班的同学、现任山东大学党委副书记的张永兵和其他领导、老师,正带领青春似火、风华正茂的学弟学妹、共青团员表达红心向党、刻苦学习、报效祖国的决心。活动结束时,在舜歌合唱团成员的领唱下,全场一齐唱响《山东大学校歌》与《我和我的祖国》,悠扬的旋律在大成广场上空久久回响,载着全体山大人的昂扬志气飘向远方,开启属于山大的青春新篇章。

随后,来到当年读书的文史楼旁的小树林,参加了中国邮政和山东大学联合举办的《山东大学建校一百二十周年》纪念邮票首发式。中国邮政用国家文化名片的这种邮政特殊形式来纪念山大百廿校庆,是对山东大学的极大支持和赞誉。正像樊丽明校长在致辞中讲的那样,这枚纪念邮票,将百廿光辉历程浓缩于方寸之间,承载着山东大学的优良办学传统和良好精神风貌,蕴含着百廿学府的厚重文化底蕴和鲜明价值理念。在首发现场,中国邮政集团有限公司党组书记、董事长刘爱力校友和山东大学党委书记郭新立、校长樊丽明等为邮票揭幕。我也有幸成为现场有他们三位领导和邮票设计师于秋艳签名首日封的唯一收藏者。

本次发行的《山东大学建校一百二十周年》纪念邮票，创新性地采用平行四边形构图和左右分布的格局，形成“一票双图”的视觉效果，左侧画面以山东大学图书馆和知新楼为主体，右侧画面以120周年校庆标识为主体，衬以山大人熟悉亲切的校园环境作为背景，并采用棕、金双色雕刻的顶级邮票印制工艺，以全新的画面、精湛的工艺深入诠释出山东大学深厚的历史底蕴和鲜明的文化特色。中国邮政同步发行了山东大学系列邮品，从120年的校史、校园风光、历史人文等角度讲述生动的山大故事，展现山东大学丰富的精神内涵和悠久的历史底蕴。

首发式后随刘董事长等参观了当天正式开业的山大主题邮局，也看到了邮票设计师于秋艳正在为同学们在首日封上签名。既是行业主要领导，又是山大校友的刘爱力董事长来到签名现场，对设计师的精美作品给予了充分肯定和赞扬。作为已有50多年集邮爱好和曾经参加过山大邮票发行研讨会并担任省集邮协会理事的我，在与刘爱力董事长及省、市邮政部门负责同志的简单交谈中，赞扬了中国邮政为山大发行纪念邮票和精美邮品，借助这些邮品把校庆的喜悦、祝福和邀约传递给在国家发展建设各行各业中贡献智慧与力量的校友们，将给大家留下永恒的纪念。

邮票首发式前，我还在校史馆见到了同为77级校友的樊丽明校长，向她转达了山东大学澳大利亚校友会云振刚会长、山东大学澳大利亚墨尔本校友会李树军会长及在澳校友对母校华诞的热烈祝贺，并且特别感谢樊校长在校庆筹备百忙之中给在澳校友发送寄语亲切问候。

上午9时，山东大学庆祝建校120周年大会在学校体育场隆重举行，众多有关部门领导、校友和在校师生代表3000余人出席了大会。我在会场聆听了教师代表和校友代表的发言、在校学生的献辞，特别是樊校长介绍学校发展的历程和前景，很受鼓舞。教育部副部长翁铁慧和中共山东省委书记李干杰先后在致辞中高度肯定了山东大学为国家和地区所作出的重大贡献，并表示进一步支持学校的建设和发展。李干杰书记在会上掷地有声的话语“在学校发展过程中，山大需要什么，我们就支持什么；山大要什么，我们就给什么。这是因为山东大学是国家的山大、是全国的山大，同时也是、更是并且首先是我们山东的山大。因此我们服务支持好山大发展，完全是应尽之责，责无旁贷”，让我非常感动和高兴！

尤其值得一提的是，我们班有两位同学作为杰出校友受邀出席盛典并在主席台就座，一位是时任全国人大常委会委员、社会建设委员会副主任委员的中国社会科学院原副院长李培林，一位是时任最高人民法院咨询委员会委员的河南省高级人民法院原院长张立勇，这是我们全班同学的骄傲与光荣。会场里还见到了赵瑞林、阎兆万、董书华等一些熟悉的校友。这次校庆，学校校友会邀请了世界和国内各地的校友会代表参加校庆活动，我看到了山东大学澳大利亚墨尔本校友会刘克广常务副会长也来参加校庆活动。毫无疑问，百廿校庆进一步密切了学校与校友、校友与校友之间的联系。

会后，我又来到新建的山大主题邮局，看到许多学生、老师在现场购买纪念封、首日封，发给各地亲友。直觉告诉我，这个布局新颖、功能多样的主题邮局将来可能会成为“网红”打卡地。

中午，从主题邮局出来沿弘德大道北行来到学生餐厅，发现不仅就餐环境干净整洁，而且饭菜品种丰富，与我们当年的餐厅似有天壤之别。学校当天为在校生和职工（包括退休人员）每人免费赠送一份爱心午餐（近十种）：四菜（两荤两素）一米，加一盒饮料，再加水果。各校区均有，听说有九万份。看到校庆爱心午餐大受师生欢迎，我也领了一份品尝，感觉好极了。正如《今日头条》里的一个评论说：这才是世界一流大学该有的情怀。一份心意，爱满校园，礼物虽小，弥足珍贵，多年以后必将成为万千山大学子甜甜的回忆！

午饭后稍事休息，来自世界各地校友会的代表和各地近百位校友在王琪珑常务副校长的带领下，参加了“2021 山东大学校友泉城行”走进济南新旧动能转换起步区的活动，共叙情谊，同话未来，为泉城发展和起步区建设建言献策。我们参观了位于黄河北济阳崔寨的中科新经济科创园和起步区城市展厅，听取了济南市委副书记、起步区管委会主任边祥慧校友的介绍和专题推介。大家了解了起步区的功能及发展前景，许多校友还提出了一些好建议和合作意向。大家认为学校组织的这个活动十分有意义，体现了学校为服务山东发展所作出的努力，也为校友参与泉城建设搭建了桥梁。

推介会后，大家从起步区乘汽车穿过刚通车不久的黄河隧道回到山大中心校区。晚上，校友们怀着喜悦的心情在学校中心校区体育馆出席文艺晚会，观看了音乐舞蹈史诗《为国育贤》。节目以“为天下储人才，为国家图富强”为主题，以山大波澜壮阔的历史进程为主线，展现了“家国情怀、崇实品格、担当精神、创新素养”的山大气质和风采，起到了讲好山大故事、唤醒集体记忆、展示形象窗口、凝聚山大力量的积极作用。

晚会由《序幕》和《图强而生》《砥砺前行》《改革创新》《强校兴国》4个篇章、15组节目构成。在历史编年的每个阶段和节点上，有所侧重地表达不同层面的主题。节目编排精良，现场美轮美奂，观众们不由地沉浸其中。晚会背景大屏幕上播放了校友会专题视频，海内外校友为母校送上百廿祝福。现场响起热烈的掌声，感谢人在五湖四海、心系百廿母校的亲爱校友们的祝福。每一代人的历程，都是成长与青春的相会，山大前行的每一步，都是与家国时代的主题相会。今天，我们重温百廿历史、感悟山大精神；明天，我们赓续荣光、逐梦前行。晚会结束了，伴随着欢声笑语，大家走出体育馆，著名歌唱家殷秀梅领唱的《我们的文脉源远流长》和全体演员及观众一起合唱的《山大人》还在耳边久久回响……

演出结束后，我搭魏金陵同学的车回家，路上听他说，山东大学校友合唱团部分团员参加了演出，其中有的老校友已70多岁。为了参加这次演出，团员们也都克服各种困难，有的带病坚持排练，有的白天要上班，就晚上赶过来排练，有的在医院照顾病人，从医院直接赶到排练现场。他们的热情投入和奉献精神真值得敬佩。后来，听合唱团艺术指导方宏建同学说：这次校庆演出前夕，校友合唱团团长突发疾病住院治疗，金陵作为副团长之一，在这关键时刻挺身而出，组织合唱团排练，成功地完成了这次重要演出。通过这次演出，向培养我们的山大回馈了校友们的一片深情；向山大师生、校友以及社会各界展示了山大老校友的风采，展现了山大文化的传承，也体现出山大哲学系77级同学的责任担当！感谢金陵同学，感谢山大的培养！

这里还要补充两点。第一是参观“新两馆”。百廿校庆是学校的节日，也是校友的节日。14日下午，我专门去学校中心校区看了新落成的校史馆和校友馆，系统了解了山东大学的发展历程。

校史馆就设在当年上课的文史楼南半部，在这里能看到许多珍贵的老照片，不仅可以看到我们77级毕业生的大合影，还在同一展室意外地看到了我哥哥曹大峰（外文系日语71级，后留校任教）的照片，从照片说明中得知他竟然是和徐显明、齐涛、展涛等知名校友一起被山大第一批破格提拔的16位教授之一，以前还真不清楚。校友馆内的电子屏内可找到当年的班级毕业照。馆内还悬挂了许多校友为百廿校庆而书写的墨宝。建议校友们常回校看看，到校史馆、校友馆、小树林去重温和展望……

第二是班级同学再欢聚。李培林、张立勇同学受学校邀请专程前来参加校庆，14日抵达济南。当天晚上，我们哲学系77级的17名同学欢聚在一起，共庆母校百廿华诞和毕业40年。曾任省人大常委会委员、法制委员会主任委员的班长李宏祥同学说，山大是中国的起源性大学，在中国教育界具有非常重要的位置，山大120周年历史悠久，对历史对民族贡献巨大。因为有了山大，我们才聚在一起，既是山大的学子学生，又是山大的受益者。由于有了山大，我们走在一起，相知相识相亲相助，我们对山大饱含着深情。曾任省委副秘书长的矫学柏同学讲起了当年虽不是小组长却被推举写调研报告；曾任山大马克思主义学院院长的周向军教授则感谢同学们年年投票选他为全国三好学生，参加夏令营还有幸与著名歌唱家合影；曾任济南市政协副秘书长兼办公厅主任的李涛同学讲起了当年担任班级收发员为某些同学传递“厚厚的情书”的“秘密”……同学们都沉浸在对当时学习生活的趣事、秘闻的回忆中。已经创作了7首歌曲的方宏健同学为同学们演唱了原创歌曲《老年时光》，激励大家过好退休生活，健康幸福快乐！

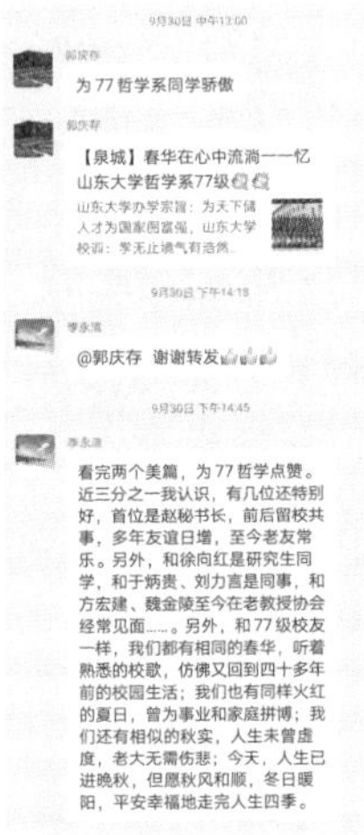

大家还提到不久前为母校校庆献上的两个“美篇”《山大永在我心中》和《春华在心中流淌》，受到了学校和校友的好评。正在加拿大多伦多探亲的才女李芹在与同学们视频

后感慨:“今天在云端看到17位同学,熟悉的面孔,温暖的声音,亲切的笑容,深深的问候与祝福,相远更相近。此次未能与大家相见,非常遗憾,渴望不久的将来能聚在一起,回望与回忆共同走过的山大时光,谢谢大家今天给我云端视频的温暖时刻。”曾任省人大常委会委员、副秘书长兼办公厅主任的赵瑞林同学拿出手机,与大家一起分享了省委党校原副校长李永清校友(历史系78级)和海信集团副总裁郭庆存校友(化学系78级)对两个“美篇”的精彩评论与交流。同学们听后表示感谢众多校友、老师和朋友的好评。我们要继续关心母校和多多联系,快快乐乐、健健康康地过好宏健同学唱的“老年时光”,也就是瑞林同学提到的“幸福余生”……时间过得飞快,临别时大家合影留念,并表示要今后还要加强联系、增进友谊,继续关注和关心学校的发展。大家约定明年择期举办毕业40年纪念活动。

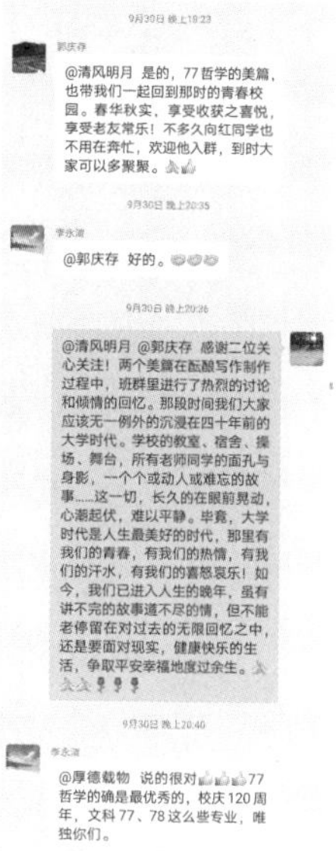

15日下午,李培林同学在“百廿山大名家论坛”上作了题为《建设新发展阶段的共同富裕》的演讲,受到校友和广大师生的好评。

实现争创一流新跨越,谱写强校兴国新华章。这次校庆非常圆满,许多老师、同学和志愿者做了大量的工作,学校校友工作办公室(校友会)和各地校友会周密组织,活动宣传得力、报道及时、形式多样,这种认真负责的精神,体现了我们山大人的风格,山大也一定将秉承这样的品格和精神实现强院兴校、强校兴国。高考已经过去了44年,当年《难忘的一天》其情其景已经渐渐离我们远去,而今天让人难忘的不仅是丰富多彩、组织有序的校庆活动,更难忘的是母校在建设中国特色世界一流的大学中正快速发展,难忘的是众多校友同学关心母校、情系母校的情谊永在。

时间飞逝,2001年10月15日回校参加百年校庆的情景还记忆犹新。20年来母校不仅是办学规模、条件发生了巨大变化,而且办学质量、影响也取得卓越的成就。百廿山大弦歌不辍,强校兴国再谱华章。祝贺山大百廿华诞!祝福母校再创辉煌!

后记 因班里李芹同学撰写的《春华在心中流淌》的回忆文章,被我编成了“美篇”发给了学校网站被采用,他们误认为我会写文章,所以在校庆日就盯上我为《山大日记》写点感受，推脱不下，只好在活动间隙写了《难忘的一天》。写好后，山大新闻中心谢婷婷编辑进行了认真细致的修改，后来在《山大日记》当天头条发表。发布后，受到了樊丽明校长和学校党委常委、宣传部部长、校庆办主任桑晓旻的关注和好评。谢谢谢老师的辛勤编辑！谢谢百忙中的校长和部长的关注和鼓励。

《难忘的一天》也得到了部分老校友的肯定和转发。李芹同学读后说："写得非常棒！棒极了！记述的内容丰富又具体，从一个老校友眼中看到了母校百廿华诞诸多精彩又独特的纪念活动。两个《难忘的一天》，从青涩的青年到白发优雅的老年，中间跨越了44年的春秋岁月，唯一不变的是深深的山大情、母校恩！"魏金陵同学也点赞并美言："晓武同学的《难忘的一天》非常精彩！而这个标题恰恰是44年前我们77级学生高考时的作文题目，我想这也是晓武同学的精心设计吧！怀念那个改变我们命运的时间节点。文章把几十年来对母校山大的深厚感情浓缩到一天里。多么难忘的一天啊，多么丰富而深刻的体会啊！果然是别出心裁而又令人难忘的感怀！"非常感谢老校友老同学的肯定！我相信如果是您，肯定会写得更精彩。

时隔20年，再次回校参加校庆活动，感慨万千，很难用文字完全表达。特别感谢樊丽明校长、张永兵副书记、桑晓旻部长、史永志馆长，还有山大校友办李湘军副主任和各位老师，以及新闻中心万广远副主任、谢婷婷编辑在我参加活动时给予的关照！也特别感谢山东大学澳大利亚校友会云振刚会长、墨尔本校友会李树军会长的委托。

作为一个毕业40年的山大校友和一个集邮50多年的爱好者，能在当年散步的母校小树林看到山大登上了"国家名片"非常高兴。特别感谢中国邮政发行纪念邮票为我们留下了永恒的纪念。非常感谢山东邮政林令才副总、王兴强校友及周晓勇等各位好友，感谢济南邮政时洪俭副总和张健法等许多好友。谢谢你们，你们为山大邮票发行所作出的贡献与邮票一样永存！

我在山大

马士岭

我爱山大，不仅因为山大改变了我的人生轨迹，而且因为山大就是我生命的一部分。

从大学毕业，倏忽之间已过40年，正如古人说的光阴似箭如白驹过隙。而今我们班最年轻的同学大概也快到退休的站点了吧？只是就自己而言，只是虚度了春花秋月，却没有多少可足道的经历和事迹。从这一点上说，自己的心中一直存着羞与人说的愧色。看了同学们取得的业绩和功成名就的事业，衷心地祝贺，当然也与有荣焉。固然，平平淡淡亦是生活，总有一点深思可以写下，权当此生中的一个合适的小结！

回看中国现代的发展历史，77年正是黄金岁月的开始，我们有幸在高考改革的首年被大学召唤，相聚于山东的最高学府。说真的，我那时并不明白时代的意义，更不能知道这是中国改革开放黄金40年的伊始。

入学报到并不是我第一次来济南，大概是1976年夏，我曾因工作来过，那时住在火车站附近的山东煤炭招待所，完成了社调任务后，去英雄山、黑虎泉边的护城河看了一遭，那个时候还没有解放阁的阁，当然也看不到护城河的墙。恰好那几天阴雨绵绵，我便以为济南是潮湿多雨的城市。但我不知道山东大学在哪里。毕竟是大省城啊，相比家乡灰突突的煤城，那是不得了的鲜亮、繁荣。我问一起来的领导是不是到过山东大学，他说看过，大门很朴素，路边的树修剪得很特别。后来我知道他说的一定是洪楼校区的西门。这是我对山大最早的所知。我也给自己存下了一个虚幻的梦想——来这里上大学，那个时候高考还没改革，想上大学靠推荐，那不是普通百姓能圆的梦。1977 年“轰”的一声巨响，高考招生改革了！我的梦总有可能实现了，三个志愿我报的前两个都是山东大学。

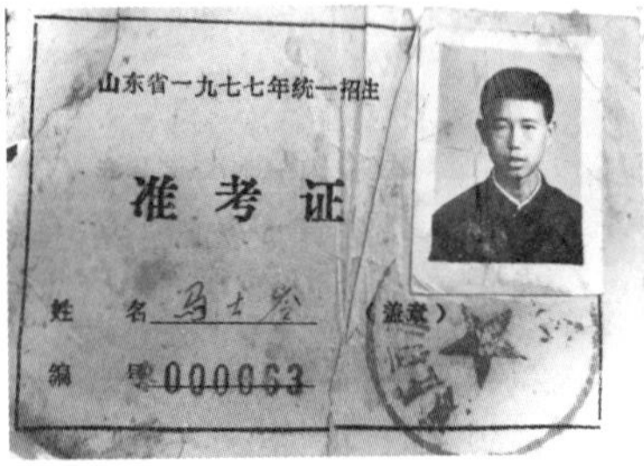
山东省一九七七年统一招生
准考证
姓 名
编 号 000063
（盖章）

为啥我报的第一志愿是哲学系？其实那个时候也不大懂别的专业，只是在高中的时候，政治课老师讲过一堂很精彩的《实践论》，高中的一个大龄同学是班里的团支部书记，手中不离艾思奇的《大众哲学》，我也传着看过几篇，觉得很是可读有趣。我的父亲是在我四岁的时候因为煤矿事故离世的，我到了 18 岁，高中还差一个学期就顶替父亲去矿上工作了，被分配到子弟学校，教了一年小学，然后在总校做行政秘书，有了更多的时间读书，这个阶段对哲学发生了更浓厚的兴趣。周末有时间就去市图书馆阅读，那个阶段除了读一些文学名著之外，很多时间都花在历史上。对了，那个时候只能借阅到杨荣国的《简明中国哲学史》，他把中国的哲学史写成了儒法斗争史。历史阅读过范文澜的《中国通史》和一些古文选。我知道山东最好的大学是山东大学，我最了解的学科是哲学，因此，我的第一志愿就是山东大学哲学系。第二志愿是中文系，第三志愿是啥已经忘了。我入学的那一年 21 岁。

我报到的第一天，从火车站出来，坐上学校的接站车，一直被拉到新校，也就是后来的中心校区。一个十分开放的校园，有校门却没有完全的围墙，西北角是一片菜地，东面是一片田园风景的麦田。校园里的树参差不齐，有的合抱那么粗，有的还是柔弱的树苗。第二天早晨，济南的早春还没有从冬天中醒来，冷冷的，地上有一层薄薄的雪，薄得像霜一样。我出北门想看一看那个古朴的大门和路边美丽的树，却什么都没有看到。大概顺着路向东走，走到一个药厂的附近就回来了，因为冷，也因为不熟悉路。

新生的宿舍区在西北角第一排房的一楼，门口贴着该房间的同学的名字。每个人的床铺位置都排好了。无论宿舍换到什么地方，这个排位都没有变。我在开门的左手下铺，正好是门后的位置，和我对位的下铺是孔令芝，而今他已因病作古好多年了。孔的上铺是刘玉安。门右手南侧是班长李宏祥和王国庆，左手南侧是袁文颇和孙恒志。恒志兄是体育委员，负责早晨跑操，他和班长比较年长，像大哥哥一样爱护我们。我的上铺一开始好像是没有人，后来 78 级的刘陆鹏住过一段时间，再后来就是赵瑞林同学，但他在别的组。

刘玉安是胶东人，乡音比较重，所以我的印象比较深刻。一开始听他的话就像听外语。他进门第一句话就说："我还以为自己走错儿了地方，到了女生宿舍呢？"这是因为老孔和我的名字语音上的确有些阴性化特征，其实我的"岭"字还是阳性的成分大，老孔的"芝"字确实容易误解。玉安是我们的组长，一直都是最勤快最操心的人。

文颇弟是否还记得在班级文艺活动会上你朗诵我写的一首粗糙的诗，字正腔圆。还有于炳贵兄的现场俄语翻译，相信不少人都被你们镇住了。

当然，肖连生的温文尔雅、王国庆的睿智、还有吕敏和王毅平的贤淑，都给我们组增添了难以忘怀的魅力。

有人说，上大学不住集体宿舍不仅仅是一种遗憾而且是巨大的损失。这话不假，我们很多人生的经验和知识都是在宿舍的争论中增长的。当然，恒志兄睡午觉一年四季都不盖东西，这得益于他多年的军人训练。班长每周从家回来都会像闹钟一样准时。这些生动的细节令我永远难忘。

新生入学之后就是军训，一开始是在文史楼北面的球场上练习正步，我们和数学系的同学同在一个场地。他们人多，花枝招展，成为一道风景。我们哲学系的同学基本上都是青衣青裤，即使是班里的女生也没有花色的服装，灰色是那个时期的典型特征，据说外语系的学生是例外。如果说中文系是我们山大的天之骄子，外文系就是天之娇女了。不过外文系在老校，除了大集会很少见到他们。

山大的新校和老校相隔甚远，如果步行需要好长的一段时间。第一次的新生大会我们就这么走过去，每人提着一个马扎子，排着长长的队伍迤逦而行。会议大厅在西门边洪家楼大教堂的对面，非常简单朴素，后来在这地皮上改建成山大附中了。孙汉卿书记、吴富恒校长和教务长（好像姓赵）做了很精彩的报告，鼓舞人心的话都忘记了，但有两个事情仍然记忆犹新。一个是教务长说的一段打油诗："春天不是读书天，夏日炎炎正好眠，秋有蚊虫冬有雪，收拾书本好过年。"另一个是书记或校长对山大历史的回顾中，谈到校领导的风采时说，华岗的哲学讲座和成仿吾的政治报告，那是国内风靡一时的新潮，因此而造就了那个五六十年代山大的辉煌。我后来专门查阅了50年代的《文史哲》,的确有很多华岗讲辩证唯物主义哲学的文章,这本享誉中外的学术杂志就是这个时期华岗创办的。

大一是最难忘怀的,有很多事一直像电影一样留在脑海里,选几件说说吧:一是午夜的“铃”声。宿舍外面靠着半截围墙和菜园子的是一条马路,凌晨进城的菜农大概车子上挂着铜铃,“叮叮当当”的声音时隐时现,我总感觉自己在做梦,静静地听着,听着,又睡着了。二是樊瑞平老师的辩证唯物主义课。樊老师讲课简洁、生动、智慧。他说宇宙是无限的(他从黑板的一边比画到另一边),如果说宇宙是有限的,那么宇宙之外是什么?就如这黑板的边外是什么?毫无疑问,物质的世界之外仍然是物质的世界。当然,宇宙的无限性是需要科学来证明的,樊老师形象的解释告诉我们什么是时间、空间、运动等等。哎,说实话,我而今虽然知道什么是宇宙的无限性,但对于“无限”这个东西仍有很多的疑虑。三是半拉子图书馆的东边就是一片农田,在春末夏初,麦黄未收时节,济南的夏天很是闷热,大大的太阳落地之后,樊老师和历史系考古专业的徐教授摇着芭蕉扇,在麦田的小路上边乘凉边说些什么。那个时候最热闹的是真理标准的讨论,同学们边走边议论,很有一点逍遥学派的风格。四是在文史楼的北楼一层参观山大的电子计算机,满屋子的机器零件,还有靠打孔输入的设备,显示“欢迎”字样的显示器。回想起来,这个东西其实是最有意义的新玩意,只是当时我很难意识到这一点。五是学术讲座特别多,特别是中文系和历史系,从诗圣、红楼梦研究到民国历史,从朦胧诗到李清照,大凡有讲座我都要去听,也确实受益匪浅。在大一,许老师的历史唯物主义课也非常精彩,许老师阅历丰富,语言犀利,能说也敢说,口若悬河,滔滔不绝,和樊老师风格截然不同。

我记忆中一年级的山大,图书馆很小,在文史楼西边的拐角里,对面的平房是阅览室和教师的参考室。学校的东边没有围墙。我们集体到食堂打饭,我们排队去水房打水,我们步行去洪家楼老校开运动会,听领导们的报告。我们上课分小组讨论,我们晚上熄灯了还会学术争论,我们周末在大操场看露天电影。我也经常去阅览室看报纸、看大参考,还有一些珍藏版的书籍。在大学时代,大一的生活满满的,即使是放假也要带几本书回家,不过又几乎原封不动地带回来,后来就不再这么傻了。

大学四年读了20多门课程，有本系的，也有外系的。中哲史、西哲史、逻辑学，还有美学等都是我最喜欢的课。我们班50多位同学，职业和年龄差别都比较大，虽然生活阅历不同，但大家互相关心、其乐融融的氛围始终如一，这要归功于宏祥班长和昌平书记等大哥哥们领导有方，和谐一致，归功于同学们的团结和理解。大学生活有欢乐有伤心，有希望有遗憾。同情同理，人生就是如此吧。

我和多数同学不同的是，毕业后仍在山大。咱们那个时候大学毕业都是国家分配工作的，大家虽然都努力争取最好的结果，但方案一公布，也都知道适合自己的地方，因为不同的单位有不同的要求条件，我自己知道大概被留校了。在这段纷纷攘攘的时间，我主要是在图书馆看书。我感谢辅导员张平老师把我划分到9个留校的同学中。从此，我一直在这里工作直到下车的站点。

在这40年里比较简单、平平淡淡。但也有几个时间点难以忘怀。留校初跟着聂风峻老师给经济系的哲学课助教辅导，后两年给数学系和化学系上哲学公共课。1984年，学校放开了考研限制，我和其他留校的几个同学报考了在职硕士研究生，不幸的是查体出现了乙肝病毒感染，不得不休假养病。前前后后接近十年时间才痊愈。非常感谢张立勇同学专门来探视，殷殷之情，至今萦怀。当然也非常感谢有德的友情和照顾，不然我也很可能随着老孔而去。大概是1986年学院调整，我跟金守臣老师一起弄符号逻辑。这一段时期，系内有5个人从事逻辑教学和研究，于惠棠老师、梁泉英老师在传统逻辑和辩证逻辑方向，金守臣老师、吴东民和我在现代逻辑研究方向。系外庄平同学在社会学系教传统形式逻辑，后来她写了一本逻辑教材送给我，我给她写了一篇评论。回想在大学期间，她任《哲学笔记》原著课代表时，我们曾就列宁书中“对立统一”的辩证思想有过深入的讨论，她对我写的课后作业深表赞赏。只可惜她英年早逝。因于我自身病困的感受，对她的不幸去世尤其伤感。2007年2月22日，我为她写了一首怀念诗：

凋落的海棠花

我用这首诗写下我对同学的哀思

春天来临的时候
海棠花开了，又谢了
伴着花儿的凋落
我们为你送别
那是悲伤地，永远地送别……

在严寒过去之后
我们有缘聚会在春天的校园
在黄绿色的枝叶间
开了的油菜花是那么灿灿
嗅着雨后校园清新的空气
有几株柳树曳摇在我们课堂的窗前

我凝视着天上的白云
白云分了又合合了又散
只记得麦田在我们身边一次次变色
小树林的枯叶一次次零落
那群在树梢上盘旋的暮鸦
似乎还在那里呜唱着哀歌

在这段时间，我遇到的问题，其实就是“存在还是发展”的问题。后来金老师去了青岛大学，于老师退休，我和梁老师做了个计划准备在语义逻辑方面作一点探索，因为她去国外进修就是这个方向，还送给我一本这方面的文集。不料天有不测之风云，我假期回来后就听说梁老师病故了，她还是那么年轻啊。符号逻辑在大学虽然学过一点，金老师教的，也不过是一点常识，但真去开课难度不小，我花了接近六年的时间边学边教。有时间就去数学系听数理逻辑课，参加过国内的专业培训，这个阶段从行内来说对现代逻辑搞得也算挺热。没有适合的教材我就自己编写。简单地说，现代逻辑的内容相当成熟，虽然从 20 世纪 30 年代金岳霖就开始把罗素的逻辑理论介绍到国内来，也有北大王宪均、南京大学莫绍揆等大家学者从事研究，他们主要分布在数学学科；但改革开放前数十年国内完全忽视了现代逻辑的教学和研究是一个事实，所以，开放之后突然火爆起来，但师、资都非常贫乏。爬过这段坎之后，已经到了不惑之年，才发现这是一条多么艰难的路，没有扎实的数学基础，这条道越走越难。像美国的王浩后期也从逻辑研究转到对哥德尔后期的哲学思想研究。从弗雷格、罗素到哥德尔，前人的成果像大山一样摆在那里，只是浏览就需要毕生的心智能力了。大家明白，数学的东西，会就是会，不会就立时卡壳。我记得有一次证明元逻辑的完备性定理，写了两黑板，突然就论证不下去了，卡住了。听懂的学生也不多，就只好留给下一堂课了。搞现代逻辑的人，基本都需要坐十年甚至更长时间的冷板凳，即使这样也很难搞出名堂来，毕竟天才是极少数人。90 年代初，第一次海湾战争期间，也是我的母亲病故前后，我深刻反省了自己近十年的学习研究和生活，认识到现代逻辑并不是我能够行得通的道路，毕竟在我们这一代人的求学阶段，欠缺基础知识是无法回避的。我希望能够找到一个比较适合应用的方向走一走。但是对于教学是没有问题的。这种研究和教学的“精神分裂”，一直令我十分痛苦。

不少熟人说做学问不应该选逻辑这样的方向，毕竟几百年才有那么一点进步，事实确实如此。不过我自己明白为什么走这条道，“存在还是发展”对我一直都是问题。现代逻辑虽难，但过了坎就无须再去翻找资料，这对我很适宜。因而到了 90 年代中期，我感觉逻辑的方向无法再搞下去了，教学尚可以继续，但科研肯定搞不出什么名堂来，除非发一些没有多大意义的文字混混日子，这是我非常不愿意做的事情。于是转到认知的方面，这个东西国内厦门大学做得比较好，海外就是芬兰学派了，我写过一点东西发在校刊上，由于研究的资料太少，也就不了了之了。在余下的一些时间，我仅对感兴趣的东西做了一些研究，这些东西不说也罢。几十年的工作，断断续续也研究了不少资料，留下了一些思考。回过头来仔细推敲整理，或许对后来者有一些启发的意义，这是我现在一直做的事情。人生若逆旅，都是路行人，或许这是我今后最大的寄托了！

总之，毕业 40 年，我在山大 40 年，林林总总的原因，一直没有离开母校，我看着山大成长，看着山大发展，而今，我们这一代已经老了。

试想，假如个体的生命是无限的，人生终究会没有滋味，假如心中存着无法消弭的遗憾，那不过因为人们不可能彻头彻尾地觉悟。所以西方才有谚语说：“我们总是老得太快，聪明得太迟。”

“77 级”是一个符号，一个永远的符号，因为它是一个时代的开端，也因为它一直活在我们的心里！

回望那年高考

李　芹

每代人都有属于自己的高考岁月，就我们班而言，几乎所有人（王志功除外）都是中学毕业若干年历经艰辛才迎来了高考，是时代的必然也是偶然，让我们结成了一个班集体或叫学习生活共同体，回忆高考自然成为大家生命历程中的永恒话题。时逢一年一度高考进行时，我把五年前为纪念恢复高考40年所写的小文《回望那年高考》重新修改一下，以此纪念1977年具有里程碑意义的特殊高考和大学毕业40周年。

恢复高考整整40周年了，看到媒体上不少77、78级学生挥洒笔墨、激动万分地撰写高考忆文，我也有些心动，不由得回想起自己参加的那年高考。

1977年底高考前，我在滕县（现称作滕州）乡下插队已有两年多。那年9月初，在当地政府统一安排下，岗头公社郁郎管区三个知青组近60名知青全部由原插队村庄迁往独山湖（现称作微山湖）渔农场集体劳动和生活。10月21日，正在田里劳动时从场部广播里传来了全国高等院校恢复招生考试的信息，明确规定以统一考试、择优录取的方式选拔人才，允许各省自主命题，山东省考试时间为当年12月9日至10日。获知这一消息，知青们无不欢欣鼓舞、激动万分。对我们这代人而言，这个消息太重要了，它标志着废止11年的高考制度重新开启。上大学是我儿时梦寐以求的愿望，如果不是“文革”取消高等学校考试招生，说不定自己已在大学读三年级了。再就是对农村生活的烦闷和对前途的茫然也促使自己试图通过高考这条途径快点离开农村。

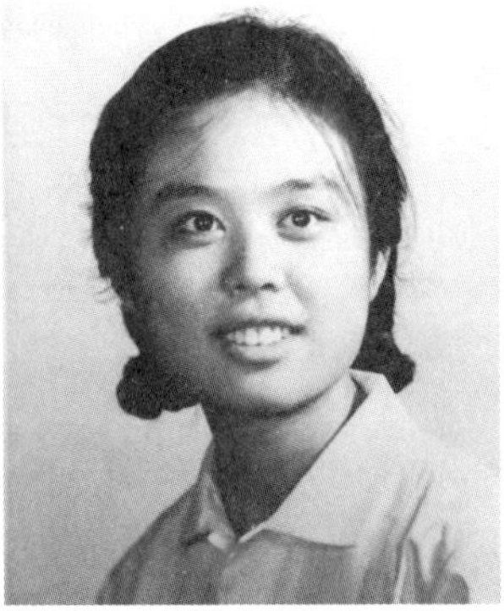

参加高考的主意拿定后,立即给家人写信,希望父母把原先学的中学课本邮寄过来,可父母搬家时所有课本已卖废品,他们只好借别人家孩子用过的几本旧教材邮寄给我。同样,知青组不少知青纷纷托家人找课本准备复习。然而从天亮劳动到天黑,复习时间只能放到夜里,早上起床常常发现,知青考生们都被煤油灯熏成黑鼻孔。时间紧,考试科目多,根本来不及复习,于是大家召集起来去公社有关部门反映,请求给参加高考的知青放几天假,但被公社领导拒绝了。

那年高考,仅允许考生选择大学或中专中的一种报名,因复习时间短,快报名时一些本来打算参加大学考试的知青纷纷退出,转而准备中专考试。我当时也有些犹豫,担心万一考不上大学还不如考中专更保险。于是给家里写信征求意见,父母也拿不定主意,专门咨询我七舅。七舅是50年代毕业的大学生,多年从事科研工作,眼界开阔,学识渊博,他来信告诉我:“国家恢复高考后,年年都会招生考试,如果今年考不上,明年接着再考,千万不要考中专。”这个意见让我的心安定下来。知青组本来有30多人准备高考,因公社不允假期,结果仅有8名知青如期参加大学考试,其余全部转为中专考试。

复习时遇到的首要问题是复习文科还是理科。高中学习时我基本没有偏科现象,但此时到底是考文科还是理科,心里一点底没有,于是写信请教已经返城的知青组带队干部高姐。她说:“你毕业这些年没有接触过任何理科知识,但经常给农民读报,又长期在队里办黑板报,抄写与政治和国家形势有关的内容,知青组也经常学习上级文件,考文科估计更适合你。再加上你们缺少复习时间,也不能像城市孩子那样可以直接找老师请教。”我一直信赖高姐,她的分析让我明确了复习方向。

报考大学碰到了两个棘手问题:一是报哪所大学?二是报什么专业?小学二年级时“文革”爆发,历年正常进行的高考工作从此停止,上大学的心慢慢死去,直到上完高中,也没考虑过自己喜欢什么样的高校或与专业。知青组以及附近村庄压根没有明白人给予指导或点拨。于是再次写信请教高姐。她其实只比我大 5 岁，同样在“文革”期间接受的中学教育，同样不懂高校类型与专业设置，但她的一句话却直接影响了我未来的专业和工作。她说：“要不你报考山东大学哲学专业吧，我堂弟（到学校后才知道，他是山大 76 级学生，属于最后一届工农兵学员）在那里学习，有个熟人会好些。”事实上，哲学是什么，我真的一无所知，更不明白学这个专业将来能做什么，但在自己没有任何主意的情况下，听从信赖人的建议不失为一种合适的选择。

填写志愿时，深感自己复习太差，借来的中学教材尚未看完一遍。考虑到数学是我中学学得还不错的科目，1973 年参加过中考，120 分的卷子得了 118 分，所以仅粗略看了一本手掌大的数学手册，几乎没做过一道习题。语文、政治不知如何下手复习，觉得平日里经常读报、写日记估计差不太多，因此大部分精力都放到中学接触很少的史地科目上。当时规定考试前必须报志愿，仅允许报三个志愿，那时的我傻傻的，根本不懂报考三所高校一般要按照先高后低的梯度排列，仅仅考虑能录取就行，而且离家越近越好，于是把自己老家的济宁师专政治系作为第一志愿，曲阜师范学院政治系作为第二志愿，山东大学哲学系放在第三志愿，后来知道这样的报考次序完全反了个儿。做梦也没有想到那年高校录取根本不看考生报考志愿的前后次序，而是允许重点院校（其实那时也不叫重点院校，只是名校而已）根据考生成绩提前录取。就这样我幸运地来到了山东大学哲学系。

考学的幸运还不止于此。那年考试地点设在离渔农场 30 多里远的滕县大坞公社大坞中学。我们八位知青考生在附近农户家借来四辆破旧自行车，每辆车除骑、坐两人外，还要带上铺盖、煤油灯、地瓜煎饼以及疙瘩咸菜。到大坞中学后，六位男生被安排住一间大教室，我与一位女生住隔壁教室。我们摸黑在门外找了两块砖头当枕头，带来的被褥直接放地面上一铺一盖，两人打通腿。点上煤油灯，吃点煎饼，我俩立即进入紧张的复习。由于白天赶路太疲劳，我仅看了几页书本便倒头呼呼睡去，可那位女生还在微弱的油灯下进行最后冲刺。天亮醒来怕打扰她休息，我拿块煎饼边吃边走出教室。头天到大坞中学时天已擦黑，对校园环境一无所知，因此没出校门直接在校园内东看西瞧。走着走着突然发现一块校园黑板报，在生产大队多次办板报的经历让我径直走过去，一字不落看完全部内容。记得那上面没什么原创，仅仅是报纸刊登过的社论和形势方面的宣传稿，其中有一篇是写批判“四人帮”反动政治纲领的文章。真的是上天助我，考政治科目时，看罢试题，心就激动地怦怦直跳，不是紧张，而是不由自主地窃喜。那年的政治试卷有六道题，最后一道大题恰恰是刚从校园黑板报上看到的，即“从理论和实践的结合上批判‘四人帮’反动的政治纲领”。要知道，短时记忆对考试的作用太大了。

北方的冬天黑得早，最后一门考试科目结束后，天已经完全暗下来，北风嗖嗖，天寒地冷，饥肠辘辘，两天的考试全是就着咸菜吞咽煎饼，喝的都是从冰冷水管里接来的生水。此时大家十分渴望吃点热食物。在考点村庄转来转去，好不容易找到一家卖羊肉汤的农户，一毛钱一大碗，咬着仅剩的几片坚硬的煎饼，喝着只闻羊味不见肉星的热腾腾羊汤，让从不吃羊肉的我狠狠地满足了一把。多少年后，每当听到一些家长说他们如何如何给高考的孩子添加营养时，我都会想起那碗难忘的羊肉汤。

整整40年过去了，那年高考的记忆依然清晰如昨，挥之不去。恢复高考让我迈入了长久不敢想象的高校，也与山大结下了浓浓的化不开的情缘。

如果说青春的岁月是条河，参加高考则是那奔腾着、跳跃着、汇入大河的小溪，每一代乃至每一位考生在徜徉小溪时总有自己或欣喜或苦涩或沮丧的高考故事。作为恢复高考后的第一届考生，强烈感到那年高考深深印刻着特定时代的烙印，既有无限喜悦与欢畅，也伴随着无法摆脱的惆怅与无奈。

其一，那年高考由各省自主命题，试题分量与难易程度均简单到不能再简单的程度，但仍然难倒了大批考生。史地试卷好像有个计算地图比例尺的题目，现在看也就初中一年级的水平。即使如此，仍有众多考生面对试卷愁眉苦脸，一筹莫展。我在大坞中学考点考试时亲眼看见了不少考生趴在考桌上睡大觉，还有的考生不到半小时直接交卷结束战斗。之所以如此，一是“文革”期间严重忽视教育，中学知识根本没学好，基础知识太差；二是中学毕业后或插队或就业，知识学习中断多年;三是仓促上阵,缺少时间系统、深入复习。当然,抱着撞大运、随大溜的考生也不在其少数。

其二,作为新中国历史上唯一一次冬季高考,政治、语文、史地等试卷均带有浓郁的政治色彩和时代气息。语文作文题目是《难忘的一天》,仅作文分数就占语文成绩的五分之四,真的是得作文者得语文科目之天下。看到题目我马上想到就写毛主席去世这一天。入学后方知,许多同学都写的同样题材,可见当时大家的思维是多么相似而狭窄,同时也倍感政治影响之严重。

其三,特定的年份让录取程序出现了以前没有、日后也不会有的特色,即低报高录。允许名校根据考生成绩优先录取,而不是凭考生报考志愿先后次序录取。这就为那些不懂填报志愿必须由高至低的考生开辟了通往名校之路,我即其中的受益者。上学后获悉不少 77 级大学生均存在这种情况。

其四,不公布考试成绩,很多考生包括我自己在内至今不知自己各科目的考试成绩,这恐怕是高考历史上从未有过的。那年教育部门为什么要对考生成绩保密?我一直很纳闷。

其五,录取比例低。1977 年全国 570 多万名考生,拼搏 27.3 万个录取名额,录取比例为 29∶1,录取率仅为 4.87%,成为新中国成立以来参加考试人数最多、竞争最为激烈的一次高考。后来获知,山东省当年招生人数是 8000 人,80 万考生走入考场,录取率可谓百里挑一。

其六,考生年龄、经历差异大。中国大陆整整 11 年中断正规的高考工作,积压了数千万社会青年,因此那年特地放宽招生年龄和婚姻限制。父子、夫妻、兄妹、姐弟同时参加高考,一家人从老大到老小几个人一起奔赴考场的也不稀罕。我认识的一位同届生物系同学,家里兄弟姐妹 7 人,其中 5 人同时参加 77 年高考,竟然全被名校录取,成为当时济南市的街坊美谈。至今仍清晰记得在我们新生入学典礼上,这个家庭的老三作为中文系工农兵学员代表老生讲话,向我们 953 位 77 级新生庆贺。我所在班级最大的同学生于 1947 年,最小的同学生于 1961 年,15 个年份里,几乎每一年都有同学出生。57 名同学中仅有一位高中应届考生,其余都是往届毕业生。当然理科的应届生会多一些。

错综复杂的中国十年政治危机与社会动乱让我们这代人失去了连续接受完整教育的机会,而历史又情有独钟地把最后的机会送给我们,让我们最先沐浴了改革开放的第一缕春风。40 年后的今天,回望那年高考,深深感触并认识到恢复高考真真切切改变了国家的命运，为国家在新的时期及其后来的发展与腾飞奠定了坚实的人才基础。恢复高考也改变了社会的命运、教育的命运、学校的命运、教师的命运，更有考生自身的命运，通过高考走进大学校园从而在人生道路上有了更高层次与更大范围的选择性。

感谢邓小平老人家的英明决策，感谢众多科学家、大学教师对恢复高考所做的贡献，感恩父母和七舅的关爱与支持，感恩高姐的指导与帮助，感谢在乡下岁月相互陪伴、携手同行的知青朋友们！

写于 2017 年 10 月 21 日恢复高考制度 40 周年之际

修改于 2022 年 6 月 7 日高考日

大学闺蜜

李　芹

从小到大我在不同环境下都曾有过闺蜜，有的闺蜜至今仍借助互联网在远程频频交往，但自己深以为最亲近、最温暖、最稳固的闺蜜莫过于小翟。

小翟与我大学同班，也是历经四年的舍友。从不到21岁认识她，如今已到六六大顺之年，我仍习惯叫她小翟。

与小翟的交往还要从迈入山东大学那天说起。1977年是中国所有大学77级学生永远难忘、刻骨铭心的年份，在邓公主导下，停止11年的大学高考工作重新步入正轨，小翟和我同时参加了那场可以说影响中国社会未来发展与个人命运的高考，也幸运地成为山东大学哲学系77级同班、同宿舍的同学。记得入学第一天，即1978年2月28日，大概中午时分，我从济南火车站下车后立即被迎接新生的校车送到山大新校（现中心校区），提着大大的行李箱走进位于一号楼一层的哲学系女生宿舍，见到的第一位舍友与同学便是小翟。我俩可以说一见如故，彼此亲切地询问：叫什么名字，家在哪儿，怎么乘车来校园的等等，当问及对方年龄和生日后，两人立即哈哈大笑，仅差一天我俩就同年同月同日生啦。这个很重要，往后的几十年，每到9月21日、22日这两天，我俩或一起吃蛋糕吹蜡烛庆生，或电话微信彼此祝福，从未间断。命运就这样安排给我一位闺蜜。

小翟与我有不少相同之处，不仅仅同年同月生，自小到大的生活环境也差不多，家里都有一个妹妹，关键是我们都属于那种有理想、有情怀、有人生追求，同时也有慈爱之心的人。当然我俩的差别也不小。论智能，小翟聪明，说话利索，甚至嘴巴快于脑袋，而我木讷，想到了却说不出；论行动，小翟敏捷，我笨拙；论性格，小翟风趣活泼，我有些呆板；但这些截然不同的特点与风格并没影响我俩深入交流与交往。

上学时，小翟总说不喜欢哲学而喜欢文学，可我压根不知道自己喜欢什么，认为学什么都一样。于是我们一起商议，选修了中文系若干课程，如“美学概论”“西方文学史”等。大四时，我们又一起商量考研，她报考北京师范大学哲学系，我报考中国人民大学哲学系，两人一起努力备考却都因为少了几分而又一起落榜。难以忘怀的是1981年整个暑假，我俩第一次没回家探亲，而是留在学校宿舍边复习边享受着她男朋友张玉冰烹饪的精美饭菜，忙里偷闲也没忘记去校园拍拍美照。

小翟上学时并不属于那种埋头苦学的学生，但考试前稍加努力准能考个不错的成绩。小翟的乒乓球打得很好，曾代表系里打过比赛。她也乐于排球、游泳等体育活动，但最讨厌早操。对她而言，早早起床就像受刑一样难受，以至于经常借特殊情况理由去请假。我曾取笑她："人家女生一个月只有一次特殊情况，你怎么一个月好几次？"小翟最高兴的莫过于周六下午，玉冰一定会准时在我们宿舍窗外叫一声"玲玲"，只见她立刻背起书包，三步并作两步，急忙跑出楼房。

毕业后她分配到省人民广播电台工作。刚开始住在电台招待所，那时没有电话，我一般会在礼拜六去招待所与她挤在单人床上海阔天空地聊，聊崭新的工作，聊单位见闻，聊同学，当然也会聊恋爱问题。后来大家前后结婚、生育，如何养育孩子又成为主要话题。

最令人心碎的是小翟儿子两岁时，张玉冰被诊断出癌症，风华正茂、前途无量的玉冰只能痛苦地躺在病床上，不断经受着放疗、化疗的折磨。整整两年，小翟经常是风里雨里、北京济南两头跑，边养育年幼的儿子，边到医院照顾病重的玉冰。我那时正读硕士，根本无力帮她的忙，仅会抽空到西郊肿瘤医院看望艰难的夫妻俩。玉冰走后，小翟咬着牙独自一人带着孩子生活，只在每年的清明时节，捧着精心准备好的鲜花去玉冰那儿说说心里话。

小翟这人顽强又善良，即使再苦再累也从不示弱，无论对谁，总保持着乐观开朗的心态。对同学的事情永远是有求必应、全力相助。对同事总是满腔热情，尤其对刚进电台的年轻人，生活上细心关爱，工作上手把手指教。我有几个学生毕业后到她手下工作，每每见到这些学生，听到的都是翟主任对我们如何如何的好。小翟家的钟点工在她那里也获取了数不完的恩惠，当知道钟点工患病时她立即掏出好几千元送她去医院治疗，给钟点工孩子买衣服、买学习用具更是年年不忘。大冷天在她家宿舍外的街道上看见一些艺考生背着画夹、喝着冰冷的矿泉水、吃着火腿肠站在公交站台等车，她总心疼那些受冻心焦的孩子，恨不得带他们到自家吃顿热乎饭。

伴随孩子们的成长和父母的老化，我们更多交流的是如何面对孩子与老人产生的种种问题，许多经验交流和心得分享都成为人生经历的难得财富和值得回味的生活篇章。

对于接受过高等教育的知识女性而言，如何把自己的本职工作做好？怎样处理不同层面的人际关系？怎样获取紧跟时代的最新信息？我们也无数次交流、分析这些方面的问题。在工作领域，小翟出色的工作业绩以及获取的诸多荣誉在此不留“墨迹”，我知道她不愿让我说这些。就此而言，我俩早有共识：我们班优秀同学实在太多了，随便拎出一个都令人赞叹不已，相比之下，我们各自做的那些工作成绩根本不值一提。但有件事还是应该提一下。那是 1999 年，为升正高职称需要考英语，小翟复习的那些划了重点的资料都完好保留并送给我使用，让我节省了太多时间和功夫。也就在那年年底，我俩同时如愿晋升为正高，心花怒放的我俩从内心深处传来了共同声音：世俗目标总算实现了，从今儿开始，咱可是正儿八经的高级知识分子啦！

2017 年 10 月，为纪念 77 级学生高考 40 周年，山大几位热心同学在中心校区举办了“梦圆山大”庆祝活动，我与小翟与班级几位同学一起参加了。在近 200 人的庆祝会上我们都十分感慨和激动，感慨国家高等教育的快速发展，感慨大家命运的根本改变，当然也打心底庆幸大家成为永远的同学和朋友。庆祝活动两天过后，小翟电话问我能否借到学位服，我说：“没问题，来吧！”于是在母校的大门前、图书馆、小树林都留下了我们身穿学位服、头戴学士帽的倩影与笑容。

生活上，小翟追求精致而完美的高品质生活方式，布置的房间整洁又温馨，每样物品都恰到好处地放在它该放的地方，再嵌入些艺术元素点缀，看着就让人满心愉悦。好多人与她最初接触,总以为她是那种性情外向、风风火火的女子,事实上她更喜欢安静地待在家里织毛衣、缝衣服。我衣柜里挂着的多件睡衣都是她买来布料精心设计、仔细裁剪并一针一线缝制而成的,那针脚不仔细看还以为是缝纫机的作品。她的毛线活那真叫一绝,不同色彩的毛线在她手里很快会变成一件件艺术品。记得有一年时兴毛线披肩,她一下子给我、我女儿、我妈妈、我婆婆还有我妹妹织了七件颜色各异的漂亮披肩。完了不忘说一句:"我要打扮你最亲的所有女人们。"我外孙出生后,她又开始忙碌着为小家伙编织毛衣,一件又一件。

风风雨雨几十年,我俩可说志同道合,无话不聊。大到国家政策、社会现象,小到大学同学、孩子教育、父母赡养,包括电影、电视剧、购房、理财,美容,甚至衣服鞋子什么样式好看等,七七八八的事情聊起来总是没头没尾、没完没了,而正是这些东西充实着也温暖着彼此的内心世界。

伴随着年岁增长,疾病开始不断困扰,吃什么药、如何防范疾病、到哪儿找好大夫治疗等又成为新的话题。有一年我在省中医动手术住院半个多月,小翟每天下班后总是带着肉菜饭,挖出西瓜中间最甜的那部分放餐盒里,当然还有最新的报刊资料来医院陪我。有时因开会来不了,就让她的司机送饭过来。躺床上无聊,我写了篇随笔《住院杂记》,记下了那段难忘的日子。

微信时兴后,她成了班群最活跃的信息推送者。从早到晚只要看到有益的信息或帖子总会在第一时间与同学们分享。我说:"你这是几十年宣传工作没做够,老来换个平台继续干。"

什么叫闺蜜?闺蜜就是能给你温暖、治愈的人,就是你行走在人生路上有个互相牵挂能够互助的朋友。你可以与她歪躺在沙发上很放松地东一句西一句、天南地北胡乱扯,也可以在遇到喜讯或烦心事时,立马拿起电话不顾一切去倾诉的人。小翟与我就是这样的闺蜜。

致敬 1977　致敬母校

肖连生

参加 1977 年高考，并成为山大的一名学子，结识了一批品德高尚、奋发图强的优秀同学，这是我一生的重大转折和荣幸。2022 年是我们哲学系 77 级毕业 40 周年，读了同学们朴实生动的回忆文章，深受启发和鼓舞。这些回忆也把我带回到 40 年前洋溢着青春气息的校园生活，再次重温那激情燃烧的岁月。

从机械工人到大学生

我的基础教育是在"文革"动乱中完成的，在知识获取和积累方面有着先天的"营养不良"。在那个年代，教育要革命，学制要缩短，学工、学农、学军大行其道，各种实践活动常常打乱正常的教学秩序，小学学制从 6 年缩短到 5 年，初中、高中则各为 2 年，9 年时间匆匆完成了过去 12 年的教育旅程。在初高中阶段，我比较偏爱文科和英语，但理科成绩也很好，并没有偏科。

1975 年 7 月高中毕业时我 17 岁，同年底到济南水泵厂（当时是山东省工业和农业水泵的主要生产厂家之一，在计划经济体制下产品供不应求）报到，成为机加工车间的一名机械工人。两年多的工作经历开阔了我的眼界，也磨炼了我应对挑战的意志。当我走进机加工车间，看到车铣刨磨钻镗等各种机加工机床，八仙过海、各显其能，各种坚硬的金属工件在机床面前犹如泥土，瞬间对机械工人产生了由衷的自豪感。当时，车间领导分配我干立式车床的车工。立车是一个庞然大物，我一米八的个头，在它面前显得十分渺小。立车的卡盘平行于地面，其直径为1.6米，硕大的刀架导轨和刀架横亘在卡盘之上，当卡盘夹着工件高速旋转的时候，只觉得天旋地转。待加工的工件也是庞然大物，必须依靠吊车（行吊）才能就位，工件上布满了上一道工序翻砂铸造残留的大量黑砂（含多种重金属）。加工过程中，高速旋转的工件致使黑砂飞扬，我置身于黑色沙尘暴的中心。我既是一场场黑色沙尘暴的制造者，更是它的受害者，每天下来，浑身上下都布满了黑色的粉尘。

机械工人的工作量是按工时计件制，每天必须完成规定的8小时加工工件数量。1976年下半年，车间开始搞“超千分”劳动竞赛活动，即在一天之内要超额完成两天的工作量（一天工作8小时为480分钟，“超千分”就是要超过两天的960分钟）。对此，有几十年工龄的老工人都面有难色，而我是第一年的学徒工（学徒工需3年出徒），要“超千分”难度可想而知。我积极参与劳动竞赛，勤学苦练，早来晚归，争分夺秒，终于成为车间“超千分”的积极分子。由于工作成绩出色，1976年年终评比时我被授予全厂“十大标兵”荣誉称号。

工作之余，我阅读了大量的哲学、文学和历史著作。在进厂之初我就申请了单身宿舍，周一至周五下班后就在宿舍读书学习，周六下班后才回家度周末，两年的时间积累了几本读书笔记。当时并不知道1977年就会迎来高考制度的改革，但我觉得时间应当是用来学习的，光阴是不能虚度的。这些知识的积累，为我后来参加高考奠定了比较扎实的基础。

1977年，我国迎来了中断了11年的高校招生考试，这次高考制度的恢复改变了千百万年轻人的命运，我也有幸成为这次改革的受益者，从一名机械工人成为新时代的大学生。班里50多位同学来自各行各业，年龄差距也特别大，既有参加工作10多年的“老三届”，也有应届高中生，个个品学兼优、出类拔萃。党员同学比例超过半数，在他们面前自己的学识和阅历显得十分苍白和稚嫩。

在校四年时间，大家都十分珍惜这历经十年浩劫来之不易的学习机会，一些家住济南的同学甚至周末也不回家，在校坚持学习。尤其值得一提的是，我所在的四组是一个团结奋进的集体。李宏祥班长事事为楷模，处处做表率，功课门门优秀；组长刘玉安具鸿鹄之志，德才兼备；孙恒志阅历丰富，功底扎实；孔令芝博古通今，满腹经纶；王国庆标新立异，敢为人先；袁文颇性格开朗，豁达洒脱；马士岭治学严谨，博学多识；王毅平和吕敏自律自强，聪慧好学。在日常学习和班组讨论中，同学们鞭辟入里的洞见使我受益良多。

在学习上，各门功课中我比较偏爱自然辩证法，想多学一些自然科学的基础课，为自然辩证法学习打下良好基础。恰好方宏建同学（时任逻辑学课代表）对逻辑学和自然辩证法也有着强烈的爱好，于是我们不约而同地想去其他系选修数学和物理学课程，为此向系里提出了书面申请，遗憾的是由于当时学校没有跨系或跨学科学习的制度，选修申请未被通过。令人唏嘘的是，后来微积分和线性代数成为哲学专业的必修课，20 世纪 90 年代前后我在系里任教时，教授的一门课程就是线性代数。

在战争中学习战争

1985 年，我考入华东师范大学自然辩证法暨自然科学史研究所，在华东师大系统地学习了科学哲学和自然科学史。研究生毕业后，我回到山大哲学系任教。当时肖效武老师任自然辩证法教研室主任，他治学严谨，待人宽厚，工作上给了我许多指导和帮助。1995 年，受经济改革开放大潮感召，我由山大调入山东工业大学产业处，加盟山东华天事业发展总公司（后更名为山东山大华天科技集团有限公司），开始了我的产业之旅。在华天，我先后担任山大华天副总经理和山东华天电气科技有限公司董事长。

作为一名文科生，进入一家电气公司，一切都要从头学起，如理解产品的技术原理、功能、市场需求、营销策略、渠道开拓、产品解决方案、团队建设等。山大华天的最初产品是稳压电源，其功能是解决电网电压波动问题，稳定输出电压，对负载实施多种保护。稳压电源属于电源大家族中的一个小品类，在90年代有一定的市场需求，但随着全国实施城网和农网建设改造工程，社会用电量、供电可靠性和稳定性得到了显著提升，稳压电源的市场需求逐步萎缩。如果始终坚守这单一产品，不做产品和解决方案的拓展升级，公司将万劫不复。

我在山大华天任分管营销的副总经理，肩负感知客户需求、拓展渠道、产品销售、发现市场新商机、实现公司快速增长的责任。要突破企业发展的天花板，首先要突破认知的天花板。企业战略定位不能基于单一产品，每一种产品都有其生命周期，当公司主打产品进入衰退期时，就会把公司带入衰退。因此，公司战略定位应当超越单一产品生命周期，把产品生命周期同企业生命周期相分离，用第二曲线及多产品组合形成灵活多变的解决方案，在更大的事业范围寻找自己的生态位。

20世纪90年代，我国相继启动了以金关、金卡和金税等为代表的重大信息化应用工程，各级政府机构、企事业单位相继建设数据中心(IDC)，这些信息化工程的启动，为电能质量产品的高速发展带来契机。我们高管团队敏锐地领悟到市场变化的趋势，清醒地把公司定位为“小环境供电整体解决方案提供商”。小环境供电整体解决方案就是通过多种电源产品的组合，提供客户定制化的高品质、高可靠的电能质量。在这一定位思路指引下，公司引入多产品组合，即不间断电源(UPS)、应急电源(EPS)、发电机、机房空调、机房监控、有源滤波器(APF)、无功补偿、能量回馈装置、工程服务等。公司不再局限于做单一产品的供应商，而是致力于成为小环境供电整体解决方案(包含工程、咨询)的提供商。这一战略定位打破了单一产品对公司发展的束缚，大大拓展了公司的客户群体和市场容量，迅速把公司的销售额从数千万提升到数亿的规模。

发现并突破战略性大客户，这是实现公司高速增长的关键。我带领销售团队与省内通信、金融、税务、教育、制造业等行业建立了良好的客户关系，使公司成为省内最具规模的小环境供电整体解决方案提供商。21世纪初，我国越来越多的城市相继开始建设地铁。我抓住这一契机，带领团队相继中标北京地铁、苏州地铁、上海地铁和青岛地铁等十几个项目，使华天电能质量产品成为地铁行业的一张靓丽的名片，为公司发展拓展了新的市场空间。

在管理实践中，我在战争中学习战争，一方面阅读了大量的技术、管理、市场营销等方面的文章和书籍，加深对产品和市场的认知；另一方面与业内专家深入交流，倾听他们对产品、解决方案和市场机遇的意见，以此不断提高自己的管理水平和捕捉市场机遇的能力。在科技发展日新月异、社会环境错综复杂的今天，兵无定势水无常形，所有既定的商业模式、业务模式、技术路径、解决方案、组织架构、营销方式等都不是一成不变的，都应当在新的技术背景和社会环境下对其重新审视，不断地进行质疑与批判，从而发现新的商机、新的发展路径。所有这些都离不开哲学思维的批判和怀疑精神。

百战归来再读书

2014 年 12 月，由山东大学济南校友会执行会长、山东大学校友企业家俱乐部理事长李宇兵发起，由山东大学管理学院推出课程内容前沿、学员层次高端的山东大学“百年学堂・卓越领导”企业家培训项目。应项目主办方之邀，我于 2016 年出任山东百年教育科技有限公司董事长，负责百年学堂项目的运营。

从运营企业到运营教育项目，这对我来说是一项既熟悉又陌生的工作。我虽从事教学多年，但那时作为任课老师仅负责自己教授的课程内容，并不涉及招生、教务、学员管理等一些繁杂的事务性工作。而百年学堂的培养对象是企业家，课程内容涵盖中华文化、企业发展战略、领导力、企业文化、人力资源、商业模式创新、股权激励与设计、组织设计与变革、市场营销、产品创新、项目管理、数字化转型、学习技术等，涉及企业管理的各个维度。管理专业研究生需要几十个学时的课程，在这里会被压缩到几个学时，授课老师要通过一场讲座为学员展示一门学科的整体框架、内容精髓和应用案例，因此，百年学堂的课程是管理学课程的再造，是精华中的精华。也正因为如此，课程体系搭建和授课老师遴选便成为项目成功的关键，为此，我投入了大量的时间和精力，用于师资甄选、研读管理专业课程和学习技术。

2014 年 12 月 6 日，“百年学堂・卓越领导”首期开讲仪式在山东大学中心校区邵逸夫科学馆举行。时任山东大学校务委员会常务副主任的方宏建同学和时任山东省人大常委会副秘书长、办公厅主任、山东大学济南校友会会长的赵瑞林同学亲临现场给予支持。方宏建代表校领导致辞，他勉励同学们德智双修，报效国家。

百年学堂的举办，也得到了哲学系老师和老同学的大力支持。刘大钧老师作为山大的终身教授、中央文史研究馆馆员、中国周易学会会长、全国政协委员和山东大学易学与中国古代哲学研究中心主任，曾两次来百年学堂授课，以“周易泛说”为主题，向学员们阐释了象数文化和其中的管理思想，希望学员们把“传统”与“现代”相结合，探讨适合中国现代化的管理模式。

傅有德同学应百年学堂邀请，以“宗教信仰与民族精神：犹太人的大智慧”为主题，结合多年丰富的学术研究成果，将犹太文明的起源、各宗教流派之间的对比与演进娓娓道来，为学员们系统阐释了什么是宗教、犹太人以及犹太民族精神。他强调，“求歧义”是犹太民族敢于创新、善于创新的教义根基，这对我国科技创新有着重要的借鉴意义。在这次课之前，我曾担心学员们对这种阳春白雪的课程会和者盖寡，接受度不高，但实际情况却颠覆了我的认知，课程不仅吸引了百年学堂的众多学员，而且还迎来了相当数量的嘉宾，课后大家还围绕着傅有德继续深入交流。

颜炳罡教授是我们哲学系 79 级师弟，作为山东大学儒学高等研究院副院长和中国当代新儒学的代表人物，两次来百年学堂作报告，讲述了“传统儒学文化与现代管理之道”和“人文化成与斯文中国”。

多年来，百年学堂先后邀请了百余位国内外极具影响力的高端师资来讲学授道，其中有包政、傅有德、胡金焱、江南春、金错刀、黎红雷、刘长允、刘大钧、刘建亚、刘润、路长全、马光远、毛基业、齐善鸿、秦朔、邱震海、石述思、王力克、汪寿阳、王学典、魏炜、温元凯、吴伯凡、武常岐、吴声、吴晓波、向松祚、谢玉堂、熊向清、颜炳罡、余斌、于金明、张其成、赵树丛、郑强、钟朋荣、朱祥武、宗毅等。分享嘉宾中，既有政府领导、著名企业家，也有著名经济与管理专家和学术大咖，还有知名媒体人。

百年学堂的运营既是一项艰辛繁杂的管理工作，更是一次难得的学习精进之旅。百年学堂邀请的分享嘉宾大都是国内知名专家、学者、企业家、媒体人等，他们在业内享有盛誉，在各自领域专心深耕数十年，对其专业及其发展趋势有着卓尔不凡的洞见。深入地与他们交流，聆听和学习这些大咖的课程，让我透过巨人的视角感知宏观经济的脉动，管窥企业管理领域最新进展及发展趋势，加深了对宏观经济和企业运行底层逻辑的认识。

结语

当年在课堂上，老师们屡屡强调哲学对于各行各业的普遍指导意义，当时我对此没有丰富的生活阅历支撑，懵懵懂懂，将信将疑。历经多年在企业和教育行业中的摸爬滚打，才愈加体会到哲学的威力。在企业管理中，哲学思维是对现有公司发展战略、商业模式、业务模式、技术路径、品类属性、组织架构、营销方式等的质疑与批判，是站在系统的视角对宏观经济、行业发展趋势及公司整体运营的系统性思考，是关系到企业生死存亡的大智慧。

回顾自己学习和工作的经历，能成为山东大学哲学系 77 级一员，是我人生最关键的跨越和最重要的转折点。大学四年，让我从一名工人脱胎换骨成为新时代的大学生；大学四年，让我领略了哲学这座宏伟殿堂的庄严，使我始终对它保持由衷的敬畏感；大学四年，让我融入了引以为傲的优秀班级，体会到家一样的温暖；大学四年，让我在同学们的身上看到了什么是自律自强，什么是鸿鹄之志；大学四年，让我收获了哲学思维、恩师教诲、同窗友谊，收获了我一生最宝贵的财富。所有这些，都要感恩 1977 年高考制度的恢复，更要感恩母校、感恩恩师、感恩哲学系 77 级的同学们！

致敬 1977！致敬山大母校！

高考改变了我的人生

侯培德

1959年6月，我出生于山东省临清市刘垓子镇南薛庄（原临清县代湾区任占薛庄）。在本村上小学，在孔集上初中，在胡里庄公社上高中，山东大学哲学系本科毕业，中共中央党校经济管理专业研究生毕业。先后任职于黑龙江省大兴安岭地区阿木尔林业局，煤炭部地质局，曾任中煤涿州地质制图印刷厂党委书记、工会主席，中国煤炭地质总局第二勘探局离退休管理处书记、勘查院党委书记，曾被评为黑龙江省大兴安岭地区"五讲四美三热爱"先进个人、中国煤炭地质总局安全生产先进个人、第二勘探局优秀党务工作者等。

在南薛庄上小学时开始了"文革"，对阶级斗争有了朦胧的印象。在孔集村上初中时赶上了"批林批孔"，学校经常组织写这方面的文章，接触到了文言文"悠悠万事，唯此唯大，克己复礼""己所不欲，勿施于人"。心中的"孔圣人"被批成了"孔老二""落水狗"，"批林彪"时也感到林彪好像没有说过什么，也不知道"孔老二"和林彪怎么能联系起来。上中学时写的批判文章比较多，批判过"读书做官论""读书无用论"；"学好数理化，走遍天下都不怕""书中自有黄金屋"等，我都是那时才知道的。当时大批判对于学习影响不大，经常考试，记得一次期末考试我还考过全班第一名，是从学校墙上的分数榜看到的。上小学和初中还是比较快乐的，平时放学后帮助家里拔草、放羊，放暑假帮助家里干些农活。

初中毕业升高中，当时要村里推荐，说是讲成分但不唯成分论，重在政治表现。我是属于政治面貌不好，家里又没有势力的，村里没有推荐我上高中。6月初中毕业（当时已从以前的冬季升学改为了秋季升学），正是上学的年龄，却跟大人到生产队里干活，学习不如我的人去上高中了，心情特别不好。母亲为了让我去上学，四处奔波，我才在那年的12月去了离家30多里地的外公社的胡里庄高中上了学。入学比别人晚，半学期数理化课没上，高中主要时间是“反击右倾翻案风”，上课比较少，经常组织去干农活拔草、背着粪篮子拾粪。1976年5月28日高中毕业后回家劳动，秋天开始征兵，我想去参军，但因政治面貌不好村里不同意，只能在家务农。当时看到临清县初中高中毕业的知识青年来到我们村里也一样下地干活，他们远离父母，手磨破了，脸晒黑了，父母来看他们时心疼得哭了，我想我一个农民的孩子就应该种地。那年的冬天去聊城南边的徒骇河挖河，就住在河堤上。在河堤上挖一个半阳半阴的大坑，上面用檩条树干搭上，晚上钻到里边睡觉，阴暗潮湿。冬天的早晨5点钟起床又黑又冷，就下到河里去挖泥，把大河里的泥用车拉到大堤上，在河里吃早午晚饭，一直干到晚上实在看不见了才收工。可真累啊！

粉碎“四人帮”后，党和政府开始重视教育。1977年6月，临清县通过考试招一批民办教师，我报了名。先是在公社初考、然后到县里再考，考了语文、政治、历史、地理、数学、物理、化学，我两次考试都通过了，录取后安排到临清师范培训半个月，学习的是《实践论》和《矛盾论》。培训结束后到我们刘垓子公社当老师，教高一政治。在高中教学期间，听到了广播里播出有关恢复高考的消息，感到这是人生转折的关键时刻。作为高中的政治老师，我负责辅导公社高考人员的政治题，得到了一本济南二十二中编写的《复习题纲》，开始了认真的学习，白天给学生上课，晚上自己背题。因为理科底子不好而报考了文科，在文科中专业的选择上，因在临清师范培训的《实践论》和《矛盾论》，对哲学产生了兴趣，所以考完后报志愿第一志愿就是山东大学哲学系。后来被山东大学录取了，受到所在学校领导老师的表扬并让我在高中毕业班上讲学习心得体会。1978年2月28日去济南上大学，当时黄河上还没有桥，靠摆渡过河。

在上大学期间，印象较深刻的有几件事。一是读了很多历史方面的书，从《东周列国》《西汉演义》到《民国演义》有30多本，还读了不少名人传记，如《拿破仑传》《斯大林时代》《列宁回忆录》《罗斯福传》《袁世凯演义》《马克思传》等，对英雄人物在历史发展中的作用有了新的认识，对中国历史的演变有了较清楚的了解。毕业论文写的就是关于英雄人物的历史作用这方面的内容。二是在学习恩格斯《家庭私有制和国家的起源》一书时，提出了国内存在三大婚姻集团的想法，农民、工人、知识分子和国家干部这三个婚姻集团，彼此独立又互相交织。三是张景芬爱早晨学外语，在宿舍六楼听广播，我每天早晨在食堂吃完早饭给他买一个窝头带回去，这事我干了好几年。我说我为啥老给你买饭，他开玩笑说他是将军我是士兵。四是每个期末考试时，背题还是很累的。有时晚上教室关了门就在路灯下面坐个马扎子看书背题，暑假前的期末考试，路灯下还有蚊子和虫子，想想真够辛苦的，这是我一生中学习最刻苦最累的时候。

大学毕业后去哪里？干什么？这是人生的又一次选择。我因看历史书较多，不想当老师限制在七尺讲台，想从事行政管理工作，但当时我不是党员，在就业选择上没有竞争力。当时林业部大兴安岭林管局行政名额一个、沈阳医学院教师名额一个、陕西机械学院教师名额一个，这三个地方我可以挑选，我选择了去大兴安岭林管局加格达奇。当时没有特快火车，从济南到北京12小时，再从北京乘168次车经24小时到达齐齐哈尔，然后从齐齐哈尔在坐13个小时的火车到加格达奇，千里迢迢，冰天雪地。一个愣头愣脑的青年出现在林海雪原，现在想起来有些后怕，当时真是初生牛犊不怕虎啊！

1982年2月至1987年9月，我在黑龙江省大兴安岭地区阿木尔林业局宣传部工作，有些事情感受比较深刻。其一，人们对于哲学很好奇，说我的到来是来了一个哲学家，我应大家的要求办起了“伐木工人学哲学”学习班。通过讲解，他们了解了一些哲学基本原理，认为哲学不是他们想象的那么神秘；通过唯物史观的讲解，他们认识了社会主义代替资本主义是历史必然；通过辩证法的讲解，

他们在看待事情的全面性上有所提高。其二，十二大召开前夕，党的十二大代表、大兴安岭地委书记全玉祥到林业局征集对十二大的建议，我当时经常在党校讲课和在机关作形势任务讲座，发现有些领导干部根本不把理论学习当回事，于是我提出了党政干部的学习时间和学习成绩要记录到档案中，作为考核干部的一项标准同干部的提拔晋级挂钩，这个建议得到了全玉祥书记的肯定，并在大兴安岭地区制定了加强干部学习考核的办法。其三，一到东北就好像进了威虎山，人们和《林海雪原》里描写的一样，戴着皮帽，穿着皮袄和毛毡靴子，工作和生活中感受到了东北人性格的热情、豪爽和暴躁，大碗喝酒，经常看到人们喝得呜哇乱吐。开始看不惯喝不动，他们认为我装清高，后来我也喝得呜哇乱吐，和同志们及林业师傅处得感情不错。其四，大兴安岭真是太冷啦，我到的那年 9 月 26 日下了一场大雪，有一尺半厚，电线杆子都压倒了，停电好几天。每年从 9 月到来年 5 月都会下雪，零下三十几度是常事，穿棉服或皮袄、毛衣根本不挡寒不挡风。有一年 5 月出差到北京，我是穿着棉袄来的，一看北京女孩在穿长袖或短袖裙子，别人看着我以为我有病。大兴安岭最热的夏天就几天，女孩子只能中午穿一会儿裙子，早晨或晚上全是长袖，用不着冰箱、空调和风扇。我家住在山上，是一个山中间的平房小院，前边是河，再前边是一座山，山上松树葱绿，每天早上半山腰都有白云绕着转，大森林中的空气你想象有多好就有多好。但当时在东北那样恶劣的生存环境下，根本无心欣赏。

1987 年，我调到了在河北涿州的煤炭部地质局工作，从事思想政治工作研究。印象较深的有几个事。一是围绕党的中心宣传工作，有针对性地做好职工的思想教育。1990 年 2 月，中宣部、国家计委、全国总工会发出了《关于在企业职工中进行基本国情基本路线教育的通知》，我对如何在青年职工中开展好“双基”教育进行了调查和思考，撰写了文章在报纸上发表，一篇是《消除逆反心理，加强双基教育》，发表于《工人日报》(1991.4.16)，一篇是《青工双基教育的体会》，发表在《中国煤炭报》(1992.11.29)。二是紧跟形势，对加强地质队思想政治工作进行了研究，发表了不少文章。发表在中国煤炭职工思想政治工作研究会主办的《开采》杂志上的文章有《加强地质队思想政治工作之管见》《树立地质队的良好形象》，发表在《煤田地质报》上的是《实行行政首长负责制是为了更好地加强党的领导》，发表在《煤炭地质政工研究》杂志上的有《谈企业文化与企业思想政治工作的关系》《谈地质队转换经营机制中的思想政治工作》《对国有企业实行工资集体协商的研究》等文章。三是撰写了大量经验文章。在中共中央宣传部新闻局编选、由中国卓越出版公司出版的《先进企业改革经验谈》第二辑上发表了题目是《在逆境中奋起，在改革中振兴》的文章，介绍了浙江省煤田地质公司机械厂扭亏为盈的经验，《敢于拼搏，善于拼搏》的文章介绍了煤田地质公司二队龙王沟找水的经验等。为加强煤田地质单位的行业精神建设，参与了《煤田地质行业精神》一书的编写（由中国矿业大学出版社出版）等。

1998 年到 2019 年，先后担任中煤涿州地质制图印刷厂党委书记、工会主席，中国煤炭地质总局第二勘探局离退休职工管理处书记、勘查院党委书记。有两点感受较深刻。一是在企业主要是协调行政首长追求利润最大化和企业职工追求个人收入最大化的矛盾问题。工资和福利是关键，通过调查协商寻找行政领导和企业职工妥协后的“接受点”，既要解决问题又要达到“三赢”，行政领导、企业职工、工会主席都基本满意。片面支持行政首长，职工会有意见；片面维护职工利益会影响班子的团结，班子不团结，对书记工会主席工作的开展和个人进步都不利。二是离退休职工的管理，稳定是关键。我所在的离退休职工管理处，管理的离退休职工 1000 多人，其中党员 300 多人。人们的传统意识是退休了，好好养老没什么事啦，实际情况并不是这样。有在职时遗留下来的一些未解决的待遇问题，还有退休后一些福利待遇，有些是国家有政策国家不给钱建议企业自己解决的，是可解决可不解决的。局里下属有不少企业，局离退休管理处是把下属企业的离退休职工集中管理起来，企业的退休政策大的方面一致，在一些具体方面下属企业之间有差异，这样退休职工感到和同样情况的人比，自己少哪些方面就要找原单位，原单位不能解决就要找管理处，管理处解决不了就要去北京找上级单位国资委，解决不好很容易产生聚众上访。上访的原因五花八门、特别复杂，解决起来十分费劲，需要查历史文件和找部门协商，耗时较长。解决问题既要态度好还要效率高，一旦处理不好就要进京。涿州到北京天安门不到60公里，交通十分便利，进京高铁25分钟、火车40分钟、公交5分钟一趟，一个小时就到。有时听说退休人员去上访，就赶快派车进京去国资委门口等着，苦口婆心劝他们回来。这几年给离退休职工做了不少好事，解决了不少具体问题，离退休职工基本满意，受到了组织上的好评，被评为第二勘探局优秀党务工作者。在职工上访上没出什么大问题，党委书记是稳定的第一责任人，尽职尽责，压力巨大，真是如履薄冰。

我于2019年退休。回顾几十年的经历，感恩党的正确领导，感恩老师的辛苦培养和同学们的帮助。参加工作后为党、为林业建设和煤炭职工做了一些工作。随着近几年原单位机关陆续搬到北京，我现在在北京昌平定居生活。

2023年5月于北京昌平

大学生活拾零

王志功

再“搅和”一次

1978年初夏一个平常的夜晚，紧张的上课和自习后，熄灯前的十来分钟，同宿舍的老大哥们谈及某同学日后必有大的发展时，纷纷开玩笑说，到时我们靠写回忆也能成名成家，比如“某某的大学时代”“我所认识的某某”“某某二三事”……现在到了这样的时候了！同学们如今功成名就，我也可以借助这些现成的题目来做点文章，忆念山东大学哲学系77级那个人人朝气蓬勃、个个好学上进的集体，回望那个花儿香、鸟儿鸣的青春时代。但我迟迟进入不了状态，惭愧，惭愧。

有人说，往事如烟。也有人说，往事并不如烟。如烟也罢，不如烟也罢，“诸法空相，不生不灭，不垢不净，不增不减”。自不必艳羡杨花柳絮白玉堂前翩翩起舞，更不必感叹它的三春事业随风消散了。人生如寄，何不自然而然，自由自在，率性而为，再“搅和”一次！

我入学时不满17岁，是班里的小弟。老师，固然是我的授业恩师。各位学长，同样是我的老师。大学时代，成长的时光，帮助我搭起了知识框架，建构了思维方式，奠定了“三观”基础。老师的教诲、学长的关照，让我如沐春风，如饮甘露，享受着轻松快乐的人间四月天！

我那时学习爱刨根问底,遇到问题就叨扰学长,往往是直接请教,也有观察、模仿、自问自答,自以为最特殊有效的方式,还是“搅和”。我发现,学长们知识多,水平高,思维成熟,对很多问题都有深刻见解,但大家对许多问题的认识并不一致,有时甚至截然相反。而我,本是小白一个,爱跑图书馆阅览室,各种书报能看尽看;又爱思考,喜欢生拉硬扯,把刚学的理论关联到某件事情上去。我总是不断地提出问题,制造“话题”,学长们则轮番为我解疑释惑。常常是我的问题一提,几位学长就吵起来。我则两边帮腔,哪边强势就成了我争吵的对象。在这种“搅和”中,我自己知识增加,认识加深,受益匪浅,同时也活跃了大家学习的气氛。“学而时习之,不亦乐乎?”

李芹大姐十年前就催促我写点回忆,晓武兄也持续不断地鼓励和提醒。这次又有李宏祥班长和袁玉骝等诸兄共同倡议,希望利用好毕业 40 年这个契机。“否则到我们毕业 50 年、60 年时再整理可能就有些困难了。”这号召很让人心动。的确,莺愁蝶倦,柳绿花红,当下即是良辰美景,干吗还要等来春呢?于是,我不揣浅陋,不避空泛,任意念横流,泥沙杂陈,再次“搅和”于众学长面前。呈上“拾零”数则,烦请一哂。

“出走半生,归来仍是少年。”“搅和”有趣且有益,就再“搅和”它一次。

报到

1978 年 2 月 27 日,是我到山东大学报到的日子。

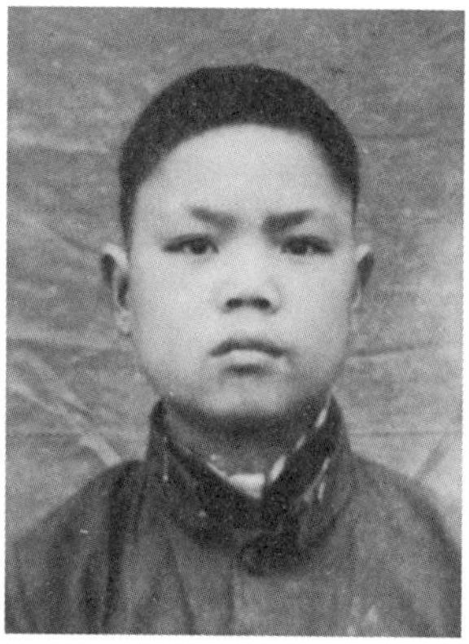

在济南火车站广场,我们找到了学校的迎新大巴。从村里骑自行车到公社驻地,坐公交车到辛店,再乘火车到济南,300 里地,整整一天。这是我第一次坐火车,仰望着济南火车站那高耸的塔尖,“胶济铁路”终于对上了号。父亲送我来学校,坐上校车我们感觉踏实了。迎新车一到校,就被老师和高年级的同学包围了。大家拥挤着,喊着,找人,找行李。

哲学系的迎新阵容很强大,站着的,坐着的,报到处有十几个人。我刚递上入学通知书，一个高个子的中年人就大声说道："这是我们系最小的学生，才16岁呀！"我出生于1961年9月，按传统的算法，虚岁18了。自高中毕业后，总想做点事情，不愿意被说小了，于是嘟囔着更正。但我的声音很快被淹没在人们的欢笑声中。行李则被一个敦实的中年人抢走了，他把我的被褥扛在肩上，走得很快，我还没追上就到了宿舍里。五组六组同住一个大房间，老师们照顾我，专门把我安排在下铺。后来才知道，大声说话的是系主任臧乐源老师，抢着扛行李的是龚兴老师。

刚放好行李，就来了一个同学。大高个，大脑袋，大眼睛，穿着绿军装，说话极快，他问我哪一年出生的，得到答复后马上自我介绍："我叫唐少杰，是班里第二小的。"接着一秃噜给我介绍了学校、班级、同学、报到手续等情况。随后又问："作文你写的哪一天？"我还没来得及回答，他就忙别的事情去了。

作文《难忘的一天》，我写的是高考第一天。参加高考，人生大事，固然不同寻常，更让人痛快的是解开了心中的疙瘩。我1968年春天上学，1977年7月高中毕业。作为"回乡知青"，唯一的出路就是"修理地球"，面朝黄土背朝天，一年又一年。高中毕业作文，题目是《给大队党支部的一封信》，明确要求写上"扎根于土，服务于农"。我是农民的孩子，生在农村，长在农村，对农村有感情，愿意"服务于农"，但我不认可"扎根于土"这个前提。心里不服，笔下不写，来了一个默默地抗争！这次恢复高考，终于理通气顺，心情畅快，于是文不加点，一气呵成。开头是："1977年12月9日，我到公社参加了高考。"结尾是："这一天，是我永生难忘的日子，在考场上我交出了第一张考卷。我希望这一天能改变我的命运，也会'一颗红心，两种准备'，等待党和人民的选拔。"这篇作文水平可能不高，但论写真情实感，痛快淋漓，是我迄今未曾再有过的。今天回想起来，文中把恢复高考之功和我的感恩之情，统统归于华主席，似于邓公不公，但考虑到当时的实际情况和认识水平，这种归结在"政治正确"方面还是大差不差的。

其实，不仅高考这一天，我高考的整个过程，都是很难忘的。我是10月底得到高考消息的。当时我的母校临淄二中为高考专门办了一个复习班，以我们高七级为主，五级六级都有，共50个人。老师们记得我，专门通知我参加这个班，还安排我担任副班长兼学习委员。大队里一些人认为，上大学还得靠推荐，两年劳动锻炼是基本条件，要我莫要妄想。经过艰苦的争取，我最终还是上了这个班，得到了大约三周集中复习时间。但错过开始那十来天的复习，于是我报名时选了文科，山东大学哲学系为第一志愿。高考后第二天我就回到了农田基本建设工地。体检请了一天假，分工的土方回来还得接着挖。得知考取时，我正在麦田里施土肥，小伙伴们为通知我，轮番大喊，恨不得让全村都听到。那年高考很热，报名热，发榜更热，据说区里张贴了大红榜。春节前后村里战天斗地的气氛很浓烈，“一直干到二十九，吃了饺子再下手”（那年腊月没有三十，二十九即除夕），参加高考占了我劳动的时间，这些日子我就补上吧。就这样，我很淡然地等着，等着，在大干苦干的劳动中，终于等来了好消息。

元宵节（2 月 21 日）那天，我收到了入学通知书。“鸡窝里飞出金凤凰”，大哥用力捶着我，连声说“争气，争气，争气”。亲朋好友、街坊四邻“普大喜奔”，大家好像比我本人更兴奋。父亲、母亲和兄长一直忙里忙外，帮我准备行装。而我这段时间好像成了看客，走亲访友，接待来访，一遍又一遍地接受祝贺，一遍又一遍地接受教导。父母的嘱咐反倒十分简单，大概就两句话：不要想家，有事来信。但是，父亲送我到学校本身就说明了一切。临离开时，父亲说已拜托老师们好好教育我，让我听老师的话。父亲的话，和他带我上小学报名时说的几无差别，坚定的语气也与那时别无二致。父亲信任我，信任他的儿子。

报到了，大学生活就开始了。这是我人生中一个全新的开始。在山东大学这所名校，感受着老师和同学们一开始就营造出的火热的氛围，我默默地念着伟人的名言：“一张白纸，没有负担，好写最新最美的文字，好画最新最美的画图……”

“真理标准”学思悟

迎新会上，臧乐源主任朗诵他的诗作《马克思主义哲学无价宝》，激情澎湃，声如洪钟，一下子就感染了我。第二天入学教育，臧老师把马克思主义哲学概括为一句话、六个观点。一句话：“世界上除了运动着的物质之外，什么也没有。”六个观点：物质、矛盾、实践，生产、阶级、群众。这种概括从此在我的心里扎下了根。后来，我讲马哲，给各种层次的学生、学员宣讲，用的都是这个框架。

对我影响深远的思想观点莫过于“实践是检验真理的唯一标准”，莫过于那场关于真理标准问题的大讨论。

1978 年 5 月 16 日《光明日报》发表特约评论员文章的时候，我们正在学辩证唯物主义。樊瑞平老师全面讲授马克思主义认识论的基本观点，讲得精深醇熟，就像绕口令：马克思主义哲学是辩证唯物主义，它的唯物论是辩证唯物论，它的辩证法是唯物辩证法，它的认识论既唯物又辩证，是辩证唯物主义认识论。我第一时间读了《实践是检验真理的唯一标准》，感到文章的某些提法与课本上不一样，课间就向樊老师请教。樊老师笑了一下，没有正面回答我的问题，而是鼓励我说，要多学，多看。事后想来，樊老师赞成“实践是检验真理的唯一标准”这个观点，倾向明确，态度坚决。这也是当时系里老师们认识的主流。当年10月在山东大学召开实践标准研讨会，“战友攻关聚济南”，樊复升①发表《实践标准三要素》，是为明证。但鉴于当时的政治环境和思想氛围，樊老师还只是笑着鼓励了我。

没想到的是，形势发展很快。那学期期末考试，最后一道论述题竟然就是“论实践是检验真理的唯一标准”，20分呢！我的答题较为全面，包括实践是检验真理的标准，这个实践是人民群众的历史实践，这个标准是唯一的，除此之外没有别的标准，科学理论、逻辑证明、政治权威等都不能作为标准。记得有同学看到答题要点后很不服气，说题目中没要求回答“什么不是”呀，怎么还扣分了呢？

当年底，党的十一届三中全会召开。“解放思想，实事求是，团结一致向前看”成为会议的主题、时代的潮流。我愈益坚定了“实践标准”，把它尊奉为真正应该的“坚决拥护”和“始终不渝地遵循”。大学期间我一直关注着真理标准讨论和研究的进展。后来做毕业论文，我起初试图写《论实践》，李武林老师精心指导，谆谆教诲，教我“小题大做”，不要老虎吃天。由于原定的题目实在太难了，我最后换了个具体点的，花了不到一周时间，写成了《论真理标准的绝对性和相对性》。

40多年来，“实践是检验真理的唯一标准”这个观点始终伴随着我。它深入骨髓，久而弥坚，始终是护佑我“独立之人格、自由之思想”的先天功。按照这个标准，我改进了臧老师宣讲马哲的框架，一句话，我换成了“社会经济形态的发展是自然历史的过程”。因为这是马克思《资本论》第一版序言中所强调的“我的基本观点”，也是恩格斯在马克思墓前讲话中指出的马克思的“两大发现”之“唯物

① “樊复升”是樊瑞平、王复三、周立升三位老师合作发表文章的笔名。

史观”的精髓。六个观点则减为五个，“阶级”被淡化掉了。2021 年开展党史教育，学“七一讲话”，我谈体会，围绕着“坚持真理，坚守理想”，贯穿其中的根本观点即为坚持真理的实践标准。陈云说：不唯上，不唯书，只唯实，交换、比较、反复。只有解放思想，实事求是，坚持实践标准，才能不唯上之领导，不唯书之经典，坚持真理，修正错误，把理论和实践一道推向前进。

吃饭问题

“民以食为天”，吃饭问题之于我也和天一样大。刚入学时，我老是觉得饥肠辘辘，影响学习，也影响睡觉。

报到当天，拿着刚领到的饭菜票，我立刻去了食堂。饭票为纸质，分为面票、米票、粗粮，加上菜票，大约五厘米长三厘米宽，粉、黄、蓝、绿四种颜色。大概还不到饭点，食堂里人不多。我拿出两张面票递过去，师傅没有接，提醒我说：“一张四两，两个馒头。”我说：“就买四个。”一顿四个馒头，是我当时的饭量。这还只是小饱，不算放开吃。师傅的提醒警示了我，让我发愁：就算早晚少吃点，也得五十多斤，而一月 35 斤定量。我这一顿就吃了两顿的饭！一顿如是，顿顿何如？

我的家乡临淄，是齐国故都，经济文化繁盛之地，号称“地无寸碱”，黄河不淹。那时我生活的村子，还未通电，不通公交，每天的工分大约值五毛钱。农民有饭吃，但没钱花。我的被褥和衣服，是母亲赶着时间做的。“慈母手中线，游子身上衣。”我忘不了昏黄的灯光下，母亲一边做着针线，一边嘱咐我，时而忧思时而欢笑的神情。看我只有一件上衣，大哥把春节买的一件新的迪卡蓝色上装脱给了我。这样，我的两件上衣一大一小：我自己那件，因长了一岁，很紧身了；大哥给我这件，就长了不少，因为大哥身高一米八，我只有一米六五啊。

即使有这样那样的困难，父亲还是早为我做了准备。当时上大学是要迁移粮户关系的。我是农村户口，要带着四个月的粮票报到。而这粮票，要拿着大学录取通知书，粮户关系迁移证明，推着小推车，就是那种陈毅元帅赞誉的推出了中国革命的山东小推车，装上粮食到公社粮站去换粮票。经村里上过大学的人提示，父亲找熟人帮忙，多卖了几十斤粮，而且卖的都是小麦，这比卖玉米每斤可多得四分钱。这样，除了上交学校的，我手里还存下了 40 多斤粮票。算下来，一个月加上10斤，不至于很饿了。

问题是没有钱。买饭票一斤粮票要加一毛八分钱。这钱从何而来呢？我带的现金总共只有30多元。那是提前支取的父亲出民工的补贴，加上卖粮的剩余部分，还有亲友祝贺我上大学的少许礼金，杂七杂八凑出来的。路上买火车票、汽车票，到了学校买书、笔记本、墨水，还有牙膏牙刷、毛巾、暖水瓶等，一下子就花了个七七八八。我想到一个以菜票和粮票换饭票的办法，想试一试，又有点胆怯。那天，我去买饭票，黄仕军、张鲁建、侯培德等同学陪着我，给我壮胆。我不好意思地提出来，用菜票支付买点饭票。二位女老师，商量了一下，很痛快地同意了。原则性与灵活性的统一，真是个大道理呀！

第一学期是集体用餐，一组一桌。周末的饭菜票发给本人，灵活掌握。周六晚饭，是我们大快朵颐的时候。济南的四位同学回家了，八个人的粥和菜，我们四个人用。当然，我每次都是吃得最多的那个。一大碗玉米粥一大碗水煮菜下去，腹饱肚圆，很是惬意。饭后提上马扎，成群结队去看一场露天电影，一周的紧张就一扫而光了。

真正吃饱吃好是军训的时候。据说给我们每人每月加了10斤粮。女同学吃得少些，我们这几个大肚汉可以放开吃。记得包子最好吃，人人狼吞虎咽，一口气可干掉10多个。一个多月下来，肚子里有了油水，往后就不那么饿了。

长久的办法不用多操心，班里给了我一等助学金，寒暑假回家省下的饭菜票补贴平时，每月40多斤的饭量，我一直保持到毕业。真正挨饿，是我毕业后到兰州工作那一年，这是后话。

上大学后，我不仅吃饱了饭，还吃好了身体。到毕业时，我身高长到了一米七一，体重还是62公斤，抽了条，也结实了点。曾经有很多年，同龄人到一起，每每回忆饿肚子的生活，年轻人总以为是天方夜谭。中国人真正解决吃饭问题，靠的是改革开放，靠的是工业化和农业现代化，大约是在20世纪90年代中期，标志性的事件就是1995年粮票的废除。如今倡导文明用餐，“光盘行动”，我举双手赞成，并且身体力行。

初历“民主”

“没有民主就没有社会主义，就没有社会主义的现代化。当然，民主化和现代化一样,也要一步一步地前进。"我在大学期间所经历的那"一步",或可为我国人民民主大发展增添点有趣的记忆。

1979年初夏,学校所在的济南市历下区选举区人大代表。那是第一次县级人民代表直选,方方面面都很重视。由于我是全班唯一没有选举权、被选举权的,系领导特别关照,班长专门和我谈话做思想工作。其实,我之所以没有这个权利,不能参加投票,是因为我未满18岁。我没有任何想不开,更没有什么情绪。

系领导之所以这么重视,恐怕还与当时大学生中的竞选热潮有关。据说北京一些大学的竞选搞得热火朝天,我校经济系、中文系已有些动静,现在过去了40多年,县级人大代表选举还在一如往常地进行,大家也只是以平常心看待它了。

与选举相映成趣的,是协商。协商民主是我国重要的民主形式。非官非民、亦官亦民的人民政协就是一个专门的协商机构。大约三年级上半年,兼任团支书的庄平大姐发表讲话:"经征求各方面的意见……"我不记得是什么事了,只是记得当时我小声嘀咕了一句:"我怎么不知道?"庄大姐只是笑了笑,组长李敏同学却不干了,教育我说:"你算一个方面吗?"这问题有如当头棒喝!后来在实际工作中,我体会到,对于一个决定,一项制度,的确只同少数人商量即可,而且越是重要的事情商量的人越要少些。而一个人要有发言权,先要成为"一个方面",否则是不行的。

说到代表"一个方面",当时在班里我是有两次机会的。除了上面讲到的属于没有选举权、被选举权的那个方面以外,还有一次就是系领导批评谈恋爱现象,不让男生去女生楼,而班里要组织活动,需要通知女同学时,方宏建同学就笑着说:"志功去,志功去。"这时,我就成了没有嫌疑不用担心瓜田李下的那个方面了。

趣谈归趣谈,民主确实是个大题目。"民主是全人类的共同价值,是中国共产党和中国人民始终不渝坚持的重要理念。"我们的国家是人民共和国,一切权力属于人民。中国共产党实行民主集中制和集体领导。民主在中华大地上已经生根、开花、结果。近年来提出的全过程人民民主就是一个新的成果。西方对我们的排斥和攻击是完全站不住脚的。

当然,民主作为人类文明进步的成果,在不同国家、不同民族、不同历史发展阶段,其内涵、形式、途径都不尽相同。西方没有一以贯之的民主,英美民主在世界范围也只是“地方经验”。他们有他们的历史与国情，作为“地方经验”有其自身的价值。我们现有的成果也不能说是完美无缺，我国社会主义民主政治还在发展中，还将继续发展下去。对于发展的自信才是真正的自信。

虚壹而静与自强不息

周立升老师讲授中国哲学史，开篇不凡。他引用王国维治学三境界说，对大家寄予厚望。周老师是背诵的，不疾不徐，面带微笑，极富感染力。一遍诵罢，我不仅记住了文辞，也记住了老师的音容笑貌。后来多次听人引用该说法，但再也没有那个感觉了。

那时教材不成系列，许多课用油印的讲义。任继愈先生主编的《中国哲学史》，煌煌四卷，就成了大宝贝。印象最深的，是其中关于老子哲学的性质问题。教材正文说：老子第一次提出了“道”这个宇宙观的最高范畴，是朴素唯物主义。但在附录里又说：道是虚无，是唯心主义。我很困惑，觉得自相矛盾，求教于周老师。周老师教育我说，这体现了任继愈先生治学的严谨，也体现了他认识的深化。后来在课堂上，周老师还讲了两个《孙子兵法》的发现过程，说：很长时间里大多数学者怀疑甚至否定《孙膑兵法》的存在，直到1972年临沂银雀山汉墓既出土了《孙武兵法》，又出土了《孙膑兵法》，这个问题才真相大白，争论也才告一段落。由此告诉我们哲学史研究的不易和史料的重要。

刘大钧老师新开《周易》研究。那时他还很年轻，背诵经文随口而至，吟诵如歌，我只是记住了歌诀：“乾三连，坤六断；震仰盂，艮覆碗；离中虚，坎中满；兑上缺，巽下断。”刘老师系统讲了乾坤之相对、泰否之转化、既剂与未剂等。他精解乾卦，阐明了事物发生发展的过程和由弱到强、盛极而衰的道理。他多次崇敬地提到高亨先生，这引导我后来读了高亨先生的《周易古经今注》和《周易大传今注》。我特别想知道怎么算卦，大家也有兴趣，听到刘老师开始诵念算法，群情振奋，“大衍之数五十，其用四十有九……”可是，到此就没有下文了，刘老师留给我们的只是神秘的一笑。

我推崇孟子的“万物皆备于我”，期望“心外无理，心外无物，心外无事”，但刘老师告诉我，“天行健，君子以自强不息”。我也很赞赏荀子的“大天而颂之，何如制天命而用之”，但期末考试，周老师考的却是“虚壹而静”。或许，自强不息加上虚壹而静，才是国人心目中刚健有为的谦谦君子形象。《菜根谭》有言：“心不可不虚，虚则义理来居；心不可不实，实则物欲不入。”虚，即虚壹而静；实，即自强不息。

现实生活却不尽然。许多人崇尚“人定胜天”，却不知大自然的惩罚；放言做事到“极致”，却不知物极必反。我的体悟是，“虚壹而静，谓之大清明”。如此才能清心寡欲，中庸平和；改己之过，容人之错；学人之长，避己之短。谦虚使人进步，骄傲使人落后。为人处世之道，谦虚而已矣。

伫立灵岩

1980 年 10 月末的一天，我们赴灵岩寺现场教学。先从济南集体乘车两个多小时到长清的万德火车站。那是一个小站，除了我们一行并没有什么旅客。再步行近两个小时，才到灵岩寺。回程还要赶火车，来去匆匆。我兴高采烈而来，潦草观看，浮光掠影，只是带了点模糊印象回去。

李传明老师课上讲过，佛教传入中国，逐渐融入中华文化，儒道释合流。灵岩寺地处泰山之阴，是佛教的重要山林。从北魏起，到唐宋明清，几兴几废，大起大落。繁盛时曾经有僧五百人，禅房数百间，供地两万亩。如今大雄宝殿、千佛殿、辟支塔、墓塔林等尚存，伴着郎公石、可公床的传说。回校后查阅有关资料，我写了《灵岩寺观记》：

山路灵岩曲径深，石桥通灵更无尘。
五百罗汉千般像，一柱青檀万岁身。
郎公可公神圣事，辟支慧崇寒鸦林。
今日残红空梢立，来年西风与谁人？

这次参观，只有我们一帮学生谈笑游乐，兴致勃勃，未见香客朝山、信众礼佛，也未见和尚念经、武僧护院，只看到一些古建筑、古树木。飒飒秋风中万木萧瑟，掩映不住佛殿塔林的斑斑陈迹。空山萧疏，古刹苍凉，让人徒生感叹！有同学慨然问道："灵岩依旧在，和尚哪去了？"

我那时喜欢诗歌，爱读也爱写。"为赋新诗强说愁"，当场构思了长诗《伫立灵岩》。现已想不起全文了，记得共三节，一百二十多行，分写所见、所感、所思，三节的开头是：

伫立灵岩，我的心儿醉了。呼一声朗公，可曾知晓？
伫立灵岩，我的魂儿飞了。呼一声朗公，可曾知晓？
伫立灵岩，我梦醒心碎了。呼一声朗公，有谁通晓！

再说说那些空立寒梢、引人遐思的"残红"。回来的路上，李敏同学对柿子来了兴趣。时值深秋，树叶凋零，农民采摘后剩余的少许柿子悬挂在树梢上，红彤彤的，像一个个小灯笼。朗朗乾坤，蓝天白云，红柿子随风摇曳，充满了诗情画意。那时，我和李敏经常在一起，可以说形影不离。王毅平同学曾笑我们是"一个王小义，一个买买提"。这次自然我也成了帮手。爬树，摇树，扔石块土块，竟然弄了两大包。回来后，李敏把柿子泡在茶缸里，一天换好几次热水，过了两三天，终于可以吃了。摘柿子弄得我俩灰头土脸，大家都笑我们。柿子"染"好了，有同学又想尝一尝。李敏挑了最好的一个，很严肃地说："这个是志功的，谁也不能动！"这"染"好的柿子更红了，通体透亮，摸上去软软绵绵，散发出扑鼻的甜香，让人垂涎欲滴，但咬上一口，还是很涩呀！

朦胧和不朦胧的诗

80年代第一春，文坛涌现出一个新的诗派——"朦胧派"。它作为那个时代"崛起的诗群"，影响了不止一代人。其代表人物北岛、舒婷、顾城、杨炼等的诗，我都爱读，有的还会背诵，如北岛的《回答》、舒婷的《致橡树》、海子的《以梦为马》、梁小斌的《中国，我的钥匙丢了》等。

"黑夜给了我黑色的眼睛，我却用它寻找光明。"顾城的《一代人》只有两句话，却准确传神地表达出了那一代人的心声！

在大学和而后的很多年里，我几乎读遍了所能读到的朦胧诗。78级系友韩东的作品，我也很喜欢。他于 1981 年初在《青春》上发表的组诗《昂起不屈的头》，极具震撼力。“压过来的是整个天空/我昂起不屈的头/即使大地从脚下滑走/我也要举起挑战的手/闪电的鞭子把我抽成网/对着陌生的宇宙/我还是要发出雷的怒吼/决不跪下！”1983 年夏，兰州遭遇沙尘暴，我亲身感受到黄沙弥漫、黑云压城的逼迫感，就把这诗朗诵给高尔泰先生听，他随后画了一幅“沙尘里的胡杨树”，题识即为该诗的头两句。

我也写过一些朦胧诗。只是写，写了就丢，不投稿，也不保存。现在我手头几乎没有一篇完整的诗稿。有的还记得几句，但意象朦胧，忘了为什么写、写了什么。如《春柳》：“细雨霏霏，织成了雾的帷幕。清风徐徐，柳丝儿飘扬开去。嫩黄的芽儿张着小嘴，似在静静诉说；单薄的身个儿呀，尽在雨雾中洗涤。”

后来，我改写过北岛《回答》的开篇，用以揭露残酷的道德危机。“卑鄙是卑鄙者的通行证，高尚是高尚者的墓志铭。”这很有真实感，是我不喜欢但还能接受的现实逻辑。在一定意义上，也是卑鄙者的幸运，高尚者的幸福；但实际生活中，我所感受到的，比这荒谬多了。改写之一：卑鄙是卑鄙者的通行证，高尚是卑鄙者的墓志铭！这是针对现在一些人既是、又是、还是，批评赢家通吃的。改写之二：卑鄙是卑鄙者的通行证，卑鄙是高尚者的墓志铭！这是批评人妖颠倒、是非混淆的。但改来改去，终觉得了无诗味，如同嚼蜡。诗言志，人民性至上。没有人民的同理感、共情感，怎么会有传世之作呢？还是北岛高明啊。

1983 年初，《当代文艺思潮》刊登了徐敬亚在大学时期写的论文《崛起的诗群》。这篇诗论一经发表便如一枚重磅炸弹在文坛炸响，随后引发了一场针对朦胧诗的大批判。至今还有人非议朦胧诗和朦胧诗派，我很不以为然。李商隐是朦胧诗的“老祖宗”，《相见》《锦瑟》人见人爱，口口相传。知道“望帝春心托杜鹃，佳人锦瑟怨华年”就够了，感叹“诗家总爱西昆好，独恨无人作郑笺”则似可不必。诗无尽解，硬要解它作甚呢？

学习伦理学的收获

伦理学讲道德评价，强调动机与效果的统一。我对这个问题有特别的兴趣，是因为它和我的名字有关联。

一天,张景芬同学跟我说:“你名字出自《墨子》,动机与效果合为一体,不得了呀!”我很感激张景芬的指点。经查证,墨子提出评价人的标准时说“合其志功而观焉”,其中“志”指的是动机,“功”指的是结果,一个人行为好坏的判定,需要把行为动机的“志”和行为效果的“功”结合起来。我现在微信上用“志功行之”,是对先父赐名的自珍,也是对墨子“士虽有学而行为本”思想的尊重。

伦理学开课时,恰好与学习恩格斯《家庭私有制和国家的起源》同期,于是引发了关于爱情、婚姻、家庭问题的大讨论。印象较深的是,张立勇同学的“爱情论”和侯培德同学的“婚姻三圈子论”。对于这个题目,我完全是个小白,只有听的份。张立勇长篇大论,洋洋万言,宣讲“只有以爱情为基础的婚姻才是合乎道德的”,没有爱情的婚姻是不道德的,爱情应该成为婚姻唯一的基础。侯培德认为,当代中国的婚姻分为三个圈子:一是高干和知识分子;二是工人和城市平民;三是农民。三个层次各自为圈子,很少交集。这些宏论至今记忆犹新,感觉很有道理,但再无深究,不了解新的研究进展。

如何进行道德评价,一直是个难题。1984年春天,臧乐源老师到兰州大学讲学,我曾陪同老师去刘家峡水电站参观。途中请教臧老师两个问题,一个是人生价值评价问题:普通人和大人物对社会的贡献有大小,但人生价值是否有高低?老师听了哈哈大笑。第二个问题,看到在大坝上执勤的士兵,我感慨可否用机器人执勤,既负责又人道。老师听后则沉默不语。后一个问题实践已经作出了回答。如今,生产生活的智能化程度大大提高,很多艰苦岗位、危险岗位、重复劳动岗位已经为机器人所替代。更文明更人道的生活召唤着人类,并愈益显示出光明灿烂的前景。而前一个问题,迄今未见令人满意的答案。我的想法,如同大学时代一样,还是马克思引用的那句话:“伟人们之所以看起来伟大,只是因为我们自己在跪着。站起来吧!”

1993年11月,我到中央社会主义院工作。学院教育培训的对象包括统一战线各界代表人士,党内外、体制内外、国内外都有,涉及民主党派、无党派、民族、宗教、新的社会阶层、海内外中华儿女等广泛领域。在教学上要做到“学”能“致用”实属不易。墨子关于“量力所能至”的教育原则,给了我很大启发。他提出“量其力而教之”,要求做到“深其深,浅其浅”,使“浅者求浅”而“深者求深”,进而达到“浅者入深,深者入专”。这种根据学生自身的自然发展安排教学程序,照顾不同学生知识程度和知识构成的思想,至今仍觉得很有意义。

赶海记

毕业实习，到烟台文登张家埠。我跟随刘玉安同学打前站，一路上刘玉安给我讲大海和赶海的故事，很是让人向往。然而，在张家埠三周多，只赶了一次“小海”。吃得倒是很新鲜，但看到的大海是个海叉子，风平浪静，波澜不惊。故名为赶海记，也只好记点别的什么了。

记得要出一期墙报，吕敏同学组织。她要我写一补白短文。我第一次看到海，第一次了解半渔半农的渔村生产生活，得知他们搞水产养殖，收入很高，甚为感佩。于是，向张家埠人民致敬，写了一篇《致——》：

谁犁出的田垄，谁播下的明珠，谁在辽阔的大海上辛勤耕耘？
啊！张家埠人，夸父的后代，精卫的传人。
收来珍珠千担，劳动致富；开出良田万顷，海疆无垠。
张家埠人呀，执红旗傲立涛头，驾长鲸放歌霄云。

调研报告由矫学柏、张昌平主持撰写。我抄写过一部分，因为字不漂亮没用上。我的印象中，报告主要是运用生产力决定生产关系，生产关系能动地反作用于生产力理论，强调坚持具体问题具体分析，分析研判了张家埠大队坚持发展集体经济，不搞大包干的做法。结论大概是，像张家埠这样有较好的集体经济基础的大队，生产责任制应该探索适合自己的形式，这样才符合实际，才是坚持马克思主义思想路线。大队张会计认为报告很有水平，直说好。我也认为报告很有水平，理论性强，气势宏大，是大手笔，值得好好学习。但也有点说不清道不明的感觉。山东省的生产责任制德州走在前边，烟台强调自己的特点。当时张家埠有一定的集体经济，大队党支部也比较强。那位书记很强势，说一不二，对此我的印象不是很好，曾戏称其为“张家埠部落酋长”。我后来到兰州大学工作，对山东的情况不甚了解。但从全国的情况看，似乎还是应该更积极一点，更积极地支持联产承包责任制。几年后，人民公社不存在了，改为乡镇，不清楚张家埠的命运如何，像华西村、南街村，还有大邱庄，抑或是走出了自己的新路？勤劳实干的张家埠人，只要解放思想，实事求是，一定会勇立潮头，在改革开放中再创辉煌的。祝福他们！

忽然一件喜事搅动了大家的平静，王国庆同学接到了中国人民大学的复试通知。王国庆，神人一枚。平时不太看书，备考时照样下象棋，但考试时总有神发挥。我平时不上心，考试前还是要过一遍的，有些原著中的名句总要背一背。一回宿舍就会被他拽住，让我复述答题要点。纵然是这样，他的成绩依旧很好。他学英语，是靠背词典，背一页撕去一页那种。他接到研究生复试通知时，我俩正在学划船，玩得满头大汗，浑身酸痛，半天才划出去十几米，这时要划回来谈何容易。小渔船还未靠岸，他就奋然一跃，“御林军”的神技果然不虚。

到了烟台，登上凤凰山，才算看到了大海。那海潮汹涌澎湃，一波波涌来，浪高过人，声如震雷，撞到岩石上，卷起堆雪如山。放眼望去，茫茫无际，顿觉豁然开朗，神清气爽……

关于历史的客观性

“阶级斗争，一些阶级胜利了，一些阶级失败了，这就是历史，这就是几千年的文明史。拿这个观点解释历史的就叫作历史唯物主义，站在这个观点反面的是历史的唯心主义。”这就是我所学习的历史观。我们大学的中国历史及哲学史课程，起初遵循的都是这个观点。但真理标准的讨论改变了这一切。

政治解放和思想解放，带来了百家争鸣，学术繁荣，到处都在“把被某某颠倒了的是非再颠倒过来”。五种社会形态理论动摇了！如关于中国历史分期问题，首先是中国有无封建社会，有无欧洲那样农奴制的封建社会，这涉及中国是否像欧洲那样，经历五种社会形态；其次，中国封建社会是什么时候开始的，老师们介绍过西周封建说、春秋封建说、战国封建说、魏晋封建说、隋唐封建说等；最后，封建社会中资本主义萌芽问题，宋明时期是否有了充分的发展，这牵扯到中国能否自发进入资本主义社会。阶级斗争表现为路线斗争也动摇了！中共党史课本上还在大讲路线斗争，而人们对许多重大结论提出了质疑，特别是关于“文革”的十个问题，“一月风暴，二月逆流、三家村、四条汉子、五一六通知……”我读了中共党史参考资料那厚厚的一大摞，彭德怀的万言书、瞿秋白《多余的话》等都读了很多遍，好像看不出什么大错误来。

那时的学术报告特别多。复旦大学蔡尚思教授站着讲了四个小时，他大声发问:“哪个历史学家通读过二十四史?”中文系萧涤非教授讲杜甫诗欣赏,大部分时间都在不指名地批评郭沫若,说某人为了讨圣上欢心,失去了“诗圣”和诗家一脉相传的人民性。

一时间,众说纷纭,莫衷一是,人们不禁要问,历史是客观的吗?

马克思认为,人类社会的发展是自然历史的过程,其客观性、必然性毋庸置疑。古圣人追求“太上有立德,其次有立功,其次有立言”,幻想虽久不废,万古长存,精神可嘉,可是历史被一而再、再而三地“重塑”,成了任人打扮的小姑娘。那些梦寐以求成圣成仙的大人物一个个不断地灰飞烟灭,“万里长城今犹在,不见当年秦始皇”,有谁能够真不朽呢?特别是那些标榜客观真实的自传,常常由于掺杂了过多的主观因素,导致色彩斑斓,迷雾重重。

如何拨去迷雾,让真善美的世界尽显其本来面目,让爱史读史的人们吸取经验教训,少走点弯路、歧路?意大利历史哲学家克罗齐提出“一切真历史都是当代史”这一著名命题,并解释说:“每一个历史判断的基础都是实践的需要,它赋予一切历史以当代史的性质,因为无论与实践需要有关的那些事实如何年深日久,历史实际上总面向着当代的需要和实际。”美学家朱光潜也说:“一切历史都必是现时史。”这或许能为我们理解历史的客观性提供启发:既然主观性是历史的构成要素,那就把它放到历史的客观性中去理解;既然历史都是当代的现时的,那就把它看成流淌的河,不停地回看也就是了。

这次写“拾零”,是我第一次系统地回忆一些事。我忽然觉得,这也算是写历史。吾辈凡人,没有“金猴奋起千钧棒,玉宇澄清万里埃”的本领和豪气,但至少,至少不能把清清白白的历史涂抹得乌七八糟吧!因此,当不粉饰、不矫情、不添油加醋、不无病呻吟,只做随时随地的临机之选,多回忆,少评判,也不知做到了没有、做得怎么样。

大同学们

关于我班的同学们,李芹《春华在心中流淌》已有详尽的描述,李宏祥班长的补充使之更全面更完整。我的感受正如在开篇说的,我在班里年龄最小,诸位同学都是我的学长,也都是我的老师。高考时,我小学、初中和高中的数位老师一同下场,考上的不多。来到大学,班里很多同学都是教师出身,非常方便我请教。读毛主席《念奴娇·昆仑》,我把“一截遗欧”的“遗”读成了 yí,赵延新同学提示我,这是多音字,读 wèi。学“老吾老以及人之老,幼吾幼以及人之幼”,孔令芝同学告诉我,第一个“老”是动词,第二个是名词。我刚学了一个成语“茹毛饮血”,也想生吞活剥地用一下,黄仕军同学毫不客气地说:“你用得不对,我当过老师的。”亦师亦友,良师益友,是我对众学长特殊的赞誉。

我班的大同学们,虑事周密,顾全大局,心里装着集体,装着他人。李宏祥班长和班委会组织了很多活动,板报、刊物、联欢会、运动会等等,都是学长们主持操办,忙前忙后,我只是跟随着,享受这个先进班集体的良好环境。家住济南的同学为班里活动提供了不少便利和帮助,每次活动曹晓武、李涛等都主动张罗着照相,我仅有的几张照片都是同学们帮着照的。大家买车票、托运行李,总少不了方宏建的身影。李宏祥班长多次和我谈话做工作,毕业后还专门写信关心帮助。张盛忠带头组织勤工俭学,每次都把我带上。刘国强每当发饭票,总会关照一句“够吃没”。我好像什么活动都没落下,都是热心的参加者,特别是早操、课间操、下午跑步,我是从不缺席的,这个锻炼的习惯一直延续到现在,不过早改成散步了。

我班的大同学们,博学慎思,思维严谨,独到的见解发人深省。所谓的青年黑格尔派,其实是青年马克思派。那时学马克思主义哲学史,青年马克思的睿智和“批判”精神,激发起大家学习的热情。很多同学都以读马恩原著为乐。我也试图跟着课程通读《马恩全集》,但只读到第四卷,就实在跟不上了。周向军是马克思主义哲学史课代表,在王复三老师指导下组织了一组文章。所谓的青年黑格尔派的名头,也是他弄出来的。徐向红思想深邃,论证周密,配合着抑扬顿挫的曹州普通话,很有樊瑞平老师的风范;刘敬鲁爱用复合句,旁征博引,动辄“三大批判”“绝对理念”;黄仕军马哲功底扎实,观点较为正统,被我搅糊涂时就会发急。我当时对马哲方法论最有兴趣,“历史的与逻辑的统一”“辩证法认识论逻辑学的统一”常常挂在嘴边。唐少杰、马士岭等偶尔也加入战团。地点多在宿舍楼向东伸出的那个很小的阳台上。两个始终纠缠不清的问题是:哲学是什么?中国的改革怎么走?关于后者,大概一致的认识是:任何一项改革,都会牵动全局,都不是下边能完成的,都需要最高层决策和体制改革。一句话,“即使你当了总理也不行”。

我班的大同学们，豁达乐观，含蓄蕴藉，很有君子之风。李晓群，谈吐文雅，幽默风趣，上知天文，下知地理，曾自嘲说除了哲学什么都知道。毕玉奎刻的蜡版，仿宋体，极漂亮。张鲁建每天练字，欧体出神入化。方宏建为《纵横谈》封面画的"思想者"形神兼备，使那本小刊物平添了厚重感。1980年暑期参加高考阅卷后登泰山，袁文颇同学身着短裤、T恤衫，胸挂相机，站在玉皇顶上，玉树临风，潇洒至极。庄超英同学打靶归来，英姿飒爽。李金蓉同学，胶东普通话，很少开口，只是笑，教唱《橘颂》，发音却很标准，余音绕梁，绵绵不绝。那时的女生小合唱也很好听，与方宏建等的男生小合唱，各擅胜场。孙恒志、袁玉骝等下象棋，战场一摆，热闹非凡。围观者众多，真君子大丈夫不见，常常搞不清谁在下棋了。

特别让我铭记不忘的是，大同学们关心我、爱护我，春风化雨，沁人心脾。张昌平学长，现役军人，钉钉子、拉钢丝，叠被子、凉毛巾，样样在行，事事教我。他的思想工作也很细致。一次我默写骆宾王《在狱咏蝉》，他看到了，就在我默写的纸上，写下了高适《别董大》的名句："莫愁前路无知己，天下谁人不识君。"他是担心我有"无人信高洁，谁为表予心"的情绪呢。刘力言和我有分馒头吃的交情，学了形式逻辑，我常用"可能、不可能"提问题，刘力言总是用"已经发生了、已经是了"来回答，实然对或然，他更胜一筹。一次我不慎摔伤，刘力言等送我去医院，一边骑车一边关照，就像大哥一样。李芹大姐和我做过同桌，给我很多帮助指点。她看我笔记记得少，还专门送我一大摞笔记本。最让我感念的是李海燕、卢阿青、李芹几位大姐，她们爱吃大米，就用面票来换我的米票，开始两张换一张，后来干脆将一大把粗粮票都塞给我。大姐们以"换"饭票为名，让小弟我很有尊严地多吃点。感念！感念！

岱庙留影

毕业后我和同学们时有联系，互致书信，大家对我依然关爱如初。我在兰州时只有一位同学来过，就是翟志玲大姐。那时，刘敬鲁已经到了北京。我和翟志玲大姐一人一碗牛肉面，边吃边谈，异常亲切。1994 年在潍坊出差期间，王平同学带着沈秀敏大姐的问候专门看我，也是餐叙。2001 年国庆节，我回母校参加了毕业 20 周年聚会，与大多数同学见了面。来北京后与不少同学相聚过，也总是相见匆匆，三言两语，虽然亲密如故，但似乎再无同窗共读时那样的感觉了。

现在回想起来，我们班真是一个优秀的班集体，我的大同学们浑身都是长处，可谓数不胜数。他们志存高远，务实理性，大都有明确的奋斗目标和长远的人生规划，考研的，从政的，回家照顾老小的，远赴外地就业的，出路不尽相同，但都能保持初心，持续努力，干出了属于自己的一片天。“与善人居，如入芝兰之室，久而不闻其香，即与之化矣”。正如班长说的，在这些同学身上，我学到不少东西，我敬佩他们，为他们的精神所感动。可现在要写出来，却深感笔力不逮，越写越觉得挂一漏万，难见全豹；越写越觉得书不尽言，言不尽意。

“朝来强鉏垦，秃笔时呵冻。”关于我的大同学们，先写这么多。我的“拾零”也先告一段落，拟撰写的军训、三登泰山、世界可知吗、一个针尖上能站多少天使等题目，待日后再做补记。

哲学是什么？

1982 年 1 月，毕业季。我和刘敬鲁同学被分配到兰州大学工作。带着的，是母校、老师和同学们的深情，而学问，却是个不敢想的事。俗话说，一瓶子不满，半瓶子晃荡。我是连晃荡的本钱都没有呀。其他专业的人，都成了专家。唯独我们学哲学的，好像什么也没学会。哲学的殿堂里堆满了珍宝，我们到这里就像刘姥姥进了大观园，不过是转了一圈。回望宝山，两手空空。哲学是什么？它从哪里来？有什么用？如何推动它发展，和它一起走向未来？我一个也回答不了。更让人心慌的是，我要到兰州大学当一名老师。“以其昏昏，使人昭昭。”怎么行呢？

张昌平等同学送我到北门，十几个人，甚是壮观。灰蒙蒙的天宇下，凛冽的寒风中，我好像是一位出征的壮士。我的行装依旧简单，和报到时比，没什么变化。书，已装入纸箱，交付留校的同学帮助托运。学长们知道，他们的这位小弟远赴兰州，到那个“一川碎石大如斗，北风吹地石乱走”的苦寒之地，也许这就是最后的告别。我也有同感。别时容易见时难啊！面对大家的殷殷嘱咐，古人送别的场景在我脑海中闪现，忽而全变成了余冠英先生《唐诗选》那深蓝色的封皮，“海内存知己，天涯若比邻”，我的眼睛湿润了。

列车东去，我先回家过年。傅有德同学和我同行。他家在青州，比我远一站。一路上，傅友德谈学习，讲人生，对我安慰鼓励。

与同学分手时，一股豪情在我心头涌起，“丈夫不做儿女别，化作飞将向玉关”。回家后，面对在家乡生活的父母兄弟，想起他们对我的期望，难免生出些许悲凉，“长路三千里，故乡二十年。一声老娘亲，双泪落襟前”。远望前路，我没有明确的目标，也不知道会发生什么。我要去的，是一片未知的土地，号称中国“新西兰”的兰州。我的准备，除了农家子弟本有的吃苦耐劳之外，还有老师的教育，同学的关爱，这足够我忆念，并在回想中汲取力量。大学生活让我强身健骨，前途未知，但也没有什么好怕的。“路漫漫其修远兮，吾将上下而求索。”

我最不明白最放不下的还是那个老问题：哲学是什么？

很多年之后，我终于明白，这是一个“元哲学”的问题，哲学家不必回答它。徐向红赞成哲学是爱智慧，方宏建认同哲学是奥“逻格斯”，都很高明。哲学爱智慧，不同于具体知识。哲学唯理性，不同于宗教信仰。哲学合知行，不同于艺术欣赏。哲学的来源不在哲学本身，它产生在解决实际问题中，产生在科学发现与创造中，产生在人类认识史的总结中。当今之世，在科学与民主、理性与信仰、全球化与文明冲突、人生奋斗与终极归宿等关系中，孕育着“旧邦新命”新的阐扬，面临着“天下人心”新的安放。因此，哲学无处不在，哲学家无处不在，哲学大有可为。这是学哲学者的幸运，也是学哲学者的悲哀！在这个意义上，学哲学、讲哲学、研究哲学，职业而已，它与创造智慧成为智者，实在没有必然的联系。故此，我多年讲课，每学期和同学们的告别语，总是歌德那句名言：“理论是灰色的，而生命之树长青。”

“理论是灰色的，而生命之树长青。”这也正是我毕业40年后最想向学长们诉说的感言。人要生活，要奋斗，“蜗牛背着沉重的壳，一步一步地往上爬”，但总有爬不动、想不动的时候。一蓑烟雨，人生已过大半；两袖清风，好运才交初始。期盼着和学长们一道，修赤子心，观沧海浪，幸福的日子万年长。

2022年5月写于北京

下篇

往事悠悠总是情

校友馆
校友馆欢迎2022级新同学

一、大学生活剪影

山东大学哲学系77级同学名单及照片

李晓群(1947.01.01)

张昌平(1947.05.26)

赵延新(1947.07.13)

李宏祥(1947.10.26)

毕玉奎(1947.11.17)

张盛忠(1947.11.19)

孙恒志(1947.12.08)

于炳贵(1948.06.15)

孔令芝(1948.07)

矫学柏(1949.03.05)

袁玉骝(1949.04.30)

李海燕(1949.10.02)

苑吉红(1949.11.28)

张景芬(1950.01.10)

刘　强(1950.06.19)

刘仲明(1951.08.29)

周向军(1952.11.20)

刘玉安(1953.01.13)

刘兴章(1953.02.18)

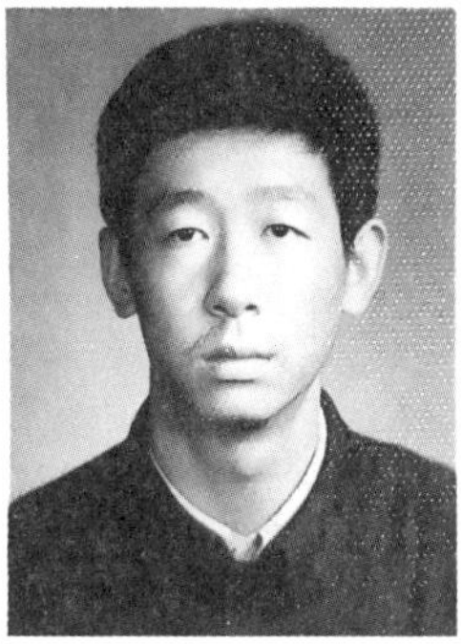

秦　志(1953.07.30)

伊戈扬(1953.10.07)

刘国强(1954.09.03)

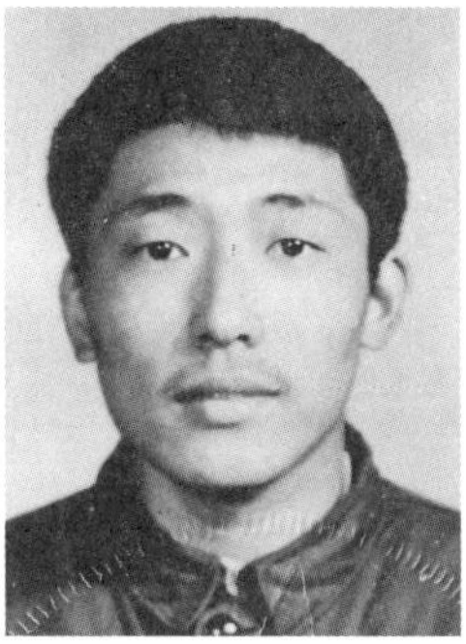

魏金陵(1954.09.26)

方宏建(1954.12.28)

沈秀敏(1955.02.11)

黄仕军(1955.02.15)

庄　平(1955.05.01)

李培林(1955.05.25)

卢阿青(1955.07.19)

刘志勇(1955.08.05)

李金蓉(1955.10.03)

刘敬鲁(1955.10.12)

张立勇(1955.10.15)

王国庆(1955.12.05)

傅有德(1956.01.20)

李　涛(1956.04.14)

刘力言(1956.06.18)

吕　敏(1956.07.22)

李　敏(1956.09.28)

万会吉(1956.11.02)

赵瑞林(1956.12.18)

袁文颇(1957.02.25)

王毅平(1957.02.27)

吴溪清(1957.05.03)

曹晓武(1957.05.05)

张鲁建(1957.09.03)

马士岭(1957.09.19)

李　芹(1957.09.21)

翟志玲(1957.09.22)

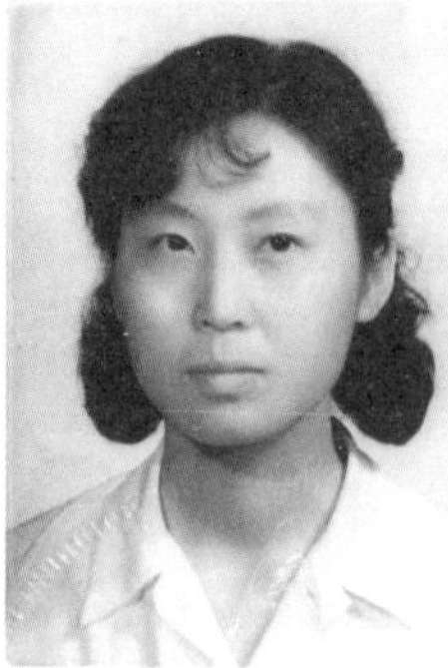

庄超英(1958.03.18)

楚甲焕(1958.05.15)

徐向红(1958.07.15)

肖连生(1958.07.24)

王　平(1958.08.18)

侯培德(1959.06.05)

唐少杰(1959.11.15)

王志功(1961.09.03)

小组合影

一组同学

二组同学

三组同学

四组同学

五组同学

六组同学

集体活动照片

(1)**首次合影。**被学校授予"先进班集体"后,1980 年 4 月 24 日全班同学在化学楼前合影。

班里党员同学

班里团员同学

(2)**团日活动。**1980 年 4 月 23 日，班党支部书记李晓群和党支部委员、团支部书记刘力言带领团员到济南大明湖参加团日活动。

(3)**游灵岩寺**。1980 年 10 月 29 日，在李传明老师带领下到长清灵岩寺教学考察。

在文史楼教室学习照片

毕业实习照片

时间:1981年11月;内容:社会调查。

第一组　实习地点:聊城临清;带队教师:聂风峻;调查内容:现阶段家庭联产承包责任制对农村的影响。

第二组　实习地点:烟台文登;带队教师:李树军;调查内容:联产承包责任制下如何发展好集体经济。

第三组　实习地点:东营胜利油田;带队教师:西敬亭;调查内容:胜利油田开发过程中的辩证法。

二、毕业 11 周年小聚与毕业 20 周年聚会

1992 年 12 月 27 日，为迎接新年，也为纪念毕业 11 周年，有 7 位同学冒雪从青岛、潍坊、泰安、聊城、单县等地赶到济南，与济南的 17 位同学在珍珠泉宾馆聚会，可以说这是毕业后首次人数较多的同学聚会。

为纪念毕业 20 周年和山大建校 100 周年，于 2001 年 10 月 5 日（时值校庆日前）在山大中心校区举办了毕业后的第一次师生大聚会。时任校党委书记朱正昌、校长展涛先后到会祝贺，15 位老师、38 位同学出席。

山东大学
毕业证书

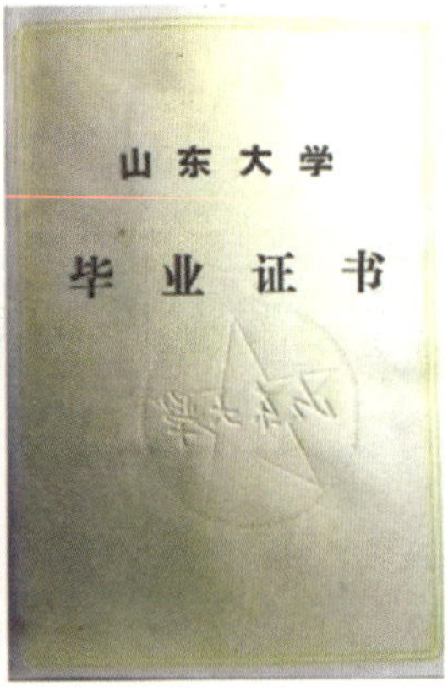
山东大学
毕业证书

学士学位证书

三、入学三十年　同学情谊深

流失的是时间　沉淀的是情感

——哲学系77级校友入学30周年聚会

30年，弹指一挥间，昔日的年轻学子，如今已经成为各行各业的拔尖人才。今天，从四面八方赶来的山东大学哲学系77级的32名同学又回到了母校，在这个曾经学习生活过的地方，与昔日的良师益友坐在一起，共叙同窗生活，重温师生情谊。

2008年5月1日，山东大学哲学系77级同学入学30周年联谊聚会在山东大学中心校区办公楼会议厅举行。上午9时，校友们陆续来到会议厅。他们一见面就互相亲切地问候、握手，话语间流露的浓浓情谊让人动容。

山东大学党委书记朱正昌出席了此次联谊聚会并致辞。朱正昌书记首先热情地赞扬了哲学系77级同学们在自己的工作岗位上为国家的改革开放和现代化建设作出了巨大贡献，真正成为民族和社会的中坚，为母校增添了光彩。随后又向校友们介绍了母校30年来的发展和变化，并且希望校友们能常回来看看，与同学老师叙叙往日情谊，为母校发展献计献策。最后预祝此次联谊活动圆满成功。

哲学与社会发展学院院长刘杰也为校友们详细地介绍了哲学与社会发展学院的发展现状，希望校友们能为哲学与社会发展学院的建设添砖加瓦。

哲学系第一任系主任臧乐源教授在会上发表了激情洋溢的讲话，并且深情赋诗《为什么你的眼中饱含着泪水》，表达了哲学系77级老师和同学们对母校深厚的情谊，对同学们为社会作出的贡献给予了充分的肯定，希望校友们再接再厉，争取作出更大的成绩。臧乐源教授的激情演讲给同学们带来了心灵上的震撼，并且将联谊会推向了高潮。

山东大学教授刘大钧为联谊活动题词“言机存义”。题词表达了刘大钧教授对哲学系77级同学们30年来所取得成绩的肯定及祝贺，并祝福同学们未来更辉煌。

座谈会最后，哲学系77级班长李宏祥代表同学们发表了饱含深情的讲话，他回忆了在母校学习生活时难忘的日子，“同学们之间情同兄弟姐妹，在学习上互相鼓励，在生活上互相照顾”。哲学系77级同学的成长与改革开放的进程同步，“这是我们一生都为之骄傲的地方。我们都以各自不同的方式参与了改革开放，为改革开放作出了自己的贡献。改革开放也考验、历练了我们”。如今30年过去了，昔日的同学们大多已经年过半百，“但是流失的只是岁月，积淀的却是我们不变的感情”。

李宏祥真诚地感谢老师们的辛勤培育，并且表示在以后的工作中一定更加努力，不辜负母校的重望，最后希望母校明天会更好。

座谈会在热烈融洽的气氛中结束。下午，欢聚在一起的同学们高高兴兴地参观了母校。在感叹母校巨大变化的同时，衷心地祝愿母校取得更加辉煌的成就，在创建世界一流大学的征程中取得更大的成绩。

《山大新闻网》2008 年 5 月 2 日

哲学系 77 级入学 30 周年聚会感言

——哲学系 77 级校友李宏祥

今天，我们山大哲学系 77 级同学 30 年后聚集在一起，看到这么多同学和老师，心里非常激动。首先要感谢傅有德、方宏建、李芹、肖连生等在校同学的认真筹划、精心组织，给大家提供了这样好的一个见面的机会。感谢学校领导和老师来参加我们的活动。

今年是我国改革开放 30 周年，也是我们 77 级入校 30 周年，是一个非常值得纪念的日子。77 级，是我们国家结束十年动乱后的第一届大学生。是邓小平同志的英明决策和时代的召唤，使我们走进大学校园，我们最先沐浴了改革开放的第一缕春风。从此，我们的思想，我们的情感，我们的认知，我们的实践，始终与改革开放这个大时代共振共鸣，风雨相系。因此，我们这一届大学生的经历，在中国教育史上，在改革开放发展史上，就很自然地占有了一个特殊重要的地位，起着某种里程碑的作用。

30 年前，经过严格的考试，我们梦想成真。大家怀着对未来生活的无限向往和发愤读书、立志报国的坚定信念，走进山大校园，开始了亲如一家的四年同窗生活。当时，多数同学 20 岁出头，最小的还不到 17 岁，正值求学上进的大好年华。我们年龄较大的十几位同学，已是 30 岁左右。"文革"浩劫耽误了我们整整十年，而历史又情有独钟地把最后的机会交给我们，大家倍加珍惜。全班同学都掩饰不住内心的激动，普遍有这样一种感觉：我们已步入神圣殿堂，校园里洒满了阳光，心头上充满了希望。那时，我们的老师、我们系的领导，大都年富力强，经验丰富。十年动乱，劫后余生，他们迎来了大学教育的春天，以无比的喜悦和满腔的热情，孜孜不倦，精心施教，把多年积累的知识和经验，无私地传授给自己的学生。老师对学生非常关心，同学十分尊敬老师，师生关系无比融洽。我们同学之间，虽然年龄参差不齐，但在共同的学习生活中，却亲如兄弟姐妹，大家互相关心，互相爱护，惜时如金，发愤读书。我们就是在这样一种团结向上、充满友情和期待的环境中开始大学生活的。当时的学习条件和生活条件都比较艰苦，有的同学拖家带小，负担很重，但大家克服困难，求知欲望无比强烈，精神上非常充实。可以毫不夸张地说，我们哲学系77级是一个团结和谐、富有朝气、勤奋学习、充满理想的学生集体。我们多次被评为学校和系里的先进班集体和先进党、团支部，许多同学被评为三好学生、优秀团员和优秀党员。

激情的校园生活与澎湃的社会变革交相辉映。在校学习期间，我们国家的政治经济生活开始发生重大变化。具有伟大历史意义的党的十一届三中全会胜利召开，实现了党和国家工作重点的转移；在政治上思想上拨乱反正，平反冤假错案，开展真理标准问题的大讨论；以农村家庭联产承包责任制为发端的经济体制改革拉开序幕；创办经济特区，实行对外开放，已初见端倪；加强民主法制建设，恢复人民代表大会制度；等等。改革开放的大潮正在中国大地上悄然涌动。这是一个大河奔流、激情四射的时代。在这个时代大潮中，我们每一位同学都毫无例外地接受着改革的冲击、震撼和洗礼。这是时代对我们的眷顾和企盼。

四年的学习生活，是校园课堂与社会实践大课堂的紧密结合，是我们生命历程中的重要阶段。每当回忆起这些，我们无不为之动容、为之留恋、为之骄傲，挥之不去，如影随形。美好的回忆给我们以激励，给我们以力量，给我们以责任，给我们以幸福。这些回忆将陪伴我们终生。

光阴荏苒，弹指30年。我国社会主义现代化建设取得了举世瞩目的巨大成就，祖国的面貌发生了天翻地覆的变化，人民的生活得到根本性的改善，中国的国际地位和威望与日俱增。辉煌来自人民的实践，成就归功于改革开放！新时期最显明的特点是改革开放。我们这一代人最为之自豪和骄傲的是，我们的成长和经历与改革开放同步，我们的思想和实践已融入改革开放的成果之中，我们是改革开放的实践者、见证者、受益者。我们每个人都以自己的方式参与和推动了改革开放，改革开放也锻炼和考验了我们。

毕业后的26年里，我们同学虽然工作岗位和工作环境不同，经历也不一样，风风雨雨，悲喜忧欢，大家经历了许多，有胜利的喜悦和挫折的磨难，有顺利的忘情和失意的忧郁，其中甘苦各有体味。但是，无论何时何地，一个不变的信念始终鼓舞着我们，给我们以勇气，给我们以智慧，给我们以力量，这个信念就是服务人民、报效祖国、奉献社会。26年中，我们班每一位同学都在自己的岗位上兢兢业业地工作，用所学的知识服务于改革开放的实践，服务于现代化建设，大家尽其所能，作出了自己应有的贡献。我们同学中，有经济建设一线的实际工作者，有在大学和党校任教的教授，有专门从事理论研究的专家、学者，有在党政机关及宣传出版部门工作的同志，等等。可以说，在校一师同教，出道八仙过海。大家在不同的领域和不同的岗位上，都发挥了和正在发挥着中坚和骨干的作用。在我们班同学中，产生了三位党的十七大代表，一位全国人大代表；造就了泰山学者和享受国务院政府特殊津贴的有突出贡献的理论工作者；涌现出走进中南海为中央政治局讲课的著名学者；在政坛上有省部级领导干部和一大批厅、处级干部；留校工作的同学都成为教学科研骨干，担任了校、院领导。这是我们哲学系77级的共同收获。成绩的取得，是时代给了我们机遇，是学校培养的结果，是大家以真诚的劳动和辛勤的汗水对改革开放的回报，对国家和人民的回报，对我们母校和老师的回报。

人生有志，岁月无情。今天，多数同学已近或已过天命之年，年龄大的已逾花甲。我们的任课老师，已是耄耋老人。大家相聚在一起，百感交集。但是，我们不会因岁月流逝而叹息，因为我们已经共同创造了一个灿烂的过去；我们更不会因来日时短而悲怆，因为事业是永恒的，战斗未有穷期。今天，30年后的欢聚，我们仿佛又回到了学生时代，我们真的感到又年轻了许多。

同学们，我们以青春的热情和执着的追求送走了第一个30年，我们必将以更多的企盼和成熟去拥抱和创造下一个30年。未来30年，社会主义祖国会更加强大，现代化事业会更加辉煌，人民的生活会更加幸福，我们的母校会更加美好！让我们手拉手、心连心，共同走好下一个30年。

最后，祝学校领导、各位老师、各位同学身体健康，阖家幸福！祝我们同学之间的友谊醇酒飘香、地久天长！

《山大新闻网》2008年5月2日

为同窗相聚志

马士岭

二月雪花未曾忘，转眼已是桑榆黄。
西园银杉梁栋成，东山金菊花正香。
言机忧思道德存，抚心常念信义亡。
可怜会稽兰亭短，谢安老死在山乡。

2008年5月1日

守望真情

大学入校三十年同学聚会有感

李宏祥

风雨潇潇三十年，征雁飘零咒逝川。
游子报国天涯路，男儿挥戈万重山。
相逢鬓白忆旧事，共话未来谋新篇。
皓首童心诗情壮，老藤硕瓜师生甜。
滔滔黄河言不尽，千里浪花语潺潺。
来去匆匆一杯酒，直下东海挂云帆。
莫道相聚时日短，同窗情谊高于天。

2008年5月1日

入学30周年聚会照片

山东大学

山东大学百年校史展

SHANDONG UNIVERSITY
1901
山东大学
SHANDONG UNIVERSITY

四、毕业三十年　同窗情更浓

山东大学哲学系77级校友毕业30周年回访母校

2012年4月29日上午，山东大学哲学系77级校友毕业30周年联谊聚会在济南市山东大学中心校区举行。哲学系77级同学、山东大学党委副书记方宏建，哲学与社会发展学院院长刘杰、党委书记吕波出席会议，35名同学从全国各地返回母校参加了联谊活动。联谊聚会由哲学系77级班长，山东省人大常委会委员、法制委员会主任李宏祥主持。

联谊聚会上，方宏建代表学校对校友们回访母校表示欢迎，并对校友们多年来给予母校的关注和支持表示感谢。他向大家介绍了毕业30年来，尤其是合校十多年以来山东大学取得的新变化，并以“早”“大”“全”“高”四个字展示了山大在办学历史、办学规模、现状及发展前景等方面的突出特点与领先成就。他还重点介绍了青岛校区的建设情况以及创建世界一流大学的办学目标，诚挚地希望大家继续关注并支持母校的各项工作，向校友们表达了浓浓的祝福之情。

刘杰代表哲社学院欢迎校友们返校，向大家介绍了学院近年来在人才培养、学科发展、师资队伍建设等方面的良好发展态势，对大家长期关注、支持学院发展表示感谢，并送上了诚挚的祝福。吕波在发言中表示，校友对学校、学院的任何关切都是一种莫大的鞭策，学院将竭尽所能做好工作，不辜负校友对学院发展的期望。

联谊聚会上播放了同学们精心制作的记录了哲学系 77 级大学生活的电子相册。在温馨、热烈的氛围中，各位校友畅所欲言，回忆美好的学生时代，彼此间致以最真挚的祝福。校友们对母校的变化和成就感到由衷的骄傲和自豪，感谢母校的培养、老师们的教诲以及同学之间的互相帮助，表示哲学系四年的求学经历是诸位同学在生活与事业上取得成就的坚实基础，大学期间结下的同学情谊历久弥新、至深至切。座谈中，校友们还对母校和学院的进一步发展献言献策，并表示将继续以自己的实际行动支持母校的发展。

座谈会结束后，校友们参观了哲社学院全新的教学、科研与办公环境，并组织游览了中心校区校园。在中午举行的联谊宴会上，大家共同欣赏了山大艺术团带来的精彩的文艺表演，不少校友还带来即兴表演。下午，校友们参观游览了山东博物馆等景点。

哲学系77级同学是我国恢复高考后山东大学招收的第一届本科生，经过30年的努力学习和顽强奋斗，他们中绝大部分已经成为国家机关、企事业单位领导或知名专家学者，在政界、学界、商界等各领域都取得了显著的成绩。

《山大视点》2012年5月3日

“回望三十风云路，七七精神须发扬”
——哲学系 77 级毕业 30 年聚会纪实

李　芹

(一)“岁月峥嵘三十年，泉城相聚兴无前”——筹措聚会

还在 2011 年秋天山大 110 年校庆的时候，张立勇同学作为山大杰出校友被母校邀请参加校庆庆典活动。在校庆庆典午餐会上，他提议把在济南的同学都请过来，大家见见面。担任济南校友会秘书长的赵瑞林同学利用校友会举办招待会这个平台，给哲学系 77 级安排了若干席位，共同商议毕业 30 年同学相聚事宜。大家兴致勃勃，七嘴八舌，最后敲定了三件事：其一，考虑五一期间很多同学要与家人一起活动，同学聚会时间基本定为 4 月底；其二，一些同学提议，以前两次聚会都在山大，这次是否换个地方？徐向红同学建议到曲阜，大家一致同意；其三，出版一本哲学系 77 级同学回忆录，每个同学写 3000 字有关大学时代的纪念文章，附有大家珍藏的大学时期照片。

为了办好毕业 30 年同学大聚会，由班长提议，专门成立了由方宏建同学为组长，傅有德、曹晓武、李芹、肖连生等同学为成员的筹备小组。2012 年 3 月 17 日，曹晓武将肖连生起草的聚会通知发送到全班所有同学的电子邮箱，邀请函内容如下：

毕业三十周年同学聚会邀请函

亲爱的同学们：

时光荏苒，岁月如梭，三十年过去，弹指一挥间。三十年前，我们带着恩师的寄托与厚望，怀着青春的激情与梦想，惜别恩师、泪别同窗、离别母校，奔赴祖国的四面八方。相别三十载，我们已过天命或耳顺之年，老师、同学的音容笑貌，那教室、那校舍、那食堂、那操场，还有那小树林，依然让我们魂牵梦绕；相别三十载，昔日的同窗已学有专攻、业有所成，而如今岁月亦让我们青春不再、两鬓斑白，唯有同学情谊历久弥新，至深至切！值 2012 年五一国际劳动节来临之际，全班同学有着共同的心愿与期盼：相约三十年、相约今春、相约母校！

诚邀同学们共回母校，参加毕业三十周年聚会！

——山东大学哲学系77级毕业三十周年同学聚会筹备组

后来听有的同学说，看到这个邀请信，心情格外激动，还连连问是谁写的。我告诉他们是肖连生，他们说：“写得真好呀！道出了大家的心声！”还有的同学说：“自从接到邀请就开始做准备了，就盼着这一天早点到来。”

向红提议到曲阜聚会因种种原因没有实现，毕业30年同学聚会像前两次一样仍在母校中心校区举办。聚会前两天，筹备组几位同学再次商议聚会的每个细节，比如住宿、宴会、会议室、参观，甚至连幻灯、照相、录像的人员安排以及背景布幅制作都认真地考虑和落实。方宏建同学要去苏州参加一个工作会议，忙得不可开交，可也丝毫没忘记一遍又一遍电话嘱托学校宣传部有关录像和照相人员的安排事宜。

4月28日下午4点以后，新校学人大厦接待大厅，外地同学陆陆续续来到母校，见面时握手拥抱，亲切问好，阵阵欢歌笑语，声声深情厚谊。大约下午6点，班长李宏祥与张立勇同学一起到来，大家一见面立刻惊呆了，立勇额头包一块纱布，同学们关切地问：“这是怎么回事？”原来为了与同学聚会，立勇急着把上午的党委会开完，不小心头碰到桌沿上，顿时血流满面，在医院封了6针后，不顾疼痛，立即登上来济南的高铁。

欢迎外地同学的晚餐在学人大厦最大的单座餐厅学人厅举办，硕大的圆桌中央，艳丽夺目的鲜花散发出阵阵芳香，似乎在向我们传递着祝福和友爱。宴会上，大家不时回顾起四年大学以及后来发生的种种趣事，交流毕业后各地同学工作生活的情况，感慨几十年来社会的巨大变迁，表达同学之间的深厚友谊。席间，山大徐显明校长听说哲学系 77 级同学毕业 30 年相聚，专门过来给大家一一敬酒，他语速轻缓，字词严谨，一如往常："大家都是恢复高考后第一届进入山东大学的，校友是山大的财富。大学之大，首在大德；大学之学，重在学统。山大是一个讲求道德、追求学术的大学。山大这些年发生了很大变化，去年刚刚举办了隆重的 110 周年校庆活动，大家可以利用这次聚会到校园里走走看看。"他还特意向大家解释了校庆期间建设的新大门和两个新广场所蕴含的内涵："这个新大门寓意着山东大学朴实厚重、胸怀博大、包容开放、广纳四方贤才。校园南门有'大成广场'，'大成'取自鲁文化，代表道德，这个广场意味着我们要向圣人学习，进入山东大学，沐浴了这个广场的文化，应该成为和先贤比肩的人。校园北门有'稷下广场'，'稷下'取自战国时期齐文化，代表学术。齐风与鲁韵并存，道德共学术一体，道德和学术是大学最深厚的两大底蕴。"最后他希望大家能在短暂的聚会时光里过得愉快。

（二）"饮茶共忆校园日"，"身经风雨志弥坚"——促膝座谈

29 日上午，沐浴着和煦的春风，从全国各地返回母校的 35 名同学如约来到知新楼 A 座二楼的校董厅。会场北墙壁悬挂着的大红色条幅上，"山东大学哲学系 77 级同学毕业 30 周年座谈会"一行大字醒目耀眼。

会场南边，许久未见面的同学们相互热情地问好，同时在红色签名簿上留下自己的姓名，晓武同学像往常一样，架着他心爱的相机为同学们留下精彩的瞬间。

9点多，在温馨而热烈的气氛中，座谈会正式开始。我们的老班长李宏祥同学主持会议，班长深情地回忆起了30年前同窗学习的情形。他说："时光如梭，离上次返校聚会已过去四年。四年间，学校面貌发生了巨大变化，许多新的建筑令人眼前一亮，各项教学和科研成果令人振奋，一如国家的发展，学校发展步入健康稳定的快车道。魂牵梦绕的'小树林'更加枝繁叶茂，那里留存着我们的青春记忆，诉说着往日的故事。去年，亲爱的母校迎来了110年华诞。学校举行了隆重的庆典活动，天下山大学子为之欢呼雀跃。作为77级的我们，更是为母校悠久灿烂的历史而骄傲，为母校辉煌卓越的成就而自豪。让我们衷心祝愿：百年山大，青春永驻！这四年，在岗的同学不忘初心，继续奋斗，效力国家，服务人民，各项工作都取得新的成绩。退休的同学在颐养天年的生活中增加了新的乐趣，找到了新的快乐，多了些新的体会和收获。今天，同学们济济一堂，回到山大我们的共同家园，心情无比激动。人生易老天难老，岁月无情人有情。‘同窗四年，友情一生’，让我们荡起心灵的双桨，找回昨日的青春，忆往事，话未来，继续书写我们哲学系 77 级的故事。”

既是同学又担任学校党委副书记的方宏建同学代表学校对校友们毕业 30 周年荣归母校表示热烈欢迎，向大家介绍了毕业 30 年来，尤其是合校十多年以来山东大学取得的新变化，并以“早”“大”“全”“高”四个字概括了山东大学在办学历史、办学规模、专业现状及发展前景等方面的突出特点与领先成就，重点介绍了青岛校区的建设情况以及建校 120 周年时创建世界一流大学的办学目标。最后，他对校友们多年来给予母校的关注和支持表示衷心的感谢，诚挚地希望大家继续关注并支持母校的各项工作，并向校友们表达了浓浓的祝福之情。

哲学与社会发展学院院长刘杰代表学院欢迎校友们返校，他向大家介绍了哲学系与哲社学院近年来在人才培养、学科发展、师资队伍建设等方面的良好发展态势，对大家长期关注和支持学院的发展表示了感谢，并送上了诚挚的祝福。院党委书记吕波也向校友们表示了欢迎和感谢，提到校友对学校、学院的任何关切，都是莫大的鞭策，表示学院将尽所能做好工作，不辜负校友对学院发展的期望。

接下来，同学们纷纷畅所欲言，回忆难忘而美好的学生时代。

担任第一届班级党支部书记的李晓群同学发言，他说："我们班是一个很好的班集体，班里的风气很正，尤其是对学业认真执着和刻苦精神值得称道。每一个同学都珍惜来之不易的学习机会。可以说77级给后来的同学做了榜样。"他特意举两个刻苦学习的例子，一个是张景芬，一个是张立勇。说完30年前的往事，他又说了30年后的今天："30年来大家在各自的岗位上努力拼搏作出了很大的成绩，为国家作出了自己的贡献。今天再见面，已经不是当年那个青涩的青年了。不管是从事科研也好，从事教育也好，或是从政也好，哲学系77级都不落人后。可以说是人才济济，成绩骄人。"在发言即将结束时，李晓群同学总结道："为什么在77级当中，哲学系这个班特别突出？我琢磨有这么几个原因：一是学生素质好。二是我们学的是哲学。哲学是什么？世界观和方法论呀！这比起学单一学科的同学有思维优势！如果学校要评30年后的优秀班集体，我想我们班是当之无愧的。"

曾担任班级副班长的张盛忠同学对参加此次聚会十分激动和喜悦，专门赋

诗二首：

一

毕业弹指三十年，回首往事心浪翻。
面壁四年破茧出，投身实践舞蹁跹。
胡兵[1]致仕功德满，后俊一线战犹酣。
英杰早逝令人嗟，淡泊名利身心健。

二

入学毕业各三十，哲学七七两相聚。
敞开心扉促膝谈，同窗真情零距离。
世事沧桑蕴深意，酸甜苦辣悟真谛。
如今天命均已定，身心康健成第一。

特有趣的是，剃着光头、一身农民打扮、退休后又回农村承包了300亩梨园的袁玉骝同学带来了珍贵的当年考大学的准考证以及入学不久写下的日记。座谈会上，他专门给大伙念了一大段，以此纪念1978年十一届三中全会召开前夕自己对中国社会结构转型、经济体制转轨所生发的哲学思考。

现任河南省高级人民法院院长的张立勇同学毕业以后从政，《南方周末》两次刊登长篇通讯介绍他在陕西咸阳和河南省高院的事迹。在发言中他深情地说："人到六十，功名利禄已经不重要，剩下的唯有同学之间的友谊和友情，希望大家保持经常的联系，还希望下一代也能成为好朋友。"

① 入学时我班年过30岁的同学有10多人，他们自称"胡子兵"。

山东省委宣传部副部长，省文化厅党组书记、厅长徐向红同学一板一眼地回忆起考学的情景，提到当年已经参加工作的他对大学几乎没有什么概念。离高考还有10多天，偶尔知道高考恢复的消息，尚未复习一遍就匆匆上了考场，填报志愿时，竟然把山大的文、史、哲三个专业全都填上了。来到山大，整个思想出现了脱骨换胎的变化。在学校，除了向老师学习外，更多的是向同学们学习，一些同学的人生历练对自己的影响很大，他们刻苦努力的精神与气氛对自己是一种震撼。步入工作岗位后，获得的所有进步都得益于山大、山大的老师和77级同学，得益于同学们兄长般的关心、引导和帮助，对此永生难忘。最后他深情地说："山大是我的第二生命，是我人生的转折点。每次回到山大，总是回忆起学生时代的点点滴滴；每次来到山大校园，来到小树林，都是心灵的洗礼、知识的充电，激励着自己不断进取。"

担任山东工商学院党委书记的魏金陵同学幸福地回忆起大学的时光，给大家交流了自己的心得。他说，人到五六十岁以后，总是往回看，把30年前的事想得很清楚，却未必记得昨天发生的事，自己做梦经常梦到大学发生的一切。他真诚地表达了自己对同学聚会以及对母校的情感："30年之后，同学们的感情永远不变，办这样的同学聚会都愿意参加，只要母校一声召唤，一定会马不停蹄赶过来。"

座谈会开了大半的时候，开车从北京赶来的庄超英同学不顾疲劳，深情地说道："当年毕业典礼代表同学们发言时，清楚记得用了一首歌的歌词'再过20年，大家来相会'，不觉间现在已经30年了。回首30年，心情非常激动，内容很丰富，母校对自己思维方式的形成产生了重要影响，为自己奠定了人生的基础。"

翟志玲同学回老家照顾老人，为参加同学聚会，深夜赶回济南，疲劳与紧张导致聚会的当天清晨发起高烧，浑身疼痛，但她特意通过短信，表达了自己不能参加同学聚会的遗憾，并诚挚地告诉大家："年轻的时候同学们让我感到很骄傲，老了同学们让我感到很温暖。"

发言争先恐后，同学们对母校的新变化和成就感到由衷的骄傲和自豪，纷纷表达对母校的眷恋与感激之情，感谢母校的培养、老师们的教诲以及同学之间的互相帮助。大家一致认为哲学系四年的求学经历奠定今天诸位同学在生活与事业上取得成就的坚实基础，大学期间结下的同学情谊历久弥新，至深至切。座谈上，大家还对母校和学院的进一步发展积极献言献策，并纷纷表示将会继续以自己的实际行动支持母校的发展。当然，说得最多的还是希望在职的同学好好干，不辜负山大对我们的信任和期待；退休的同学安排好生活、锻炼好身体、教育好后代。

(三)“往事悠悠多彩日”,“把酒畅谈江海天”——学人畅怀

座谈会结束后,同学们参观了哲社学院全新的教学、科研与办公环境,为母院的发展发出由衷的赞叹。在知新楼A座和学人大厦台阶上方“欢迎哲学系77级同学荣归母校”的电子屏幕下,同学们在欢快的气氛中合影留念。除了全体合影外,有女生的合影,有以当年划分的小组分别合影,还有以宿舍为单位的合影。

中午的宴会由连生同学赞助,连生已经不止一次赞助我们同学聚会了,每次都是那样的悄然低调,心里面装下的全是对同学的款款深情。学人大厦的阳光大厅,彩灯高挂,布置一新,呈现出一派喜庆的格调,主席台巨大的红色布幅上,“热烈欢迎山东大学哲学系77级同学毕业30周年荣归母校”几行镏金大字苍劲有力、熠熠生辉。沉浸在一片喜悦之中的同学们有的按照当年小组的划分团团围坐,有的自然围拢,好像又找回了学生时代在大食堂集体就餐的温馨感觉。

杯觥交错、巡回敬酒，大家兴意盎然。主席台左侧白色的背景幕布上播放着为本次同学相聚专门制作的记录大学生活以及毕业后多次同学相聚的电子相册。一张又一张，一幕又一幕，伴随着悠扬的音乐，交替展现着当年全班同学的毕业合影以及同学们在教室、在大操场、在文史楼前、实习现场以及大明湖畔留下的那些青春逼人、神采飞扬的倩影。冬去春来，时光倒流，那些黑白照片仿佛把大家又带回那清苦、纯真而充实的岁月，那心怀理想、奋发向上的年代。

毕业 20 年后的第一次全班大聚会定格在 10 年前的 5 月 1 日，几乎就像发生在昨天，珍贵的录像带里映现出邵逸夫馆门前握手问好的镜头、会议室里的师生座谈、宴会上的爽朗笑声以及同学们参观校园的风采。看着那些青涩照片和欢快影像，不知为何，禁不住泪水盈眶。也许，一去不复返的青春是最好的诠释，今天我们即使花再多的金钱、积攒再多的气力，也无法回到当年，回到那同窗学习的美好时光。

宴会上，山东大学艺术团带来了精彩的文艺节目，最受欢迎的莫过于同学们自己的生动表演。方宏建同学用醇厚的男中音演唱了山大校友歌曲《我的山大我的家——山东大学校友之歌》，“虽然在远方还是常想起……无论沧桑岁月长，哪怕海角与天涯，魂牵梦萦的眷恋，我的山大我的家”，意蕴深远的歌词、委婉动听的曲调，满载着化不开的浓浓情谊缓缓扑向每位同学的胸怀。喜爱京剧的傅有德同学演唱了京剧的几个著名片段，赢得大家阵阵掌声。去年在 110 周年校庆庆典晚会上，有德运用京调演唱的流行歌曲不仅让在场的观众大饱耳福，也让在电视机旁观看的不少外地同学啧啧称叹。

我们77级这个班是国家恢复高考后山东大学招收的第一届本科生，经过30年的努力学习和顽强奋斗，绝大部分同学已成为国家机关、企事业单位领导和知名专家学者，在政界、学界等各领域取得了可喜的成就（座谈会上，李培林同学提到，77级同学主要在政界、学界和商界工作，但我们这个班主要是前两者）。经常为大家和学校老师引以为豪的是，在党的十七大会议上，矫学柏、李培林、张立勇同学作为党代表同时出席大会，一个班诞生了三位党代表，这在当时是很轰动的事。培林同学还应邀走进中南海就和谐社会建设问题为中央政治局集体学习作讲解。

离开学校整整30年了，今天大家可以自豪地向亲爱的母校汇报：我们无愧于哲学系！无愧于山大！无愧于这个伟大的时代！

（四）“柳暗花明曲水清，欢歌笑语画舟行”——舟游泉城

午餐后，在徐向红同学的组织安排下，同学们来到屹立于济南东部新城区的山东博物馆，参观这座被称为集历史、艺术、民俗、自然于一体，体现齐鲁文化特色，反映山东深厚历史文化底蕴的大型综合性博物馆。

刚一下车，一座上部为银白色半圆形穹顶，下部为庄重稳健的灰色四角内切立方体的建筑物立刻闯入大家的眼帘，庄重大气的造型风格、极富雕塑感的形态、雄浑的色彩以及壮观的柱廊，强烈地传递出山东厚重的文化积淀和坚韧不拔的精神特质，给大家留下了过目难忘的深刻印象。

穿过广场，同学们步入室内迎宾大厅，似乎置身于一座金碧辉煌的富丽殿堂。在博物馆工作人员热情引导和讲解中，大家观赏着一个又一个展厅，那些记载着山东大地丰富文化积淀的文物，让每个人犹如徜徉于人类变迁的长河，去感受岁月的沧桑和历史的深邃。

依旧记得，上大学时我们班从来没有组织大家参观过以传承文化为载体的任何一座博物馆；毕业 20 周年后的第一次聚会上，参观的是位于趵突泉校区的山东大学博物馆。

没有忘记，上大学唯一一次参观古物，是在学习中国哲学史课程时，由李传明老师率领大家到灵岩寺现场教学和游览，印象中除了记得灵岩寺的群山环抱、岩幽壁峭、古迹荟萃、佛音袅绕外，记得最清楚的莫过于：司机因故不开车，让我们气喘吁吁徒步走了 10 多公里。

今天社会发展了，文化产品越来越丰富，公共设施越来越齐全，社会公众可观赏的高品位场所越来越多。有谁能想到，当年那个被班级同学称为“青年黑格尔”的年轻书生今天已经成为主管全省文化和文物部门的主要领导。

走出山博大楼，一辆大客车载着同学们来到黑虎泉码头，30余人登上一艘画舫游船，一路向西驶去。济南有着世界上独一无二的泉水河，坐在画舫游船里，从护城河上观看济南美景，对我们中间很多人而言还是第一次，别说外地同学，就是工作在济南的同学也难得有时间有心情欣赏这溪流环绕、清泉遍布把五龙潭泉群、趵突泉群、泉城广场、黑虎泉群和大明湖连为一体的泉水景观带。画舫游船里，同学们边听着讲解员生动而清晰的介绍，边欣赏碧波荡漾的河面以及垂柳依依的两岸，拱桥飞架，舟楫穿行，一一穿过视线，仿佛置身于江南水乡一般。利用难得的空隙，同学们还时不时交流着分别这些年来学习、工作以及生活上的点点滴滴。望着这一切，禁不住感慨：要是将来毕业40年或者50年再举办同学聚会，大家定会忆起舟游泉城的难忘一幕，回味这美妙的瞬间。

（五）“美酒良宵随梦去，同窗情谊伴终生”——珍珠狂欢

体验了舟游泉城的诗情画意，大家来到灯火辉煌的珍珠泉宴会厅。晚宴是此次聚会的重头戏，赵瑞林同学做了精心安排。在主持宴会的时候，他声情并茂，用最深情的语言传达了李宏祥、矫学柏同学以及他本人对同学们回归母校的喜悦心情与温暖感受，表达了大家对因故未能到会的同学们深深的思念和祝福。

随后，珍珠泉艺术歌舞团为大家送来了一场充满着异族风情的歌舞表演，最吸引眼球的节目莫过于张景芬、傅有德同学与艺术团19岁的京剧女演员合作的经典曲目样板戏《沙家浜》智斗选段，老张扮演胡传魁，有德扮演刁德一。他们的演唱字正腔圆、一板一眼，宛如专业演员，深深感染打动着在场的所有同学，只见大个子唐少杰禁不住激动万分，挥着双手，打起拍子为他们伴唱起来。

随之举行的是按组出节目，每组同学必须上台表演。一时间唱民族歌曲的、唱地方戏曲的、唱卡拉OK的纷纷登场，热闹非凡。老歌、新歌，男女生手挽手翩翩起舞，把大家带入了欢乐的海洋。

在屏住气息、双眼圆瞪的气氛中，大家还重温了刘兴章同学的武术表演，一招一式，仍不减当年。刘国强同学一首流行歌(很遗憾，已经记不清歌名了)几乎把全场引入沸腾的境界，他调动起全身每个细胞，手脚并用，以那洪亮震耳的声音告诉我们，当年那个操着浓浓的烟台腔、声音柔柔的班级生活委员还有这样的气度和风范。

向来风趣的伊戈扬同学为大家讲了一个故事，具体内容已没印象了，但清楚记得他说的最后一段话让大家为之振奋，掌声连连不断，那就是：宏祥班长过去是我们的班长，现在是我们的班长，将来还是我们的班长。

手掌，拍疼了；心灵，被震撼了。尽管我们这些同学已不再年轻，绝大部分人已两鬓斑白，但心态健康，精神不老，在这相聚的短暂时间里，大家仿佛穿越了时光隧道，回到三十几年前。同学们已相约，入校和毕业后的 40 年、50 年甚至 60 年，大家还要相聚山大，还要共叙同学事，高歌同学情，续写友谊新篇章。

总忘不了哲学系 77 级这群人的声音，总怀恋那美好的大学岁月。

最后，还是用宏祥班长写下的感人诗篇来总结这令人激情澎湃、流连忘返的同学聚会吧。

七律二首

毕业三十年同学聚会

一

岁月峥嵘三十年，泉城相聚兴无前。
饮茶共忆校园日，把酒畅谈江海天。
鬓染秋霜人未老，身经风雨志弥坚。
为民报国男儿事，未勒燕然心不甘。

二

柳暗花明曲水清，欢歌笑语画舟行。
涟漪荡起心头浪，云影牵来岁月情。
美酒良宵随梦去，深情厚谊伴终生。
驼铃一曲催人泪，相别依依车笛鸣。

2012 年 5 月 10 日

一组同学

二组同学

三组同学

四组同学

五组同学

六组同学

业30周年座谈会

山东大学哲学系七七级同学毕业30周年座谈会

五、祝福母校百廿华诞

哲学系 77 级校友制作图文美篇祝贺百廿校庆

近日，为庆祝山东大学建校 120 周年及毕业 40 周年，哲学系 77 级全体校友集体追忆并撰写了名为《春华在心中流淌——忆山东大学哲学系 77 级》(以下简称“忆文”)的回忆性文章并整理编辑了《山大永在我心中——山东大学哲学系 77 级校友献给母校 120 年华诞的祝福》(以下简称“美篇”)，献给母校百廿华诞，得到多方积极反响。

“忆文”由哲学与社会发展学院李芹教授执笔，回忆和介绍了山大哲学系 77 级之特点、班级建制与同学信息、课程设置和授课教师及辅导员、大学时期班级主要活动、毕业去向、毕业后班级同学聚会等。“美篇”由 77 级曹晓武校友设计制作，将目前有联系的 49 位 77 级校友撰写的校庆祝福语和个人简历，以及提供的老、新照片和部分班级活动照片整理编辑展示，表达了大家对母校建校 120 周年的祝贺和对母校强校兴国的祝福。“忆文”和“美篇”已在山大百廿校庆倒计时 30 天的 9 月 15 日定稿并公开发布，发布后得到学校领导、新老校友和社会各界人士的好评。

山东大学校长樊丽明阅后表示:“感谢哲学系77级同学,为校庆奉献如此有情有义的好文好图!祝各位同学身体健康,一切顺利!”校党委副书记张永兵阅后评价:“同学情,母校情,情真意切。”曾经担任过学校党委书记、校长的曾繁仁教授评价:“非常温馨!”

山大校友会副秘书长李湘军向广大校友推荐了“忆文”和“美篇”。他表示:“如李宏祥校友留言:拳拳赤子心,殷殷同窗情。赓续七七志,鬓霜沐春风。这是山东大学目前看到的最完整地记录了班级每位成员成长发展及历程华章的回忆录。77级是改革开放后第一批学人。他们是改革开放的亲历者、记录者、实践者、贡献者和分享者。他们的同学情母校情跃然纸上,他们的历史贡献将铭记史册,他们的历史责任感也将激励后学。”山东理工大学原副校长、中文系77级张宇声校友表示:“读后感慨颇多,时光荏苒,青春不再,唯山大情怀不变,情感永存。当年读书情景,哲学中文,场景皆然。小树林树荫清凉,树影斑驳,犹恍如目前。祝山大永远向上,也祝我们都健康平安!”现居美国的政治经济学系77级张欣荣校友说:“哲学系的同学们是我们系的兄弟姐妹。感谢‘美篇’使我随着真情流露的文字和照片上一个个亲切的笑容回到了久别的山大!山大永在我心里,同学们老师们永存我心中!”远在澳大利亚墨尔本的新金山中文学校校长、墨尔本山大校友会会长李树军在以《万里寄平安》为题的诗中写道:“李曹遥相赠,忆文共美篇。赞美俺的校,眷恋咱的班。七七荟精英,个个不简单!四旬弹指去,归来皆少年。百廿有盛事,兴会更无前。掩卷思诸君,万里寄平安。”

互联网时代下,哲学系77级校友通过“忆文”和“美篇”,以新的形式又重新聚在一起,回顾过往,展现今日,祝福母校。这是山东大学招收的第一届哲学专业本科生向母校120周年华诞献上的诚挚祝福,是哲学系77级校友献给校庆的美好礼物。

山东大学校庆网 2021年10月7日

相关链接:

《春华在心中流淌——忆山东大学哲学系77级》

https://www.meipian.cn/3sjfw3o2?share_depth=1

《山大永在我心中——山东大学哲学系77级校友献给母校120年华诞的祝福》

https://www.meipian.cn/3nwggpb4?share_depth=1

山大永在我心中
——山东大学哲学系 77 级校友献给母校 120 年华诞的祝福

2021 年是山东大学建校 120 周年，为表达对母校的祝贺和祝福，山大哲学系 77 级校友特编辑《山大永在我心中——山东大学哲学系 77 级校友献给母校 120 年华诞的祝福》和《春华在心中流淌——忆山东大学哲学系 77 级》两个“美篇”献给母校。

樊丽明校长的谢词[①]

感谢哲学系 77 级同学，为校庆奉献如此有情有义的好文好图！谢谢了！我入校后一直住混合宿舍，约两年时间与哲学系 77 级庄平、王毅平、卢阿青、吕敏等同学住在一起，交流较多，加之我们的逻辑学、中共党史和体育等课程合堂等等，让我深感与哲学系 77 级同学最熟悉最亲近。祝各位同学身体健康，一切顺利！

2021 年 9 月 16 日

① 樊丽明教授是山大政治经济学系 77 级学生，2017 年 7 月起任山东大学校长（副部长级）、党委副书记。

今年是中国共产党成立100周年，又恰逢母校120周年华诞。祝福母校在办学育人科研创新上更上一层楼，再创新业绩！

——李晓群

山大情，哲学情，同学情，情情割不断。为母校骄傲，为哲学系骄傲，为同学们骄傲！为前进中的山东大学点赞！祝愿母校厚蕴续发再谱华章！

——张昌平

祝贺母校百廿华诞

春秋笔墨承十纪，家国情怀传千旬。

——赵延新

贺山大120年华诞

为国育才俊，煌煌天下名。

风华双甲子，山大正年轻。

曾为山大学子，引为终身光荣。适逢中华盛世，文教繁荣，学府林立，百舸争流。祝我山大勇立潮头，奋楫争先，永创一流！

——李宏祥

山大岁月情深谊长

悠悠岁月长，深深同学情。同学些许事，时常回梦中。
醒来悔梦短，凝神细细思。四年同修业，勤奋硕果丰。
志圆报国梦，毕业奔职场。拼搏数十载，凯歌高飞扬。
转眼已退休，着陆皆成功。风华今犹在，潇洒更倜傥。
相聚微信群，争相诉衷肠。言罢意未尽，朝朝话沧桑。
赶上好时代，神怡心舒畅。聊想未来日，幸福度时光。

感恩时代，感恩山大，感恩我们班的各位老师和同学们在学习和生活上，对我的帮助和包容，使我顺利完成学业，在此对大家致以诚挚的感谢！祝大家平安吉祥，健康幸福，快乐每一天！

——毕玉奎

祝愿母校永葆一流，再创辉煌！

祝愿诸位同学万事如意，健康幸福！

——孙恒志

衷心祝福母校120年华诞，愿母校永远辉煌，永远充满生机！怀念在母校学习的辉煌岁月，母校是我心中一道永远的风景，山东大学永远在我心中！

——于炳贵

在百廿华诞之际，祝山大永葆青春活力，牢记初心使命，崇实求新，为往圣继绝学，为中华腾飞开新局。

——矫学柏

祝福母校成为国内外一流大学！

——袁玉骝

恭祝母校百廿华诞，科教育人再创辉煌！

——苑吉红

祝贺母校百廿华诞

齐风鲁俗承旧邦，智水仁山续新命。

——张景芬

祝母校百廿华诞强校兴国再创辉煌！祝老同学们身体健健康康，精神快快乐乐！永远年轻，幸福长寿，阖家安康！

——刘 强

愿山大再次大师云集，成果硕硕，早日恢复全国前十之列。

——刘仲明

命运安排让我求学于山大哲学系，历史选择让我于山大任教。山大培养了我，我以山大为荣；山大提供我人生舞台，我感恩山大。值此山大120年华诞，作为山大学子学人，衷心祝福母校在“为天下储人才，为国家图富强”新征程上行稳致远！

——周向军

百年山大，永远的山大！

——刘玉安

祝母校：百年树人展风华，继往开来铸辉煌！

——刘兴章

致山东大学120周年华诞

植齐鲁文明沃壤，绽现代科学华光，

育国家民族栋梁——双甲子，正青春。

——秦　志

在山大求学的四年时光里，我们贪婪地吮吸着知识的甘露，尽情地遨游在书籍的海洋，青春飞扬，纯真快乐。永远怀念母校、老师和亲爱的同学们，永远以自己曾是山大这所百廿名校的学生而骄傲与自豪。

——伊戈扬

毕业追梦，转眼离别近四十载，难忘师生情谊和同窗友谊！祝福母校120年华诞，祝母校未来一切更美好！

——刘国强

心底珍藏，我的母校。数载教诲，终身受益。不忘师恩，不忘山大。值母校山东大学建校120周年之际，衷心祝愿山东大学一路高歌、再创辉煌！

——魏金陵

我的个人成长与职场发展主要根植于山东大学这片沃土，我深深地感恩山东大学，深深地感谢培养、引导、帮助与支持过我的老师、领导、同学、同事、学生、朋友和家人们。我深深地祝愿山东大学在第二个百年的历程中，培养更多的优秀人才，创造更多的科技学术成果，为中国社会的发展和世界文明的进步作出更大的贡献！

——方宏建

学无止境，气有浩然。毕业已近40年，一直秉承您的校训，努力工作，不断学习，修身养性，不负幸福生活。亲爱的母校，祝您120华诞生日快乐，您永远在我心中！

——沈秀敏

百廿山大无止境，奋楫扬帆更浩然。

——黄仕军

母校是学子一生的精神家园，祝母校百廿周年华诞，新征程再创辉煌！

——李培林

感谢山东大学的教育培养，祝母校越来越强！

——李金蓉

母校早已铸就的声望使我有幸考入母校。四年哲学熏陶开启了我的哲学人生，教诲意义非凡深远。母校 120 年辉煌成就名播四海，祝愿母校继续弘扬大学至善之道，自强不息，厚德载物，早日跻身于世界一流大学之列。

——刘敬鲁

我是在东海的一条捕鱼船上接到了母校的召唤。哺育四年，母校又送我到中央机关历练。母校于我，恩重如山！祝愿母校永葆活力，永远少年！

——张立勇

祝母校再创辉煌！

——王国庆

百廿学府多风采，未来黉门更辉煌。

——傅有德

谨贺母校百廿华诞，祝愿母校积历史之厚蕴，为祖国培育更多的优秀人才，再创新的辉煌。

——李　涛

山东大学的四年是我永生难忘的美好记忆，愿母校更美好！

——刘力言

山东大学的四年学习生活，使我受益终生，感恩母校、感恩老师！值此母校建校120周年之际，谨表示热烈的祝贺！祝母校不断发展壮大，为祖国培养更多优秀人才，创造新的辉煌！

——李　敏

就读于山大，工作于山大，十年间母校给予我太多的恩惠，令我终身受益。感恩山大，情系母校。值此百廿校庆之际，衷心祝福我们的母校山东大学继续砥砺前行，再铸辉煌！

——赵瑞林

母校的骄傲在于培育了芬芳的桃李，我们的自豪是能在母校快乐地学习成长，感恩诲人不倦、循循善诱的师长，珍惜朝夕相处、互帮互助的同窗情谊。祝百廿山大再创辉煌！

——袁文颇

我的成长，我的进步，离不开母校对我的培育。感恩山大，感恩哲学系的老师，也感恩我的每一位同学。值山东大学120年华诞，诚挚祝愿母校积历史之厚蕴，谱写更加绚丽之篇章！

——王毅平

母校,我想对你说

你,是一张照片,虽已泛黄,却留住了我们青春的容颜;你,是一只琴拨,常在不经意间,拨动我内心最深处的那根琴弦;你,是一碗老酒,只需轻轻一抿,便感到周身温暖;你,是一首恋歌,纵使已两鬓染霜,我还想再唱一百年!

——吴溪清

百廿山大为国贡献卓越,60万校友遍及天南地北,凡我在处,便是山大!感恩母校,感恩老师和同学。祝母校在早日建成中国特色世界一流大学进程中一帆风顺,祝全球的山大人幸福安康!山大永在我心中!

——曹晓武

感恩母校,感恩老师,感谢老同学们的关心帮助!难忘在母校学习时的美好时光,愿山大明天更美好!

——张鲁建

感恩邓公1977年恢复高考，是年，我从煤城枣庄考入山东大学哲学系；感恩吾师的谆谆教诲，1982年春毕业后留校，身份虽变，但作为学生的情思至今萦怀。山东大学是我的母校，亦是我30多年职业生涯之地，对她的感恩之情无以言表。

毕业近40年，往昔的风云际会，40年的江湖夜雨随时间而去，而今正应了古人的那句诗："锦瑟无端五十弦，一弦一柱思华年。"惟祝国运校运繁荣似锦，同学们身体安康！

——马士岭

1977年年底，中国恢复高考的特定年代，非常荣幸被山东大学所选择。伴随社会巨大变革，个人命运也随之发生改变。在山大7年从学、33年从教，目睹了母校的发展与壮大，老师、同学、同事、学校给了我知识的蓓蕾，赋予我前进的动力。今年10月将迎来山大百廿华诞，衷心祝愿亲爱的母校积历史之厚蕴，砥砺奋进，再铸辉煌！

——李　芹

感谢母校当年录取了我，给予我宝贵的四年求学经历。感谢哲学系的老师们，培养了我的理论素养。感谢我的同班同学，让我感到骄傲和自豪。

——翟志玲

山大十纪辉煌，光荣成就未来！

——庄超英

祝山东大学取得更辉煌成就，为国家培养更多优异人才！祝 77 级哲学系同学工作顺利、健康长寿！

——楚甲焕

且随壮志逐梦远，每念师恩总牵魂。愿有岁月可回首，归来仍是山大人——祝福母校山大百廿诞辰弦歌不辍，青春永驻，踔厉奋发，再铸辉煌，焕发更加靓丽的光彩！

——徐向红

百年沧桑，储天下人才。百年积蕴，铸百廿辉煌！铭记师恩，感恩母校！在母校百廿校庆来临之际，祝母校更展宏图，再谱华章！

——肖连生

山大培养了我，改变了我，感恩山大，不忘山大，祝福山大，永远强大！

——王　平

祝山东大学兴旺发达，为国家发展培养更多的人才！

——侯培德

给母校的祝词：道之所存，师之所存！

——唐少杰

学究天人无止境，气结阴阳有浩然。感念母校，我们学习之清渠的源头，我们正气所生发的太初。祝福母校，崇中国之实，创世界之新，健顺动止，浩然湛然！

——王志功

《山大永在我心中》"美篇"不仅记载了我们班现有联系的49名同学的美好祝福，也让我们以新的形式重聚山大哲学系77级。入学时班里57名同学，后来刘志勇、万会吉两位同学因病休学转入79级。此时此刻，非常怀念因病英年早逝的孔令芝、庄平、张盛忠同学，愿他们在天堂安好。此时此刻，也特别想念久未联系的李海燕、卢阿青、吕敏同学，祝她们平安幸福。他们八位同学虽然没在这个"美篇"中留下印记，但我们永远在一起，正如一部电影所用的名字："一个也不能少！"

万里寄平安

李树军[①]

李曹[②]遥相赠，忆文共美篇。
赞美俺的校，眷恋咱的班。
七七荟精英，个个不简单！
四旬弹指去，归来皆少年。
百廿有盛事，兴会更无前。
掩卷思诸君，万里寄平安。

读了哲学系77级两位同学编撰的"美篇"和"忆文"，真的很感动与感慨，追忆绵绵呀！写几句打油诗表达一下心情。也借此祝贺母校百廿华诞！

2021年9月16日于墨尔本

① 李树军老师在山大哲学系任教期间曾带领77同学到胶东实习考察。现在澳大利亚墨尔本从事中文教育卓有成就，任新金山中文学校校长和墨尔本山大校友会会长。

② 李曹系撰写"忆文"和编辑"美篇"的李芹、曹晓武同学。

春华在心中流淌
——忆山东大学哲学系77级

时光飞逝，岁月如梭，我们哲学系77级同学从1978年初来到山东大学报到至今已走过45年的寒暑历程。回顾大学时代四年的学习、交往、生活以及毕业后的多次相聚，有些清晰如昨，难以忘怀；有些记忆模糊，甚至完全忘记。

2021年9月，为庆祝母校建校120周年华诞，也为迎接即将到来的大学毕业40周年庆典，哲学系77级全班同学通过班级微信群进行了若干次热烈讨论和集体追忆，撰写了这篇名为《春华在心中流淌——忆山东大学哲学系77级》的回忆性文章，以此作为礼物献给亲爱的母校百廿华诞，同时也期望能为班集体、更为每一位同学留下一份珍贵的回忆。

一、山大哲学系77级之特征

1977年注定要被历史铭记，那是一个时代和国家的拐点，是570万考生迎战高考和追逐梦想的年份，更是恢复高考后首届被录取的27.3万大学生改变命运的起点。1978年春天是全国77级大学生陆续入学的时节，就在这年的2月27日至28日，哲学系77级同学满怀喜悦的心情迈入了早已向往的山东大学，翻开他们人生历史上的崭新一页。

回顾大学四年美好的学习生活，哲学系77级班集体呈现出如下特征。

1.同学年龄差异大，入学前经历多样化

1977年10月，中国高考制度重新启动，开启了无数青年人的梦幻之门。经过12月9日、10日两天紧张的考试，到第二年春天，山东大学(彼时尚未与山东医科大学和山东工业大学合并)迎来了953名新生。与后来几个年级不同，山大哲学系77级当时只设立一个班，入学时有52名新生入校报到，4月初扩大招生又录取5名同学，全班共57名学生(其中女生10名)。后有两位同学因病休学转入哲学系79级，到1982年1月55位同学全部圆满毕业。

77级大学生，包括比其晚半年入校的78级大学生，是中国高等教育史上一个十分特殊的群体。由于“文革”的原因，高校11年没有严格的招生考试，由此积压了大批考生，使得班级同学年龄段差别较大，其中不少同学属于“老三届”(即应在1966～1968年毕业的高中生)。初步统计，我们这个班入学时年龄最大的同学31岁,最小的同学16岁,年龄相差15岁。1950年前出生的同学13名(其中12名同学结婚并育有子女),50年代出生的同学43名,60年代出生的同学仅1名。入学时全班同学平均年龄为24.63岁,比目前高校新生大6岁。有意思的是,同学们的年龄呈现出两多两少现象,即1950年以前与1953～1958年这两个阶段出生的人多;1950～1952年出生的人很少,1959～1961年出生的人更少,估计与当年招生政策和中学学制4年改为6年有关,或许也与三年困难时期的生育率有关。

与目前同一级大学生多数由应届高中毕业生所构成完全不同,哲学系77级同学入学前已几乎全部步入社会,只有一名刚刚从中学毕业的应届生。具体到入校前同学们的职业:工人20人,教师(包括民办教师)14人,农民(包括亦工亦农)11人,下乡知青5人,干部5人,军人2人,医务管理1人。其中工龄5年以上的带薪同学达到10人。有的同学入学前已担任单位或部门的负责人,社会经历相对丰富。入学时班级党员同学近30名,估计是全校77级党员比例最多的班集体。尽管同学们年龄差异较大,职业不尽相同,家庭背景和社会阅历千差万别,但这恰恰为大家相互学习、共同进步提供了难得的机会和空间。

2.以积极向上的心态全力投入学习

整个"文革"期间,推荐选拔的招生制度把许多有志青年挡在大学门外,今天来看,这完全是一种历史性错误,但也客观上造就了那个时代不少青年人顽强的意志品质和对学习的深切渴望。进入大学,同学们普遍认为这是改变人生命运的新起点,也是人生道路上的一个新里程,通过自己的发奋努力可以学到专业知识,获得更好的发展前景,因而普遍带着一种积极向上的心态投入到学习生活当中,惜时如金,格外珍惜来之不易的学习机会。

记得那时上课,到课率极高,根本没有翘课的,每个人都专心听讲,不停地记笔记。晚上很多同学去教室自习,即使周末也舍不得休息,而是坐在教室里认真看书或写作业,回到宿舍仍然交流学习中碰到的疑难问题,有的同学熄灯后仍打着手电筒继续阅读。课后在学校图书馆、阅览室借书、读书、阅览杂志的同学比比皆是。据矫学柏同学回忆:"同学们的学习热情和求知欲望很强。当时许多同学主动去外系听课听讲座,如中文、历史、政经、外语等。虽属'不务正业',但反映了如饥似渴的学习态度。"时隔40多年,黄仕军同学仍然可以清晰地忆起当年同学们发奋学习的情景:"大家经常在室外寒风中站立收听学校喇叭播放的英语900句。开卷考试通常两个小时,但有同学过三个小时了还在答题。学马哲史时,王复三老师指导我和徐向红、王志功、刘敬鲁在校报上连载短文,讲述马克思如何从青年黑格尔到历史唯物主义。”

说到这里有必要展示一下上学期间班级同学发表的部分论文:

(1)傅有德:《要把法制和道德教育结合起来》,《山东大学报》1980 年 1 月 1 日。

(2)唐少杰、周向军:《马克思和恩格斯的两个转变(一)》,《山东大学报》1981 年 6 月 5 日。

(3)周向军、王志功:《马克思和恩格斯的两个转变(二)》,《山东大学报》1981 年 7 月 1 日。

(4)李培林:《萨特的存在主义及其影响》,《沃野》1981 年第 1 期。

(5)唐少杰:《关于马克思中学毕业作文的一点看法》,《沃野》1981 年第 2 期。

(6)孙恒志:《论度》,《文史哲》1982 年第 2 期(大学毕业论文)。

3.积极参加学校各类学术活动

适逢国家社会转型时期,人们思想空前解放,学校时常举办一些学术报告会和专题讲座,吸引众多同学前往。据徐向红同学回忆:“我们聆听过华罗庚教授在老校礼堂讲运筹学,他胸前挂好几副眼镜。还聆听了肖前、李秀林老师等大家关于真理标准问题的授课。在山大小树林还听过李燕杰老师的精彩演讲。真是受益终生。”周向军同学提到,在化学楼阶梯教室听过北大黄楠森教授关于实践检验真理标准的精彩报告。我们还听过美籍华裔著名学者唐德刚先生的讲座、复旦大学蔡尚思教授以及中国社科院最早研究农村家庭联产承包责任制问题的专家陆学艺研究员的讲座。丰富多样的高水平学术报告会,让大家增长了知识,拓宽了学术视野,了解了更广阔的世界和更多的专业领域。当时的报纸、杂志经常开展热门话题探讨,同样吸引诸多同学积极参与,印象中的话题有检验真理标准问题、潘晓等人有关人生观的讨论、农村家庭联产承包责任制、伤痕文学、存在主义等等。

记得当年中文系 77 级贺立华同学主编了一本学术杂志《沃野》,在学生圈颇有影响,方宏建同学是唯一哲学编委,哲学系 77 级不少同学在上边发表过文章。据袁玉骝同学回忆,哲学系 77 级也曾办过杂志,取名《纵横谈》,共出版四五期,在这本杂志上袁玉骝同学曾发表《欢呼大包干来得更猛烈吧!》一文。可惜这本班级唯一的杂志已不见踪影,如现在尚有同学保存,该是多么有价值的班级文物。

4.班级组织结构健全

入学不久，很快建立了班级党支部、班委会、团支部、学生会等组织，定期开展活动，每个组织都有若干成员分工负责相关工作，四年纳新党员5名。那时班级一般以“小组”为主要学习和生活单位，宿舍基本以组为单位划分（主要是男生），每组设组长和副组长，小组成员关系紧密，几乎每周或隔一周组长会召集大家在男生宿舍或在校园树荫下坐在小马扎上学习政治文件或讨论学术问题。入学头两年以组为单位在学校食堂共餐，每个组同学都是围着一个大方桌站立吃饭，从来没凳子可坐。每顿饭往往由先到食堂的同学从窗口领取一大盆菜放在桌子中间，然后盛到每个人碗里。那时候生活比较艰苦，菜里难得见肉，鱼虾更是稀少，但大家都是边吃边聊，非常快活。至于主粮，一般以小麦和玉米面为主，不分男女全是定量（大概30斤，很多男生不够吃，往往是女生匀出一些给男生）。当时我们的教室是固定的，头两年在文史楼305教室，后两年在公教楼302教室，全班同学上课、自习、老师辅导以及班会都集中在这里。教室的卫生以小组为单位轮流打扫，周向军同学在回顾小组生活时说：“我们的教室总是窗明几净，正是在这个过程中我学会了怎样把玻璃擦得透亮透亮。”

5.热心参与集体活动

大学四年，哲学系77级同学踊跃参加学校举办的集体活动，包括校园环境整治、学校运动会、公益助人活动等。大家也乐意为班级工作服务。就班级黑板报来说，傅有德同学曾担任过一段时间的班委，任文娱宣传委员，在他的率领下成立了一个宣传小组，成员先后有刘兴章、李涛、吕敏、张鲁健、庄超英等同学，黑板报每隔一两周换一次，主要报道班级活动和好人好事。在我们班，文体娱乐活动经常化，有些活动常年坚持，如每天清晨由体育委员率领全班集体跑步，这个活动坚持整整四年一直没有间断。平时每天下午课后很多同学去新校北门体育场或打排球、篮球，或打太极拳，或跑步。每年学校举办运动会，班级不少同学的英姿总会在运动场上显现，拿到比赛奖项更是不在话下。吴溪清同学因三级跳远成绩好，被选拔到学校田径队，代表学校参加山东省大学生体育比赛，且获得了优异成绩。没报项目的同学都是热心的观众，呐喊助威，踊跃撰写宣传稿。周向军、黄仕军、张鲁建、王志功等同学写的《运动场上八大员》，运动会上总是反复广播。

那个年代，文化娱乐活动远不像现在这样丰富，周六晚上学校大操场播放露天电影最受学生们欢迎。一般每周播放一次，新老校轮流。记得看过印度电影《流浪者》，国产老电影《南征北战》《英雄儿女》等。每次轮到新校播放，同学们便拿着马扎或方凳结伴前往，形成一道别样的校园风景。在文史楼二楼楼梯对面的宽敞地带，有一台不大的黑白电视机，如有好的影视节目或比赛，大家便会挨挤在一块观看。记得看过中日女排冠军争夺战直播、日本电影《望乡》《追捕》等。伊戈扬同学特别回忆起当年在学校电视机前收看中韩男排比赛的情景："1981 年 3 月 20 日，中国男排苦战力克韩国队挺进世界杯，那是一个具有特殊历史意义的激情之夜，当天北大学生喊出'团结起来振兴中华'，山大同学则敲响脸盆饭盒茶缸，摔碎热水瓶，点燃抹布扫把草席庆祝，部分同学还在校内组织了游行。"哲学系 77 班级还举办过联欢会，赵瑞林同学的山东快书说得非常棒，为大家留下了深刻印象，后来方知他是山大文工团唯一的山东快书演员，多次在校内外演出。同学们还学过交际舞，举办过班级歌唱会。周六义务劳动日主要在校园拔草、清理垃圾等。正是这些多样化的文体活动丰富着也陪伴着我们愉快的大学生活。

6.师生关系融洽，同学团结互助

哲学系 77 级是一个团结友爱、积极向上的群体，老师关心学生，同学尊敬老师。记得入学第二学期，系里一位老师生重病急需输血抢救，许多同学争相报名献血，前往医院，最后刘力言同学献血 400CC。据刘力言同学回忆，当年献血的还有哲学 78 级的 3 位同学，献血以后，系里的所有女老师凑钱买了一篮子鸡蛋送给他们，还专门联系了学校食堂，给他们 4 位开了半个月的小灶，使他们很受感动。班里几位女生每天上课总忘不了提着暖瓶去教室，为的就是给授课老师倒水，这个习惯坚持到毕业前最后一节课。最为同学们所难忘的是拆洗棉被，女同学帮男同学，大同学帮小同学，粗针大线，自己动手。男同学理发大多在宿舍解决，班里买了理发工具，李涛、刘兴章同学当义务理发员，一当就是四年。秦志、李涛同学做班级收发员，每天去收发室领回大家的信件和供大家阅读的报刊。刘国强同学则当了四年的"财务长"，负责为大家发饭票和助学金等。同学之间互帮互助，亲如兄弟姐妹，相互结下了深厚友谊。正如班长李宏祥同学在毕业 30 年《岁月感言》中所总结的："那时候，我们的老师、我们系的领导，大都年富力强，经验丰富。十年动乱，劫后余生，老师们焕发出新的青春，他们以满腔的热情和对同学们的深切厚望，孜孜不倦，精心施教，把多年积累的知识和经验无私地传授给自己的学生。老师关心学生，同学尊敬老师，师生关系无比融洽。我们同学之间，虽然年龄参差不齐，但在共同的学习生活中，却亲如兄弟姐妹，大家互相关心，互相爱护，惜时如金，发愤读书。我们就是在这样一种团结向上、充满友情和期待的环境中开始大学生活的。”可以毫不夸张地说，哲学系77级是一个团结友爱、富有朝气、勤奋学习、充满理想的班级群体。正因为如此，多次被评为学校和系里的先进班集体和先进党支部，许多同学被评为三好学生、优秀团员或优秀党员。

7.就业计划分配，毕业后同学们普遍成长为单位骨干

相对其他同龄人而言，77级大学生无疑是时代的幸运儿，他们大学四年毕业之时，正面临着国家百废待兴，急需选拔大批专业优秀人才。作为恢复高考后首届经过考试录取的毕业生，自然有很多工作单位可以挑选。不过当时大学生就业仍实行计划分配政策，即完全按照上级下发的计划指标安排，每位同学据此可以选择三个就业单位意向，最后由系学生就业指导小组(其成员主要是系领导和班主任)决定。后来发现哲学系77级同学的工作和发展机遇大都不错，其职业去向以党政机关、科研部门和高校为主。经过几十年努力工作和不懈奋斗，绝大部分同学成为不同领域的领军人物，在政界、学界等领域取得了辉煌成就。最让同学和老师常引以为傲的是，在中国共产党第十七次全国代表大会上，矫学柏、李培林、张立勇同学作为党代表共同出席大会，一个班同时拥有三位党的全国人民代表大会代表，在全国也是鲜见的。其中，中国社会科学院原副院长李培林同学曾为中央政治局集体学习进行讲解，并当选为中共十八届中央委员会候补委员和第十三届全国人大常委会委员、社会建设委员会副主任委员。河南省高级人民法院原院长张立勇同学毕业后从政，曾连续当选第十届、第十一届、第十二届全国人大代表，《南方周末》两次刊登长篇通讯介绍他在陕西咸阳和河南省高院任职期间改革发展、为民执法的事迹，他还多次接受中央电视台专访。在科研单位、党校、高校等部门工作的同学们，几十年来一直在自己专业的田野上不断耕耘，成绩斐然。有的同学当选为中国社科院学部委员(李培林)，有的同学被评为教育部“长江学者”(傅有德)，更多同学获得国务院特殊津贴专家、全国优秀教师和省、市先进教师等荣誉称号，他们承担的国际上、国家级、省部级或市级的科研项目，撰写的著作、教材数不胜数，在高层次学术期刊上发表的论文难更仆数，各种国家级、省部级获奖作品指不胜屈。在其他单位工作的同学也不负众望，成为各自工作单位的主力和带头人。

二、班级建制

1.党支部

书　记：李晓群(第一届)、张昌平(第二届)

副书记：李宏祥

委　员：张盛忠、庄平、刘力言

2.班委会

班　长：李宏祥

副班长：先后由张盛忠、卢阿青、张立勇、庄超英担任

班　委：孙恒志（体育委员）、刘国强（生活委员）、李培林（学习委员）、张立勇（兼劳动委员）、傅有德（文娱宣传委员）、吴溪清（第二届体育委员）

3.团支部

书　记：刘力言（第一届）、庄平（第二届）

委　员：赵瑞林、吴溪清、吕敏、王平等

4.系学生会

主　席：矫学柏（兼任校学生会副主席）

文艺委员：伊戈扬

宣传委员：刘兴章

5.小组划分

山东大学哲学系77级学生分组名单

分组	组长	副组长	组员	备注
第一组	毕玉奎	李　芹	苑吉红　李海燕　张立勇 赵瑞林　楚甲焕　徐向红	万会吉 因病休学
第二组	张景芬	沈秀敏	李晓群　刘　强　伊戈扬 刘国强　刘敬鲁　翟志玲 王　平	刘志勇 因病休学
第三组	袁玉骝	魏金陵	于炳贵　刘仲明　刘兴章 李培林　李金蓉　傅有德 吴溪清　庄超英	
第四组	刘玉安	孔令芝	李宏祥　孙恒志　王国庆 吕　敏　袁文颇　王毅平 马士岭　肖连生	

续表

分组	组长	副组长	组员	备注
第五组	赵延新	周向军	张盛忠 秦 志 黄仕军 庄 平 李 涛 侯培德	
第六组	李 敏		张昌平 矫学柏 方宏建 卢阿青 刘力言 曹晓武 张鲁建 唐少杰 王志功	

三、课程设置、授课教师与辅导员

被誉为中国近代高等教育起源性大学的山东大学，至今已走过120个春秋，1926年曾在文学院初设中国哲学系，1960年曾设哲学专业，后来因种种原因被取消。1977年恢复高考前，原来的哲学专业隶属于政治系。恢复高考招生后，原政治系一分为二，即哲学系和政治经济学系。应该说我们这个班是新建立的山东大学哲学系招收的首届本科生。由于当时高校刚刚恢复正规办学，师资还非常欠缺，多门课程难以开设，但哲学系领导仍然尽最大努力，创造各种条件，安排系内外学术造诣深、教学水平高的教师为我们上课，有时还聘请校外著名学者给我们授课。在十年“文革”时期，老师们难以正常教学和科研，随着拨乱反正，终于迎来科学的春天，所以他们特别敬业，尽可能把最专业最前沿的知识传授给我们，对学生循循善诱、诲人不倦。有的课程没有教材，老师会用蜡纸刻板并油印，然后发给大家使用。老师们的辛勤教育让我们这些学生受益匪浅，终生难忘。

总括起来，大学整整四年，哲学系77级学生一共学习了三大类20多门课程。以下为课程名称，括号内为授课教师姓名。

1.公共课

(1)思想政治教育(系领导、辅导员等)

(2)英语(于华、安增才、徐鸣玉、李树来)

班级几个年龄大的同学与其他班同学合并学习俄语，授课老师是外语系李之基、周小敬。

(3)体育(董元连等)

(4)中共党史(杨勤为、赵永显、张子则)

(5)政治经济学(蔺子荣、彭勋)

(6)科学社会主义(赵明义、胡瑾)

(7)国际共运史(胡瑾、陈陆达、张锡恩)

2.专业课

(1)马克思主义哲学原理(樊瑞平、许学圣)

(2)欧洲哲学史(李武林、龚兴)

(3)中国哲学史(周立升、李传明、张平、张季平)

(4)逻辑学(于惠棠)

(5)心理学(严崇孝)

(6)西方哲学原著选读(李武林)

(7)《周易》研究(选修课)(刘大钧)

(8)黑格尔《小逻辑》(龚兴)

(9)马列名著选读

①恩格斯《路德维希·费尔巴哈和德国古典哲学的总结》(樊瑞平)

②恩格斯《反杜林论》(杨贵昌)

③列宁《唯物主义和经验批判主义》(王蝉)

④列宁《哲学笔记》(邢业金)

⑤恩格斯《家庭、私有制和国家的起源》(杨俊启)

(10)伦理学(臧乐源、李树军)

(11)现代西方哲学(周一宁)

(12)马克思主义哲学发展史(王复三、西敬亭)

(13)毛泽东哲学研究(樊瑞平)

(14)恩格斯《自然辩证法》(肖效武)

(15)自然辩证法专题(李庆臻、王炳福等)

(16)美学概论(周来祥、蒋茂礼)

3.基础知识课

(1)中国历史专题(徐鸿修、陈之安、官美蝶、孔令仁、商鸣臣)

(2)古汉语(选修课)

(3)自然科学基础(潘承洞、郭大钧等)

4.辅导员

(1)郑仲孝

(2)徐根义

(3)王流源

(4)张平

(5)纪温玉(负责女生)

四、大学时期班级主要活动

由于上学时没有确切记录,很多校园活动和班级事情已经忘记,这里仅仅描述一些印象比较深的活动。

1.1978年2月27、28日报到,3月1日在老校大礼堂(后改建为山东大学附属中学)参加开学典礼。

2.哲学系迎新会于1978年3月2日晚上在文史楼305教室举行。哲学系党总支由郑仲孝副书记主持工作,他同时兼任哲学系77级辅导员,系主任由臧乐源教授担任。据徐向红同学回忆,迎新会上,系主任臧乐源老师首先讲话,当场朗读一首诗,第一句是"马克思主义哲学是无价宝,世世代代离不了"。接着年轻的兰征老师非常系统、全面地讲授了学习方法。

3.开学后为期一周的入学教育,主要包括学习《学生守则》等文件、新生体检、熟悉校园环境以及布置评定助学金事宜。

4.1978年4月5日,徒步到英雄山革命烈士陵园扫墓。

5.1978年9月4~22日,参加军训,主要内容有纪律学习、寝室与床铺整理、队列训练、射击训练、打靶等。

6.1979年6月到山大农场割麦子。

7.1980年4月23日,团支部举办大明湖游览活动,全体团员和部分党员参加。

8.1980年10月29日,教授中国哲学史的李传明老师率大家乘火车在长清的万德站下车后,徒步到灵岩寺现场教学并参观游览。

9.毕业实习。时间是1981年11月,内容是社会调查。

10.毕业典礼与离校。1981年12月29日,哲学系77级全体同学与系领导及部分老师在新校数学楼前合影。1982年1月9日,在老校体育场举行毕业典礼,颁发毕业证书,全校77级全体毕业生与校领导、各系教师代表合影留念。晚上以系为单位在学生食堂聚餐(依稀记得惜别饭使用大白碗喝啤酒)。1月10日,公布毕业分配方案与名单;1月11日,办理离校手续,颁发工作派遣证;

1月12日，圆满结束大学本科生活，同学们握手告别亲爱的老师和同学，离开美丽的山大校园，奔赴祖国各地。

11.签收哲学学士学位证书。1982年11月底，同学们陆续收到学校教务处寄来的《学士学位证书》，成为山东大学根据《中华人民共和国学位条例》审核授予的首批“山东大学哲学学士”。

五、两件值得单独说说的事

第一件事是关于学生助学金的。因为当时多数同学家庭尤其是来自农村的同学家庭经济条件并不好，有的同学还拖儿带女，就是依靠着国家助学金度过了四年大学生活。

上学期间，政府为在校大学生每月发放助学金。当时政策规定，五年以上工(军)龄可以带薪上学，知青不计算工龄。按教育部门相关要求，必须按不领工资学生人数的75%核发助学金，每人18.5元，其中伙食费14.5元，生活补助费4元。学校制定了具体评定办法：家庭人均月收入30元以上的可以不申请，其他按家中收入情况分为三级，分别享受不同数额的助学金，伙食费分14.5元、11.5元、7.5元三级，生活补助金分4元、3元、2元三级。我们班带薪同学12位，数位同学主动放弃助学金，其余同学根据家庭人均收入分等级发放。据毕玉奎同学回忆：“除伙食费加生活补助金每月18.5元外，像我这样的还有几位同学，家庭孩子多，又无劳动力。生活特别困难的，每年还有十几元钱不等的生活救助金，一般是寒假前发放，以便我们几个回家度年关，这部分钱是从班里互助金中提出。这十几元钱在当时就是数目不小的，回家过年就能解决很多问题。实话实说，大学四年就是完全靠这些钱才克服重重困难，顺利地完成学业。”王志功同学说：“助学金钱不多，但意义很大。我就靠这个助学金顺利地很有尊严地读了大学呀！感恩国家，感恩领导和同学们！”

在那个时代，政府对大学生实行公费医疗。时过40多年，袁玉骝同学仍能清晰回想起一件往事：“1980年我生了一场大病，辅导员王流源老师送我回菏泽老家治疗两个月，医药及住院费5000元左右，学校全给报销，甚至连往返路费都报了。”

第二件事是毕业实习。这是大学期间唯一一次实习，而且时间比较长，是同学们理论联系实际、用所学知识重新认识社会的一次有利时机，用现在大学的用语叫社会实践，在此不妨多花一点笔墨。

当时全班同学分为三组，分别在三个不同地方开展实习调查活动。

第一组实习地点是聊城临清，由聂风峻老师带队。

这组同学实习地点是临清康庄公社，是于炳贵同学的家乡。调查主题是现阶段家庭联产承包责任制对农村的影响。调查过程中，大家亲眼看到大包干给农村带来的巨大变化，生产力发展了，农民开始富起来，出现了许多千元户、少数万元户。农民手上有了钱，脸上有了笑容，生产积极性空前高涨。针对农村发生的这种新现象，同学们做了深入调查。调查报告由毕玉奎同学执笔，集体讨论，题目是《临清县康庄公社实行家庭联产承包责任制情况调查》。报告中提到："只要有利于农村生产力的发展，有利于农民劳动致富，使农民高兴，受到农民拥护，就是好的生产关系。"在全系毕业实习汇报会上，听完同学发言，臧乐源老师即席把这句话写在黑板上。对于当时方兴未艾的农村大包干的认识，同学们强烈感到这是一次思想的震动和转折。除此之外，傅有德、徐向红、沈秀敏同学还进行了一项关于临清宗教与封建迷信传播的专项调查，同样形成书面调研报告。40年后的今天，著名宗教学研究专家傅有德同学谈起这次调查不禁忆道："当时走街串巷找人谈话，在路边上和算卦先生聊天的场景仍然历历在目。"

第二组实习地点是烟台文登，由李树军老师带队。

这组同学实习地点是烟台文登张家埠村，是张立勇同学的家乡。据张昌平同学回忆："张家埠村是山东省很有名气的'双文明'村，全村有20多个小组，该村集体观念比较强，村民为人豪爽，民风淳朴。同学们来到后，走村串户，了解民俗民风；赶海拾贝，助农劳动；还出了几期关于包产到户的墙报，借此环节收集村民的反应。"据调查报告执笔者矫学柏同学回忆："我们在张家埠重点调查的是：这个集体经济搞得比较好的典型，在全国联产承包的大背景下是如何发展的？调查发现，村支部面临着艰难选择，全村只有1～2个小组认可包产到户，其他都在观望中。据此，报告提出了'因地制宜、宜统则统、宜分则分'的村庄发展思路。"调查报告起草后又进行了集体修改，完成得非常认真。今天看来这个调查主题具有明显的时代价值，只可惜实习回来调查报告交给系里，没留下底稿。现如今如果能找到这篇调查报告，并且再次前往文登张家埠，进行历史性比较，该是多么有意义有价值的事情。

第三组实习地点是东营胜利油田，由西敬亭老师带队。

这组调查主题是胜利油田开发过程中的辩证法，实习报告由刘敬鲁同学执笔，全组讨论修改。

实习结束后同学们返校，各组负责人在综合楼阶梯教室向哲学系领导、教师及同学们进行了全面汇报，得到了系领导和老师们的高度评价。

六、毕业去向

1.考取研究生 5 人：刘玉安（山大科学社会主义系）、傅有德（山大哲学系）、李培林（经培训法语后去法国巴黎大学读博士）、张景芬（北京大学哲学系）、王国庆（中国人民大学法律系）。

2.留校工作 9 人：周向军、魏金陵、方宏建、庄平、赵瑞林、吴溪清、马士岭、李芹、徐向红（其中 4 人后来调入山东省党政机关）。

3.省内其他单位工作 31 人（其中济南 18 人）。

4.外省工作 10 人（其中北京 4 人、甘肃 2 人、陕西 1 人、安徽 1 人、河南 1 人、黑龙江 1 人）。

七、毕业后同学联系与班级聚会

大学四年的同窗学习与朝夕相处，同学之间结下了深厚友谊，毕业后大家各奔东西，在各自工作岗位上不忘母校办学宗旨和校训，努力拼搏，尽快适应工作环境，把老师们传授的哲学思维方法与专业知识结合起来并有效运用到具体工作中，以服务社会、回报母校。

尽管同学们工作在不同城市、不同行业或领域，但仍保持着密切联系，书信来往与电话交流始终不断。互联网使用后，很快建立了班级邮箱，大家经常交流信息，分享图片，传递情感。随着网络技术的快速发展，微信成为重要的联系平台，2016 年春节期间组建了“山大哲学 77”微信群。微信群的建立，极大方便了同学们的信息沟通与情感交流，尽管生活在不同空间甚至相距甚远，但通过这个平台，大家更紧密地凝聚起来，彼此分享社会变迁的最新信息，交流工作与生活等方方面面的动态，共忆大学四年的点点滴滴，感受来自同学们的关爱和温暖。

回望毕业 40 年来的历程，同学们一直保持着密切的联系、良好的合作、纯真的友谊。1992 年 12 月 27 日，为迎接新年，也为补上毕业 10 周年纪念，有 7 位同学冒雪从青岛、潍坊、泰安、聊城、单县等地赶到济南，与济南的 17 位同学在珍珠泉宾馆聚会，这是毕业后首次人数较多的同学聚会。但从活动内容和参加人员来看，大家内心深处记忆最深刻的莫过于在母校的三次大规模师生聚会。

为纪念毕业 20 周年和山大建校 100 周年，于 2001 年 10 月 5 日（时值校庆日前）在山大中心校区举办了毕业后的第一次师生大聚会。时任校党委书记朱正昌、校长展涛先后到会祝贺，15 位老师、38 位同学出席。记得在一个偌大的会议室，大家团团围坐，每位同学发表 5 分钟感言，共同话题就是四年大学学习和生活对自己方方面面的深刻影响、老师们解惑授业传道对自己工作和生活的重要指导。时隔 20 年，尽管大家的容貌、体型发生了一些变化，当年那些风华正茂的小青年迈向了成熟且有担当的中年人，但大家重返文史楼 305 教室和公教楼 302 教室，按照当年上学时的座位坐那儿，好似又回到了往日的大学时代。那次聚会，大家还专门前往曾经住过的宿舍楼、吃过饭的大食堂、经常听报告的小树林以及中心校区的林荫道……所到之处，点点滴滴，唤起无限美好怀念。

第二次师生大聚会是为纪念入学 30 周年，于 2008 年 5 月 1 日再次聚集山大中心校区，校党委书记朱正昌和臧乐源教授及曾经任教的 17 位老师与班级 32 名同学参加。座谈会上，臧老师特意把 26 年前送行大家毕业时写下的诗歌原文《你的眼里为什么满含着泪水——为欢送 77 级毕业同学而作》带了过来，上面还呈现着修改的印记。为纪念这次入学 30 年聚会，臧老师又特意创作了一首新诗《欢聚——热烈祝贺山大哲学 77 级同学》。与 26 年前一样，年近 80 岁的臧老师挥舞手臂，激情不减，用那听来非常亲切熟悉的乡音高声朗诵，博得大家阵阵赞叹和深深共鸣，也把同学们的思绪带回几十年前在老师身边紧张而愉快的学习岁月。王复三老师、刘大均老师还专门书写了珍贵的墨宝送给大家。同学们纷纷发言，十分感叹时代的巨大变迁，感恩老师们的殷殷教诲，追念往昔学习生活，共叙师生和同学之间的深厚友谊。正如李宏祥班长在发言中所回顾的："77 级，是我们国家结束十年动乱后的第一届大学生。是邓小平同志的英明决策和时代的召唤，使我们走进大学校园，我们荣幸地最先沐浴了改革开放的第一缕春风。从此，我们的思想、我们的情感、我们的认知、我们的实践，就始终与改革开放这个大时代共振共鸣，风雨相系。当时我们班 50 多位同学，多数同学 20 岁出头，最小的才 16 岁多，年龄较大的十几位同学已年过 30。'文革'耽误了我们整整 10 年，而历史又情有独钟地把最后的机会给了我们，大家倍感珍惜。30 年后的今天，同学们重聚母校，重温同窗友谊，共叙阔别之情。虽是春华不再，但倍觉秋实甘甜。"那次聚会大家还专门到位于趵突泉校区的山东大学博物馆参观学习并访问了洪家楼和兴隆山两个校区。

2012 年 4 月 29 日为纪念毕业 30 周年，在山大中心校区迎来了第三次班级大聚会。校党委副书记方宏建，哲学与社会发展学院党委书记吕波、院长刘杰和班级 35 位同学参加。座谈会上，大家观看了为本次同学相聚专门制作的记录大学生活以及毕业后历次同学相聚的电子相册。发言环节,同学们争先恐后,深情回忆四年的校园生活和毕业后30年的风雨历程,对母校的新变化和新成就感到由衷的骄傲和自豪,纷纷表达对母校的眷恋与感激之情,感谢母校的培养、老师们的教诲以及同学之间的互相帮助。座谈会结束后,同学们在学校新建的知新楼观赏了哲社学院全新的教学、科研与办公环境,为母系和母院的快速发展发出由衷的赞叹。下午同学们饶有兴致地参观了山东博物馆,并在黑虎泉畔一起登上画舫游船,游览了泉水景观带。像以往聚会一样,每到一个地方,大家都会纷纷合影,纪念这些美好的瞬间。

除了规模较大的三次师生聚会外,我们班还利用新年或春节相聚。毕业时全班有29位同学留在济南工作和学习,每年春节,老家在济南的外地同学一般会利用回家探亲时间渴望见见大家,因此新年或春节的同学聚会成为一个很受欢迎的节目。甚至有的同学专程从外地赶过来参加。据不完全统计,从1987年到2012年,共举办过12次节日同学聚会活动,李宏祥、矫学柏、伊戈扬、魏金陵、方宏建、傅有德、李涛、赵瑞林、肖连生等同学为此作出了积极努力和贡献,为大家提供了一个共同感念四年大学同窗学习的良机。

此外,毕业后的这40年间,同学们还根据学术研究需要或结伴调研,或一起到各地考察;外地同学来济南讲课或出差,大家会利用这个难得的机会聚集起来,共叙同窗友情。最值得提及的活动是2021年7月至9月,为迎接山东大学建校120周年庆典,李宏祥班长、曹晓武等同学在班群发起、组织并制作了精彩美篇《山大永在我心中——山东大学哲学系77级校友献给母校120年华诞的祝福》,近50位同学提供了自己的新、老照片,个人成长简介和对母校的衷心祝福。这是自建立班群以来同学们参与率最高的一次有意义的活动,充分体现了大家对母校的深厚情感。也在同一个时间,哲学系77级近40位同学在云端的“山大哲学77”班级群共同回忆、讨论,撰写《春华在心中流淌——忆山东大学哲学系77级》一文。百忙中的樊丽明校长、我们的第一任班主任郑仲孝老师以及远在澳大利亚的李树军老师读罢班级“忆文”,立即发来信件称赞,并表达对同学们的深深祝福。

这注定是一篇未完待续的以班级历史为主题的集体“忆文”。自从在微信班群提出撰写哲学系77级班级历史回顾文章,立即引起同学们的极大兴趣,大家踊跃发言,集思广益,对“忆文”思路、结构、脉络和标题等提供了非常具体的建议;对大学四年的课程设置、授课老师、历届辅导员、班级组织构成与人员名单、党员纳新人数等提供了非常详细的信息，甚至为了弄清各门课程授课老师的准确姓名或讲授时间大家反复回忆、核查、讨论；对毕业实习的场景、调查主题、报告撰写人、总结汇报者等非常具体的情况，同学们均给予了细致的描述与核对。

李宏祥班长对“忆文”写作谈了一些具体建议，确定了充满情感的主标题，还忍着眼疾一遍遍阅读，提出了宝贵的修改意见。为了充实和丰满“忆文”，于炳贵、袁文颇同学翻箱倒柜把自己的大学毕业证、学位证、学生历年成绩表等拍照上传班群，为准确确认所学课程名称、门数提供了最真实的材料；周向军、傅有德等同学还把自己40年前上学时发表的纸张已经泛黄了的学术文章拍照呈现出来，让大家感动又钦佩；袁玉骝同学甚至把自己当年写的日记原稿与用过的大学教材拍照上传班群，让同学们进一步了解了这位兄长紧随时代变迁的独立思考精神与钻研能力……

在微信班群里，张昌平同学深情回忆道：“‘忆文’让我们重新走进了山大，走进了哲学系77级，走进了当年的情境画卷。我身在江苏，此时并不孤单，仿佛又回到了同学们的身边。”毕玉奎同学多次参与“忆文”讨论，对这篇班级“忆文”进行了概括：“时隔40年后，再忆四年大学生活的方方面面，点点滴滴，材料浩繁，要梳理分类，原汁原味表述，工作量非常大，而今我们年事已高，绝无胜任之可能，多亏大家参与回忆、讨论，特别是执笔人头脑清醒，才思敏捷，文采飞扬，所写‘忆文’语言朴实，条理清楚，如数家珍，朗朗上口，读后使我们又回到了那令人难忘的美好的大学生活。”唐少杰同学说得好：“这是迄今为止，我进入晓武阁下为群主的这个群里感到最有意义或最有价值的一天，因为今天我们同学群‘超常’活跃，同学们几乎都是为了更准确地诉说我们亲身经历的历史或‘似水流年的青春’。”

同学们对“忆文”的积极关注和踊跃参与不仅仅是一种怀旧心绪的释放，更是大家打心底热爱哲学系77级这个非同一般的班集体的深厚情感体现，是40多年来同学们心心相印、永不相忘的最好见证。班级历史是同学们共同书写的，毋庸置疑，是属于每位同学生命旅途中最珍贵的一份财富。真切期待在未来的日子里，每位同学健康快乐，继续抒写我们独有的“山东大学哲学系77级”！

山东大学哲学系77级同学共同回忆、讨论，李芹执笔

2021年9月15日初稿，2023年5月21日修改

附：毕业后部分同学聚会照片

1987年1月31日在宏祥班长家

2008年2月10日在济南东方大厦

2009年1月29日在山东工会大厦

2010年2月17日在山大学府大酒店

2011 年 2 月 6 日在济南腾鸿三馆

2012 年 1 月 26 日在山东大厦

2012 年 11 月部分同学相约在河南

2014 年 2 月 3 日在济南蓝海大饭店

2017 年 10 月 14 日在山东大学

2021 年 10 月 14 日欢庆山大百廿校庆

《如歌岁月》编辑出版过程剪影

纪念文集“美篇”

2023 年 4 月 14 日，李宏祥等在山东大学参观校史馆、校友馆后研商并发起出版毕业 40 周年纪念文集

2023 年 4 月 23 日、6 月 6 日本书编辑组两次举行视频会议研讨纪念文集出版编辑事宜

2023 年 8 月 25 日李宏祥、方宏建等与山东大学出版社商定出版事项后合影

《如歌岁月》封面设计稿

“山大往事”章

后　记

《如歌岁月——山东大学哲学系77级毕业四十周年纪念》即将付梓。这是我们班的一件大事、喜事，值得庆贺。编辑组的同学嘱咐我在出版之际说几句话，作为曾经的班长，我欣然领命。

1977年10月，在改革开放的总设计师邓小平的决策下，百废待兴的中国恢复了高考制度。这一消息犹如春雷炸响，在教育领域乃至整个社会成为影响深远的重大历史事件。当年冬季，全国570万考生走进了关闭11年的考场，接受祖国的挑选，27.3万名考生被大学录取。我们幸运地抓住这一历史机遇，成为恢复高考后的第一届大学生，进入山东大学哲学系学习。从此，我们的命运与山大结下了不解之缘。

经过四年的淬炼，1982年1月，我们大学毕业，奔赴祖国各地，投身于国家建设、民族振兴的洪流之中。40年来，我们秉承“学无止境，气有浩然”的校训，以山大学子的赤诚之心，为国家的改革开放和富民强国事业，踔厉奋发，竭诚奉献。与此同时，大家心系母校，热爱母校，关心母校的建设和发展，把山大视为我们的精神家园。每逢入校、毕业秩年纪念，同学们都会返校庆祝，看望老师，参观校园，共叙友情。往事悠悠，历历在目。

2021年下半年，为祝贺母校120周年华诞，同时纪念恢复高考45周年，我们举办了为母校祝福和撰文回忆我们77级活动。全班同学齐心协力、共同参与，李芹同学执笔、曹晓武同学精心制作，把两个“美篇”《山大永在我心中——山东大学哲学系77级校友献给母校120年华诞的祝福》《春华在心中流淌——忆山东大学哲学系77级》敬献给母校。“美篇”发布后，为山大校庆活动增加了一个亮点，受到学校领导、老师的肯定和校友们的好评。

2022年春天，适逢我们大学毕业40周年，受疫情影响，大家难以回母校聚会庆祝。在这种情况下，袁玉骝同学联系我和其他几位同学倡议，在班级微信群开展纪念征文活动。同学们积极响应，31位同学撰写了36篇生动感人的纪念文章，许多同学还提供了大学时代的合影和个人照片。这些文章和照片在微信群发布后，大家纷纷写点评、发感言，激动之情溢于言表。为此，我们制作了第三个“美篇”，即《往事悠悠总是情——山东大学哲学系77级毕业四十周年纪念文集》。

为了存史留念，又有同学提出在“美篇”基础上将“纪念文集”编辑成书的建议，得到大家热切关注和大力支持。于是，成立了由方宏建同学为召集人，伊戈扬、黄仕军、傅有德、曹晓武、李芹、肖连生几位同学为成员的编辑组。编辑组按照出版要求，向同学们发出进一步修改完善稿件的提议。在编辑组的组织推动下，纪念文集编撰工作顺利进行。通览同学们充满激情又不乏理性思考的回忆文章，令人振奋。同学们用饱含深情的笔触描绘了1977“难忘的一天”、1978最美的遇见、四年大学珍贵而多彩的校园生活和同窗情谊。有的同学对自己的人生历程进行全方位回顾，系统梳理了几十年学涯与职涯的收获与变迁。同学们共同的感受体现在：**第一，感恩伟大的时代。**1977年高考是国家和时代的拐点，也是改变人生命运的起点。几十年来，作为时代的幸运儿与同行者，大家亲身参与并见证了中国社会的巨大变迁和快速发展。**第二，感恩母校和老师们的辛勤培育。**山东大学严谨务实的学风、老师们高质量的教学、自主活跃的学术氛围拓宽了同学们的视野，丰厚了专业学习的基础，为我们参加国家建设充实了知识储备。**第三，难忘并珍惜同窗学习的美好。**大学四年的相处不仅仅是学业增进、知识提升，其共同生活更多积淀的是同学之间的纯洁情感，最为珍惜的是大家用心、用情编织的友谊纽带。

借《如歌岁月》出版之际，我们首先要感谢山东大学前校长、山东大学校友会会长樊丽明教授在百忙之中拨冗为本书作序。作为77级校友，樊校长与我们同时考入山大，她就读于政治经济学系，与哲学系同学交往较多，对我们班非常熟悉。序言不仅充满激情地赞颂了伟大时代对我们的馈赠，肯定了当时环境下我们这个班集体奋发向上的精神面貌，更体现了一起从77级走来的樊校长对我们的深切关爱和感情支持，因此读来感到格外亲切。其次要感谢山东大学出版社对出版此书给予的鼎力支持和责任编辑付出的辛勤劳动。他们的关心帮助，促成了纪念文集的顺利问世。另外，还要感谢山东大学党委宣传部、山东大学校友会、山东大学档案馆、山东大学哲学与社会发展学院等部门相关领导和同志，他们对纪念文集的出版都给予了热情支持和帮助。

感受尤深的是，四年同窗学习和毕业后的多次相聚是全班同学共同的财富和值得铭记的班史。现在，同学们都已年过花甲，有的已到古稀之年，为了写好回忆文章，大家沉思往事，悉心追忆与大学生活相关的人生轨迹，反复揣摩每一个细节，认真推敲每一段文字甚至每一个词句，力求把最精彩的“77级故事”和燃烧心头的“77级精神”呈现出来。尚在科研教育一线勤奋工作的傅有德同学，不辞辛苦，多次联系山东大学出版社，为本书的出版作出了重要贡献。对每位同学而言，这是一本以群体记忆形式记录，凝聚着浓浓情谊的奋斗之书、感情之书。诚然，有的同学这次没能撰写回忆文稿，但也都以各种方式参加了这项活动，有的还为本书的出版提供了赞助。在此，向全体同学的热忱参与和辛勤付出表示衷心的敬意和感谢。

最后，还要特别感谢以方宏建同学为召集人的编辑组的全体同学，他们积极联系各位同学，广泛征求大家意见，精心策划，认真组稿审稿，落实出版和发行工作的各项具体事宜，为本书的面世做了大量细致的卓有成效的工作。对于他们热情为班级服务、无私奉献的精神和辛勤的劳动致以崇高的敬礼！

《如歌岁月》的编辑出版，基本或完全保留了同学们纪念文章的原貌，编辑组主要做了一些编辑加工、资料搜集以及版式设计等方面的技术工作，因时间仓促，不当之处在所难免，诚望各位读者批评指正。

李宏祥

2023年6月30日

山东大学校歌

作词：成仿吾　集体修改

作曲：郑律成

东临黄海，南望泰山，

这里是我们追求真理的乐园。

天行健，君子以自强不息；

薪火传，学子要与前贤比肩。

为天下储人才，放眼五洲；

为国家图富强，求索万年。

志向远大，气养浩然；

学无止境，不畏登攀。

奋斗啊，奋斗啊，为了中华民族崛起；

奋斗啊，奋斗啊，为了人类美好明天。

我们是崇实与求新的朝气勃发的青年！

我的山大我的家

——山东大学校友之歌

作词：韩　军

作曲：戚建波

虽然在远方，还是常想起，漫步小树林，海边迎晨曦，
佛山的身影，号院的静谧，那是我的家，朴实又美丽。
离开好多年，仍然常想起，老师的板书，曾经的桌椅，
宿舍的吉他，同学的欢聚，那是我的家，永远在心里。
无论沧桑岁月长，哪怕海角与天涯，
魂牵梦萦的眷恋，我的山大我的家，
无论沧桑岁月长，哪怕海角与天涯，
魂牵梦萦的眷恋，我的山大我的家。
凡我在处，便是山大，有你在时，那便是家。
凡我在处，便是山大，有你在时，那便是家。
我的山大我的家。